2010 年度教育部人文社会科学研究青年基金项目《宋元民间交际应用类书研究》（批准号：10YJC770082）研究成果

2014 年山西省高等学校优秀青年学术带头人支持计划项目《〈新编事文类聚启劄云锦〉编纂及文献价值研究》阶段性成果

仝建平 著

宋元民间交际应用类书探微

中国社会科学出版社

图书在版编目(CIP)数据

宋元民间交际应用类书探微／仝建平著.—北京：
中国社会科学出版社，2015.6
ISBN 978-7-5161-6314-6

Ⅰ.①宋… Ⅱ.①仝… Ⅲ.①百科全书-研究-中国
-宋元时期 Ⅳ.①Z222②Z223

中国版本图书馆 CIP 数据核字(2015)第 131097 号

出 版 人	赵剑英
责任编辑	冯春凤
责任校对	张爱华
责任印制	张雪娇

出 版	中国社会科学出版社
社 址	北京鼓楼西大街甲 158 号
邮 编	100720
网 址	http://www.csspw.cn
发 行 部	010-84083685
门 市 部	010-84029450
经 销	新华书店及其他书店

印 刷	北京君升印刷有限公司
装 订	廊坊市广阳区广增装订厂
版 次	2015 年 6 月第 1 版
印 次	2015 年 6 月第 1 次印刷

开 本	710×1000 1/16
印 张	17
插 页	2
字 数	278 千字
定 价	65.00 元

目　　录

引　言

　　赵宋三百年间，重文轻武政策长期推行，大兴科举，文官政治确立，雕版印刷术流行，官私教育发达，学术流派竞相并起。宋代的文化进入迅猛发展时期。伴随着社会精英文化的发达，民间文化也渐趋提升，民众文化需求亦有所发展。在此背景下，大致从南宋中期开始，适应民众文化生活的需要，以福建建阳为中心的书坊及民间文人编印了一批民间日用类书（也有学者称之为"民间类书"、"日用类书"、"通俗类书"），有家庭日用综合类的、交际应酬应用类的、姓氏类的，这是古代文献编撰史及中国文化发展史上的一种新现象。与正宗类书供帝王御览、诗文取材、应对科举相比，民间日用类书以服务普通民众生活日用为基本目的。学界一般认为民间日用类书始于南宋末年成书的《事林广记》。元明清以来，民间日用类书的编纂方兴未艾，尤其是明清时期进入鼎盛，民国及以后仍以多种形式编纂流传，成为历代类书中特征鲜明的一种类别，传世数量甚夥。研究南宋以来民间日用类书的内容及其编纂情况，对于古文献学及基层社会史均具有积极的学术意义。但民间日用类书长期被视为"下里巴人"，不入正统文献，乾隆年间编修《四库全书》时，曾择取数种列入存目（如从《永乐大典》辑出《启劄云锦裳》、《启劄青钱》、《启劄锦语》、《启劄渊海》等），因而散亡亦较为严重，尤其是早期的即宋元两代的日用类书，以致造成现存日本的种类及数量多于国内的状况。

　　宋元两代的民间日用类书，完整流传至今者有家庭日用综合类的《（新编纂图增类群书类要）事林广记》、《居家必备事类全集》；交际应用类的《新编通用启劄截江网》、《新编事文类聚启劄云锦》、《新编事文类要启劄青钱》、《新编事文类聚翰墨全书》；姓氏类的《（新编排韵增广事类）氏族大全》。但这些书已少宋代版本留存，传世版本大多是元代编撰或元代改编刊行者。其编撰、改编年代大约在南宋后期至元代中期百余年间。

　　类书以抄录群籍资料分类汇编而成，其保存资料之功首当其冲，尤其是书中不为它书所载或与它书所载不全相合的资料，利用与研究价值相对更高。宋元两代的民间日用类书编纂或改编于宋末元代，其抄录的书籍至晚都是元代成书者，而这些书籍多有后代不存或传世均为明清版本者，因此其文献价值更显重要。利用现存的宋元民间日用类书开展宋元文献与历史研究，进行文献辑佚和校勘，研究宋元社会尤其是基层社会史，考察类书编撰流变史，均具有积极的学术意义。凡此种种，与传世更多的宋元文献相比，亦能凸显宋元民间日用类书重要的文献价值。

　　就宋元民间日用类书中的交际应用类书而言，完整传世的有《新编通用启劄截江网》、《新编事文类聚启劄云锦》、《新编事文类要启劄青钱》、《新编事文类聚翰墨全书》四种，其中《新编通用启劄截江网》有南宋理宗时代1259年刻本，其余三种均是元代成书。残存于它书中的宋元民间交际应用类书尚有几种，集中以《永乐大典》为代表，比如中华书局1986年影印的797卷《永乐大典》（精装10册，16开）中，就至少保存有《启劄云锦裳》、《启劄青钱》、《启劄锦语》、《启劄渊海》四种，经过查对，《启劄青钱》与现藏日本的元刊本《新编事文类要启劄青钱》为同一书，除却《启劄青钱》，尚有《启劄云锦裳》、《启劄锦语》、《启劄渊海》三种，尤其是《启劄云锦裳》和《启劄锦语》，《永乐大典》原书8卷曾全抄《启劄云锦裳》8卷、10卷曾全抄《启劄锦语》10卷，而现存的《永乐大典》残本4卷仍完整保存《启劄云锦裳》和《启劄锦语》各2卷。

　　学术界对宋元民间交际应用类书的研究和关注较为薄弱。已有的研究主要集中在《新编事文类聚翰墨全书》一书上，先后有《〈新编事文类聚翰墨全书〉研究》[①] 和《中国古代类书的文学观念：〈事文类聚翰墨全书〉与〈古今图书集成〉》[②] 两部著作问世，均系由博士学位论文修改而

―――――――――

　　① 仝建平：《〈新编事文类聚翰墨全书〉研究》，宁夏人民出版社2011年版。
　　② 张澜：《中国古代类书的文学观念：〈事文类聚翰墨全书〉与〈古今图书集成〉》，九州出版社2013年版。

成，但两书写作着力点不同，《〈新编事文类聚翰墨全书〉研究》首次从文献学角度对该书进行研究梳理，书中还对《翰墨全书》与宋元时期相关的类书关系略加探讨。《新编事文类要启劄青钱》已经列入国家古籍整理出版规划，不久便会有点校整理本出版。

本书《宋元民间交际应用类书探微》是笔者在《〈新编事文类聚翰墨全书〉研究》一书研究基础上进一步的文献研究，主要就现在完整传世的四种宋元民间交际应用类书《新编通用启劄截江网》（元刊庚集 6 卷单行本）、《新编事文类聚启劄云锦》、《新编事文类要启劄青钱》、《新编事文类聚翰墨全书》进行力所能及的文献梳理，集中梳理四书各集《目录》与对应的"内容"在编排方面存在的问题，便于今后的文献研究和利用；本书的内容写作带有笺注的性质，但未对每集内容字句进行详细校勘，故不敢称之为"笺注"，取名为《探微》；同时对上述四种书成书先后及相互关系进行探讨，对尚存于《永乐大典》中的宋元民间交际应用类书《启劄云锦裳》、《启劄锦语》、《启劄渊海》三种略作研究。本书承用了《〈新编事文类聚翰墨全书〉研究》一书的一小部分内容，但已经进行了全新的书写，纠正上书的一些错误。相信本书对宋元民间交际应用类书的文献研究及利用具有一定的参考价值。

本书在行文表述中，关涉古籍原文文字及内容校勘者，一律忠实于原书，使用繁体字或异体字，其他文字均使用简体字。此外，遵循古籍整理的通行做法，凡是引述古籍原文有缺或字迹模糊无法辨认者，用□表示；可以根据文意补出及根据残笔可辨认者，用［　］号表示。

第一章 《新编通用启劄截江网》

第一节 书籍概况

《新编通用启劄截江网》是南宋编纂的一部民间交际应用类书。据《皕宋楼藏书志·类书类三》，陆心源曾藏有一部宋刊本《新编通用启劄截江网》，七十四卷，"莲泾王氏旧藏"，宋熊晦仲撰，陈元善作序，"岁在己未（1259）正月元旦"，"凡古今前辈之事寔，近日名公之启劄，皆网罗而得之。自甲至癸分为十集。甲集则专举诸式之大纲，乙至癸则旁分品类之众目……宋麻沙本，每页二十八行，每行二十三字，小字双行"，"每门先杂事实，次笺表，次启事，次答式，次小简，次古风，次律诗绝句，次词曲。多载全篇。宋人文集之不传者，多借此以存。己未为开庆元，盖宋季刊本也。"① 可知该书编者为熊晦仲，陈元善作序于宋理宗开庆元年（1259）正月元旦，大概稍后刊行。

皕宋楼原藏的宋刊本《新编通用启劄截江网》现藏日本静嘉堂文库。据傅增湘《藏园群书经眼录》著录，日本静嘉堂文库藏是书七十四卷②；《藏园订补郘亭知见传本书目·类书类》著录此宋刊麻沙巾箱本《新编通用启劄截江网》"甲集八卷，乙集八卷，丙集八卷，丁集八卷，戊集八卷，己集六卷，庚集六卷，辛集六卷，壬集五卷，癸集五卷"③，为六十八卷；《日藏汉籍善本书录·子部·类书类》"（新编通用启劄）截江网六

---

① （清）陆心源：《皕宋楼藏书志》，宋元明清书目题跋丛刊，中华书局2006年版，第688页。

② 傅增湘：《藏园群书经眼录》，中华书局2009年版，第705页。

③ （清）莫友芝撰，傅增湘订补，傅熹年整理：《藏园订补郘亭知见传本书目》，中华书局2009年版，第796页。

十八卷。（宋）熊晦仲编。宋刊本，共三十二册。静嘉堂文库藏本，原陆心源皕宋楼旧藏。按，每半页有界十四行，行二十四字。注文双行，双黑鱼尾，细黑口，左右双边（15.3×10.3cm）。卷五以下有书耳……此本分为十集，为甲集八卷，乙集八卷，丙集八卷，丁集八卷，戊集八卷，己集六卷，庚集六卷，辛集六卷，壬集五卷，癸集五卷。"[①]由于未能得见此静嘉堂藏本，不知卷数"七十四"与"六十八"孰是孰非；是否有可能宋本原为七十四卷，此静嘉堂藏本有缺，成六十八卷。姑且存疑。

《新编通用启劄截江网》传世版本甚少，目前所知除日本静嘉堂所藏宋刊本1部外，仅有中国国家图书馆藏有1部元刊本。国家图书馆藏元刊本《新编通用启劄截江网》（编号6917），不著撰人姓名，内容全为庆寿事文，全书6卷。事类每半页12行，行22字；文类每半页14行，行23字。原书版框高15.7cm，宽10.8 cm。正文大字单行，注文小字双行。六卷每页书耳均有"庆寿"二字。细黑口，左右双边，双顺鱼尾、双对鱼尾、三鱼尾兼有。卷一、二为庆寿事类，即罗列庆寿相关词语、典故，内容依次为"圣人、贤人、妇人、星辰、神灵、仙道、佛释、服食、耆寿"类目；"庆寿年申事实"：从"一岁"到"一百岁"；"排日事实"：先以日分类，依次分为"初一日"到"三十日"，每日下再分"一月"到"十二月"，有的仅列几个月，并未列全十二个月。所列庆寿词语、典故，大字单行，注文小字双行，为摘编的文献及引文，引文与词语、典故相同者，分别以一条竖线"｜"代替对应一字。卷三至六为庆寿文类，分类列举庆寿相关诗词文章（往复庆贺表笺、启劄、诗词），作者有署名与无署名的大致相当。作者署名，有署姓名，如"李刘"、"余日华"、"戴翼"；署官名，如"张知郡"、"赵检院"、"吴编修"、"牟国史"、"黄通判"、"叶路钤"；署字号，如"秋崖"、"竹轩"、"平斋"、"节斋"、"易安夫人"、"朱文公"、"魏鹤山"、"真西山"；也有同一人出现两种署名，如"方秋崖"与"秋崖"、"朱文公"与"朱晦庵"；三种署名，如"李刘"与"李梅亭"、"梅亭"，"刘克庄"与"刘後村"、"刘潜夫"。无署名者，有的少部分可以考证出作者，如收录辛弃疾词十余首均未署名。

国家图书馆藏元刻本《新编通用启截江网》，从版本特征来看应属于

---

① 严绍璗：《日藏汉籍善本书录》，中华书局2007年版，第1013页。

建本；大概也是书坊刻本。卷一"事实"之"圣人"类所列"天基节"，其下注文曰"今上皇帝以正月初五日诞圣，是为———"；卷二所列事实"正月初五"之"天基节"注文亦曰"今上皇帝生日"；天基节因南宋理宗（1224—1264年在位）生日所立，可知此部分内容编于宋理宗在位时。加之书中三次出现避讳"唐玄宗"改为"唐元宗"。可知此元刻本《新编通用启剳截江网》编纂于南宋理宗时代。再者，卷一之首"圣人"下方注文曰"又见诞圣门"；"贤人"下方注文曰"又见生子门"；几乎每页的版心均有"庚"、"户（启字简写）庚"，可知该书本是某书的庚集部分，该书尚有诞圣门、生子门。既然《新编通用启剳截江网》的6卷内容已经编为庚集，说明这种民间交际应用类书内容至少有八集；结合该集庆寿门收录的事类、文类内容，收录了大量的庆寿诗词，可以推测出这部民间交际应用类书部头定会不小。综上可见，现存元刻本《新编通用启剳截江网》是一部南宋时代民间交际应用类书庆寿门单行本，单行时仍保持原貌，以致上述的版心及注文得以保留。

既然国图藏元刊建本《新编通用启剳截江网》与现在日藏宋刊本书名相同，都是巾箱本，版本行款等特征接近，加上日藏宋刊本庚集也是6卷，且静嘉堂所藏郦宋楼旧藏宋刊本成书于宋理宗开庆元年（1259），而国图所藏元刊本内容亦是编于宋理宗时代。尽管笔者未能亲见日藏《新编通用启剳截江网》，但仍有理由认定这两种《截江网》应该属于同一书系统，甚至国图所藏元刊本就是日藏宋本《新编通用启剳截江网》庚集"庆寿门"的单行本。

元刊本《新编通用启剳截江网》内容全为庆寿类事实（语词典故、年申事实、排日事实）、文类（表状启剳诗词），启剳多有往复，便于撰写分类的庆寿诗词文章直接模仿、套用，启剳文类中贺词数量最多。

王仲闻先生协助唐圭璋先生订补《全宋词》时曾广为征引国图所藏元刊本《新编通用启剳截江网》，从该书中辑补宋代"无名氏"词94首，有作者名姓词作数十首。《全宋词》新本"编订说明"曾曰"某些类书如《全芳备祖》、《新编通用启剳截江网》、《新编事文类聚翰墨大全》等等，都是辑佚的渊薮。仅仅这三种书，就辑得一千余首"。①

----

① 唐圭璋：《全宋词》，中华书局1979年版，第9—10页。

　　《中华再造善本》据国家图书馆藏元刊本予以影印，线装一函六册，从而为现在研究利用该书提供了一定方便，但日藏宋刊全本《新编通用启劄截江网》更值得影印出版、关注及研究利用。

　　南宋理宗时期成书的宋刊本《新编通用启劄截江网》以及国图所藏元刊单行本《新编通用启劄截江网》是海内外存世较少的宋代编纂成书的民间日用类书之一种，同时也是目前所知最早有编纂成书年代且保存完整的宋代民间交际应用类书。对于研究宋元民间日用类书具有重要的文献学意义及利用价值。

元刊本《新编通用启劄截江网》卷目

集　名	卷　目
庚集（6卷）	1. 庆寿门事实 2. 庆寿门事实 3. 庆寿门文类 4. 庆寿门文类 5. 庆寿门文类 6. 庆寿门文类

第二节　元刊本《新编通用启劄截江网》内容及编排

　　书首为目录，首尾均标《新编通用启劄截江网目录》，大字，占两行。分卷顶端有花鱼尾，卷目名、门类名、事文类名均依次低一字，事文类名目以黑丁白文标识，比较醒目。单行，细黑口，三鱼尾或双顺鱼尾，版心间多有"庚目"或"户庚目"，下鱼尾或中下鱼尾之间为页数，草体。

　　卷一庆寿门事类。先为"庆寿事实"，分为"圣人、贤人、妇人、星辰、神灵、仙道、佛释、服食、耆寿"9类，均黑丁白文标"事实"二字，占两行，其下列举相应的词句典故及文献出处；其次为"庆寿年申事实"，分为"一岁、二岁、三岁、四岁、五岁、六岁、七岁、八岁、九岁、十岁、十一岁、十二岁、十三岁、十四岁、十五岁、十六岁、十七岁、十八岁、十九岁、二十岁、廿一岁、廿二岁、廿三岁、廿四岁、廿五岁、廿六岁、廿七岁、廿八岁、廿九岁、三十岁、三十余、卅一岁、卅二岁、卅三岁、卅四岁、卅五岁、卅六岁、卅七岁、卅八岁、卅九岁、四十岁、四十余、四一岁、四二岁、四三岁、四四岁、四五岁、四六岁、四七岁、四八岁、四九岁、五十岁、五十余"等类目，均以黑丁白文标识，年岁类目下列举相应的词句典故及文献出处。所列词句典故，大字单行；文献出处，注文小字双行，为摘编的文献及引文，引文与词句典故相同者以竖线"丨"代替。"圣人"下方注文曰"又见诞圣门"；"贤人"下方注文曰"又见生子门"。

　　按，事实中的引文言及宋朝皇帝只言"本朝　太祖皇帝"、"太宗皇帝"、"仁宗皇帝"、"神宗皇帝"、"哲宗皇帝"、"本朝高宗皇帝"、"孝宗皇帝"、"本朝光宗皇帝"、"本朝宁宗皇帝"等，不加朝代名；多次出现"本朝"、"皇朝"，经查，为宋朝事；有的宋帝名前空一字，如"　太祖皇帝"、"　仁宗"，以示尊敬；"圣人"类所列"天基节"，其下注文曰"今上皇帝以正月初五日诞圣，是为 ———"，天基节因南宋理宗（1224—1264 年在位）生日所立，可知此部分内容编于宋理宗在位时或所抄的内容成书于宋理宗时代，但提及宋朝只言本朝、皇朝，大致可以确定《新编通用启劄截江网》成书应在宋理宗时代，最晚到南宋末期。另据元代初期编纂的《新编事文类聚启劄云锦》戊集（该集名称为《新编事文类聚启劄天章》）卷二庆寿门"排日事实"之"正月初五日"，"天基节"其下注文曰"宋理宗诞圣节"，可知此部分内容定然编成于宋理宗在位之后。如此亦可反证出上面所述"天基节"与"今上"是为宋理宗朝编纂的证据。

　　又，"圣人"下方注文曰"又见诞圣门"；"贤人"下方注文曰"又见生子门"。可知该书本该有诞圣门、生子门。但本书只有"庆寿门"六卷，再无其他。加上全书几乎每页的版心均有"庚"、"户（启字简写）庚"。可见该书原本是某部交际应用类书的庚集部分，现在单行流传。现存元刻本《新编通用启劄截江网》是某部宋代民间交际应用类书的庆寿门单行本，单行时仍保持原貌，以致上述的版心及注文得以保留。这也足见此书应为书坊射利所为。

　　又，年申事实之"十八岁"所列"校雠秘书"下注文曰"房元龄年十八举进士，授羽骑 ———书"，可见因避讳改"玄"为"元"。但该卷亦多次出现"玄"和"朗"字，并不避讳，大概抄书照录，未加统一所致。

又，年申事实多次引用《皇朝衣冠图》一书。

又，《目录》"年申事实"仅标"一岁至五十岁"。

卷二庆寿门事类。先为"年申事实"，分为"五一岁、五二岁、五三岁、五四岁、五五岁、五六岁、五七岁、五八岁、五九岁、六十岁、六十余、六一岁、六二岁、六三岁、六四岁、六五岁、六六岁、六七岁、六八岁、六九岁、七十岁、七十余、七一岁、七二岁、七三岁、七四岁、七五岁、七六岁、七七岁、七八岁、七九岁、八十岁、八十余、八一岁、八二岁、八三岁、八四岁、八五岁、八六岁、八七岁、八八岁、八九岁、九十岁、九十余、九一岁、九二岁、九三岁、九四岁、九五岁、九六岁、九七岁、九八岁、九九岁、一百岁"等类目，均以黑丁白文标识，年岁类目下列举相应的词句典故及文献出处。次为"排日事实"，分为"初一日、正月初一、二月初一、三月初一、四月初一、五月初一、六月初一、七月初一、八月初一、九月初一、十月初一、十一月初一、十二月初一、初二日、二月初二、三月初二、四月初二、五月初二、九月初二、十月初二、十二月初二、初三日、正月初三、二月初三、三月初三、四月初三、五月初三、六月初三、七月初三、九月初三、十月初三、十一月初三、十二月初三、初四日、正月初四、二月初四、四月初四、五月初四、六月初四、十月初四、十二月初四、初五日、正月初五、二月初五、三月初五、五月初五、八月初五、十月初五、十一月初五、初六日、正月初六、二月初六、四月初六、六月初六、七月初六、十月初六、初七日、正月初七、四月初七、七月初七、十月初七、初八日、正月初八、二月初八、三月初八、四月初八、六月初八、八月初八、九月初八、十一月初八、十二月初八、初九日、正月初九、二月初九、三月初九、六月初九、八月初九、九月初九、十月初九、十一月初九、初十日、二月初十、四月初十、六月初十、八月初十、九月初十、十月初十、十一月初十、十二月初十、十一日、九月十一、十二日、二月十二、四月十二、五月十二、八月十二、十一月十二、十二月十二、十三日、正月十三、二月十三、三月十三、四月十三、五月十三、六月十三、七月十三、八月十三、十月十三、十一月十三、十二月十三、十四日、正月十四、二月十四、四月十四、五月十四、六月十四、七月十四、十月十四、十五日、正月十五、二月十五、三月十

五、四月十五、五月十五、六月十五、七月十五、八月十五、九月十五、十月十五、十一月十五、十二月十五、十六日、正月十六、二月十六、五月十六、六月十六、七月十六、八月十六、十二月十六、十七日、正月十七、三月十七、四月十七、五月十七、六月十七、八月十七、九月十七、十一月十七、十二月十七、十八日、正月十八、三月十八、四月十八、五月十八、七月十八、八月十八、九月十八、十月十八、十二月十八、十九日、正月十九、二月十九、三月十九、四月十九、七月十九、八月十九、九月十九、十月十九、十一月十九、十二月十九、二十日、正月二十、五月廿、九月廿、廿一日、四月廿一、五月廿一、七月廿一、八月廿一、十二月廿一、廿二日、五月廿二、六月廿二、七月廿二、八月廿二、十月廿二、十二月廿二、廿三日、正月廿三、二月廿三、三月廿三、七月廿三、十一月廿三、十二月廿三、廿四日、六月廿四、七月廿四、八月廿四、十月廿四、十一月廿四、十二月廿四、廿五日、正月廿五、二月廿五、五月廿五、六月廿五、七月廿五、九月廿五、十月廿五、十一月廿五、十二月廿五、廿六日、二月廿六、三月廿六、六月廿六、八月廿六、九月廿六、十一月廿六、廿七日、正月廿七、二月廿七、八月廿七、九月廿七、十月廿七、十一月廿七、十二月廿七、廿八日、二月廿八、三月廿八、四月廿八、七月廿八、八月廿八、十一月廿八、十二月廿八、廿九日、二月廿九、五月廿九、六月廿九、七月廿九、八月廿九、十二月廿九、三十日、正月卅、二月卅、五月卅、七月卅、十二月卅"等类目，均以黑丁白文标识，排日类目下列举相应的词句典故及文献出处；先以日分类，依次分为"初一日"到"三十日"，每日下再分"一月"到"十二月"，有的仅列几个月，绝大多数并未列全 12 个月。

按，"年申事实"之"八十岁"所列"赐鸠杖"注文曰"唐元宗开元二年九月宴侍老于含元殿，赐九十以上几杖，八十－－，妇人亦如之"；"九十余"所列"赐鸠杖"注文曰"唐元宗－九十以上－－，详见八十类注"，"任职二十年"注文曰"唐元宗传杨隆礼－－－－－－九十余卒二子得父请"。又三次出现避讳"唐玄宗"改为"唐元宗"。但内容"排日事实"所列"正月初一"之"徐真人传经"注文曰"－来勒－－于会稽上虞山－－于葛玄真人日"，此处"玄"字未避讳；另外，尚有"弘"字未避讳。可见，本卷编排存在不严谨之处。

又，本卷两次出现"皇朝"，及"本朝寇莱公"，也为宋朝事。引文出现"真宗皇帝"、"英宗皇帝"、"神宗皇帝"、"徽宗皇帝"、"孝宗皇帝"、"本朝宁宗皇帝"。"正月初五"之"天基节"注文曰"今上皇帝生日"。

又，"六月初六"之"崇宁真君生日"和"十月初十"之"天宁节"，"宁"字均缺末笔，但卷一多次完整出现"宁"字。

又，《目录》，"年申事实"标"五十一至一百岁"；"排日事实"类目下标"正月 二月 三月 四月 五月 六月 七月 八月 九月 十月 十一月 十二月"。

卷三庆寿门文类。分为"庆贺圣寿牋表"：收《贺天基圣节表》、《贺太后寿庆圣节表》等13篇；"谢赐生辰表状"：《谢赐生日礼物表》、《谢皇太后牋》等7篇；"贺谢启劄"：收《贺丞相生日启》、《荅寿词启》等往复启劄30篇；"遣送寿仪简劄"：《遣送星香骈劄》、《送寿仪骈劄送太守》等28篇；"谢寿仪类（附 不受、再送、再受）"：收《回两司送寿仪劄》、《不受生日寿仪劄》、《回受侍郎再送》、《再送漕使子妇恭人》等30篇；"谢惠诗词类（不受附）"：收《谢生日惠词》、《回诸官不受》等38篇。收录文章不署作者的占一半以上。

按，内容所收文章，《目录》均标出，同题者亦未合并标识；内容与《目录》所标文章题目基本能对应。内容"贺谢启劄"所收《贺丞相生日启》、《贺枢密生日启》、《贺官员生日启》3篇，与《目录》所标位置不对应，结合内容来看，这3篇文章前后均收《谢……生日诗（词）启》，可见《目录》所标编排应合理，查看内容之版心所标页码依次排列，可见内容编排错简。内容"遣送寿仪简劄"所收《缴送诗词骈劄》、《送寿仪骈劄送漕使》、《送寿仪骈劄送运》，《目录》分别作"遣送诗词骈劄、送寿仪骈劄送运使、送寿仪骈劄送运使"，大概上述内容之《缴送诗词骈劄》，"遣"字误作"缴"。内容"谢寿仪类（不受，再送，再受）"所收3篇《不受生日寿仪（劄）》，《目录》均标为"不受生日仪物劄"。内容"谢惠诗词类（不受附）"所收文章，与《目录》基本对应，但总体而言《目录》所标文章题目均为完整，内容所标相对略有简化，如内容之《谢生日惠词》、《回诸官不受》、《回寿仪不受》，《目录》分别作"谢生日惠词曲劄"、"回诸官不受骈劄"、"回纳寿仪不受劄"；有的甚至从题目文字来看差别较大，如内容之《回府教不受》、《生日送仪物劄子》、《回谢送仪物劄子》，《目录》分别作"回纳府教寿仪劄"、"贺生辰送羊豮劄"、"回谢送羊豮劄子"，《目录》所标之"豮"字，左半部偏旁似作"夋"；内容与《目录》所标题目有"县官"与"县宰"混用情况。

又，内容之类目依次为"庆贺圣寿牋表、谢赐生辰表状、贺谢启劄、遣送寿仪简劄、谢寿仪类（不受、再送、再受）、谢惠诗词类（不受附）"，《目录》依次标为"圣寿牋表、谢赐表状、贺谢启劄、遣送骈劄、谢寿仪劄（附 不受、再送、再受）、谢惠诗词类（附 不受）"。

又，《目录》卷三所列庆寿往复表状启劄诗词文题，少见的规范完整。

卷四庆寿门文类。"庆贺诗什词颂类"，分为"皇太后"：收《福禄寿庆颂》诗1首；"皇太子"：收《代贺皇太子生日诗》等诗7首（包括同题者）；"王公"：收《寿太师诗十首》等诗13首（包括同题者）、《齐天乐寿韩郡王》等词2首；"宰相"：收《栢梁篇寿周益公》诗17首（包括同题者）、《庄椿岁寿赵丞相》等词5首；"执政"：收《律诗贺参政》等诗12首（包括同题者）、《醉蓬莱寿参政》等词4首；"侍从"：收《律诗寿侍郎》等诗13首（包括同题者）、《满江红寿云山章尚书》等词20首；"翰苑制诰"：收《古诗寿卫舍人》诗1首、《千秋岁寿内翰》等词4首；"给舍台谏"：收《摸初赋寿邹给事》等诗2首、《满江红寿邹给事》等词3首；"卿监"：收《寿诗庆丁大监》等诗7首（包括同题者）、《百岁令寿丁大监》等词4首；"史馆"：收《水调歌头寿胡详定》等词2首；"制帅"：收《律诗庆瀘帅魏侍郎》等诗12首（包括同题者）、《沁园春寿淮东制置》等词17首。

按，"皇太子"类，内容收《代贺皇太子生日诗》6首，题目之"生日"，《目录》均作"生辰"；内容所收曾丰《闻德寿皇帝庆七十》诗，《目录》未收。"宰相"类，内容所收厉寺正《寿诗贺乔丞相》同题4首、《寿诗贺郑丞相》同题8首，诗题"寿诗"，《目录》分别标为"律诗寿乔丞相"、"律诗寿郑丞相"。"执政"类，内容所收李梅亭《律诗贺参政》，《目录》作"律诗寿参政"。"侍从"类所收诗，内容与《目录》所标副标题中，有"贺"、"寿"、"庆"等文字混用情况；内容所收《古诗庆真侍郎》，《目录》标为"律诗寿真侍郎"。"卿监"类所收诗，内容均标《寿诗庆……》，而《目录》标作"律诗寿……"。"制帅"所收诗，内容编排与

《目录》无法一一对应，查对发现，底本装反，即版心所标的"廿三"页装订在"廿二"页前面，不知是原书还是此中华再造善本影印本装反；内容所收《古风寿制幹曹侍郎》，《目录》似乎标为"古风寿制幹汤侍郎"。

又，内容"皇太后"、"皇子"类只收诗，"史馆"只收词，其余均先列诗后列词，词较诗要多，或标注作者或不注作者，有作者的稍多。

卷五庆寿文类。"庆贺诗什词颂类"，分为"监司"：收《律诗寿漕使》等诗14首（包括同题者）、《水调歌头寿提刑》等词15首；"太守"：收《风云庆会歌寿刘袁州》、《寿诗寿傅守》（同题10首）等诗共计11首；"太守"：收《律诗寿建宁太守》等诗18首（包括同题者）、《沁园春寿春陵史君叔》等词16首；"倅車"：收刘潜夫《寿诗庆叶倅武子》诗同题2首、《酹江月寿倅車》等词5首；"职幕"：收《律诗寿提管》诗1首、《乳燕飞寿幹官》等词17首；"教官"：收《律诗寿张教授》等诗5首（包括同题者）、词《满江红寿洪教授》1首；"县官"：收《律诗寿刘宰》等4首、《贺新郎寿刘宰》等词19首；"宫观"：收《律诗寿陆放翁》等诗5首（包括同题者）、《沁园春寿共大卿恕斋治易》等词11首；"武职"：收《律诗寿太尉》等诗6首（包括同题者）、《感皇恩寿王节使》等词5首；"师生"：收丁正持《律诗学生寿先生》等诗同题2首、词《满江红寿东人》等3首。

按，"监司"类所收词，内容与《目录》标识的词题多有省略，部分词题略有不同，如内容之马古洲《水调歌头寿赵提刑》，《目录》作"水调歌头寿赵宪"，显然使用了异名；李梅亭《满庭芳上程宪卓 程尚书大昌姪》，《目录》作"满庭芳上程宪使"；内容之《瑞鹤仙寿提举》，《目录》作"瑞鹤仙寿提刑"，显然是不同的职官；有的词牌省略，如内容之戴翼《水调歌头寿陈仓使》，《目录》作"水调歌寿陈仓使"。内容中第二个"太守"类所收词《摸鱼儿寿吴权郡》，《目录》作"摸鱼儿寿吴权州"；内容中"太守"类目名出现两次，《目录》合并为一类，依次均能对应。"职幕"，内容所收李梅亭《律诗寿提管》之副题"寿提管"，《目录》作"寿提官"；内容所收词《乳燕飞寿幹官》，《目录》作"乳燕飞寿提幹"；内容所收《沁园春寿刘提幹》、《满庭芳寿幹官》，《目录》所标题目编排次序与内容刚好相反。"职幕"类，内容所收词《南歌子寿赵簿》，《目录》未收。"宫观"类，内容所收熊东斋《古风寿史沧洲》，《目录》作"古诗寿史沧洲"；内容所收词《沁园春寿共大卿恕斋治易》，《目录》作"沁园春寿龚大卿"。"武职"类，所收词《南柯子_{寿赵路分}》，《目录》作"南歌子_{寿赵路分}"。

又，内容及《目录》所收诗词存在诗题"律诗"与"寿诗"混用，诗题、词题中"寿"、"庆"等文字混用情况。

又，每小类先列诗，后列词，词较诗要多，或署有作者或未署作者，数量大致相当。

又，卷五"平交"类未署作者词《金缕词_{寿东屏}》

> 绿长阶冀九。近黄锺、薰晴爱日，渐添宫绣。乾鹊檐头声声喜，催与东屏祝寿。怪一点、星明南斗。玉燕当年储瑞气，记垂弧、先醉蓬莱酒。无好语，为觞侑。英风耿耿拏云手。向青春、蟾宫已步，桂香盈袖。却要诗书成蝴蝶，酝酿锦心绣口。待匣里、青萍雷吼。今日功名乘机会，笑谈间、首入英雄毂。看父子，继蓝绶。

卷六"平交"类收"詠槐"词《贺新郎代寿东屏》，内容基本相同，仅是卷五词文句"先醉蓬莱酒"之"先"、"无好语"之"好"，卷六依次作"共"、"傑"。

卷六庆寿门文类。"庆贺诗什词颂"，分为"平交"：收《律诗_{庆友人萧庆宜}》诗 1 首、《沁园春_{为友人寿}》等词 27 首；"妇女"：收《律诗_{上余守母}》等诗 10 首（包括同题者）、《满江红_{寿江古心母}》等词 37 首；"亲眷"：收《律诗_{子庆父寿}》等诗 5 首、《八六子》等词 46 首；"自寿"：收《贺新凉_{自寿}》等词 23 首；"僧道"：收《律诗_{寿长老}》等诗 6 首（包括同题者）、《婆罗门引_{寿长老}》等词 5 首。

按，"平交"类所收词，内容署名"前人"之《水调歌头_寿》，《目录》标为"水调歌头"，未标词题"寿"，但内容该词之前所收《沁园春_{寿东屏}》并未署有作者，再前一首为石麟《金缕词_{寿南楼}》；内容所收范炎《沁园春_{庆杨平}》，《目录》标为"沁园春_{庆杨平斋}"。"妇女"类，内容所收《庆灵椿_{妇人生日}》、《万年欢_{仁寿夫人生日}》，《目录》分别标作"庆灵椿_{寿妇人}"、"万年欢_{寿仁寿夫人}"。"亲眷"类所收词，内容编排与《目录》无法一一对应，查对发现，底本装反，即版心所标的"二十"页装订在"十九"页前面，不知是原书还是此中华再造善本影印本装反；内容所收《太常引_{寿丈人}》，《目录》未标。"自寿"类，均收词，《目录》编排较为特殊，因为本书其它各卷及本卷其它类目的《目录》所收诗词文章均不标作者名号，但本类却《目录》中标有作者；内容中作者名号标识于词牌（正文大字形式）、词题（注文小字形式）之同一行正下方，正文大字形式，而大部分内容署有作者名号的词，《目录》所标词题，有的直接标为作者名号，如"贺新凉吴编修"、"沁园春竹林亭长"，有的作者名号编入词题如"满江红秋厓乙巳自寿"，有的作者标识于词题之下方，如"祝英台自寿 可轩"；只有内容所收方秋崖作《望江南乙未自寿》、《贺新凉戊戌自寿》、《贺新凉戊申自寿》、《贺新凉己酉自康庐归道中自寿用？韵》4首词，内容均在词牌、词题正下方标注作者"方秋崖"，而《目录》分别标为"望江南乙未自寿"、"贺新凉戊戌自寿"、"贺新凉戊申自寿"、"贺新凉己酉自寿"，未标识作者名号；内容所收赵龙图词《念奴娇自寿》，《目录》标为"酹江月自寿 赵龙图"，词牌"念奴娇"别名"酹江月"。

又，内容及《目录》所收诗词存在诗题"律诗"与"寿诗"混用，诗题、词题中"寿"、"庆"等文字混用情况。

又，内容中大致先列诗后列词，诗少词多，多数署有作者。

又，"平交"类收"程和仲"词《沁园春寿竹林亭长》，内容与同卷"自寿"类未署作者词《沁园春生日自寿》基本相同。仅是前词文句"幸至节今晨恰又逢"之"今"，后者作"令"；后者"吟边得句"之"吟"字，前词为"冷"字左部，右部为"今"。

呼伯雅来，满进松精，致寿于公。况富矣锦囊，冷边得句，森然武库，书里称雄。亭长新封，亩官雅趣，一笑侯王名位穷。闲官守，任平章批抹，明月清风。

年年申庆桑蓬。幸至节今晨恰又逢。想霭霭其祥，瑞云阅兆，绵绵之算，线日增红。一段文章，三千功行，名在长生宝箓中。人间窄，待骖鸾驾鹤，上祝融峰。

又，"平交"类收"程正同"词《满庭芳答友人》，内容与同卷"自寿"类未署作者词《满庭芳生日自赋谢人庆寿》基本相同，仅是前词内容之"宦情"，后词作"官情"。

　　五柳先生，宦情无几，赋成归去来兮。吾归何所，任运且随时。曾向高人问道，清妙处、已悟希夷。谁能羡，胸中芥子，容易纳须弥。竹林，新职事，神交狂客，志慕天随。但能乐天知命，夫复何疑。多谢故人念我，平安报、不必纲维。饮君酒，愿君同寿，此外本无为。

　　又，"妇女"类"翁溪园"词《洞仙歌代寿李尉孺人》，与同卷同类所收未署名词《酹江月代寿李尉妻》内容全同。

　　几番梅雨，蒲风过、端阳后。细数月轮，犹待双蕖秀。戏彩华堂宴，设悦朱门右。酌金荷，争献寿。蟠桃新熟，阿母齐长久。一门奋建，攀桂客、无双手。好事来春在，杏苑联蓝绶。应继琼林董，却胜燕山窦。夸盛事、真罕有。金花封诰，管取重重受。

　　又，"妇女"类所收未署作者词《鹧鸪天寿妇人》，词题同，内容基本相同，但词句有多处异文，明显系重出。前词文句之"渡鹊河"、"常娥"、"今宵"、"引从"、"粲"、"照社"，后词依次作"度鹊河"、"嫦娥"、"今朝"、"拥从"、"飡"、"照被"。

　　织女秋初渡鹊河。逾旬蟾苑聘常娥。蓬莱仙子今宵降，前後神仙引从多。粲玉蕊，抚云璈。寿筵戏彩捧金荷。黄金照社三儿贵，他日潘舆侍绮罗。

　　按，《全宋词》新本辑自国图藏元刊本《新编通用启劄截江网》"无名氏"词94首，收录于《全宋词》第五册"无名氏"部分，其中卷四辑15首、卷五33首、卷六46首；而《全宋词》注文依次标曰"以上十五首见截江网卷四，以上截江网卷五，以上截江网卷六"①。其中所言辑自《截江网》卷四的前15首是正确的；《全宋词》标注辑自卷四的仅有20首，实为33首，将另外的13首列入卷六，是错误的；《全宋词》标注辑

①　唐圭璋：《全宋词》，中华书局 1979 年版，第 3748—3767 页。

自卷六的共有 59 首，实际后 46 首是辑自卷六，前 13 首应辑自卷五。此为《全宋词》新本的一点小瑕疵。

小结：内容及编纂不足

一 内容

元刊本《新编通用启劄截江网》内容全为庆寿类事实（语词典故、年申事实、排日事实）、文类（表状启劄诗词），启劄多有往复，便于撰写分类的庆寿诗词文章直接模仿、套用，启劄文类中贺词数量最多。文类下辖类目以各级各类官员为最多，按照从中央到地方、级别由高到低原则编排；寿词中列有"妇女"、"亲眷"、"自寿"类各几十首。

元刊本《新编通用启劄截江网》与《新编事文类聚启劄云锦》、《新编事文类聚翰墨全书》两书的对应部分相比较，三书收录事类、文类多有相同，但看不出三书之间互相大量抄袭或一书参照它书压缩而成的迹象。但是有一点需要指出的是，覆大德本《新编事文类聚翰墨大全》与明初本《新编事文类聚翰墨全书》收录的庆寿诗词内容也较多，较各自书中其它门类的诗词内容明显要多，不知和《新编通用启劄截江网》大量收录庆寿诗词是否有关联。

二 编纂的不足

和其它同类宋元民间交际应用类书一样，元刊本《新编通用启劄截江网》之《目录》与内容所标文类题目也是互有简化省略，利用时应相互对照方可明晓。除却《目录》与内容所标文题互有简化外，元刊本《新编通用启劄截江网》编纂仍有其它明显的不足。

（一）避讳

如前述《新编通用启劄截江网》因避讳改"唐玄宗"为"唐元宗"、"房玄龄"为"房元龄"。但卷二"排日事实"中"正月初一"之"徐真人传经"注文曰"一来勒——于会稽上虞山——于葛玄真人日"，此处"玄"字未避讳；卷二多次出现"弘"字未避讳。卷一多次出现"玄"字，并不避讳。可见，此书编排不严谨。大概是直抄照录，未加统一而致。

（二）前后重出，或词牌异，或有异文

卷六"平交"类收"詠槐"词《贺新郎代寿东屏》，内容与卷五"平交"类未署作者词《金缕词寿东屏》全同。卷六"平交"类收"程和仲"词《沁园春寿竹林亭长》，内容与同卷"自寿"类未署作者词《沁园春生日自寿》全同。卷六"平交"类收"程正同"词《满庭芳答友人》，内容与同卷"自寿"类未署作者词《满庭芳生日自赋谢人庆寿》基本相同，仅是前词内容之"宦情"后词作"官情"。卷六"妇女"类"翁溪园"词《洞仙歌代寿李尉孺人》，与同卷同类所收无作者词《酹江月代寿李尉妻》内容全同。卷六"妇女"类所收无作者词《鹧鸪天寿妇人》，词题与内容全同，系重出。与另几种同类的宋元民间交际应用类书相比较，少见同书、同集、同卷有先后重复编排出现，且有异文的情况。足见本部分内容编排之不严谨。

此外，卷六"平交"类所收署名"前人"词《水调歌头寿》，排在该词前面的词《沁园春寿东屏》未署作者，再前一词为"石麟"《金缕词寿南楼》。大概《水调歌头寿》与《沁园春寿东屏》为同一作者。但《水调歌头寿》词署"前人"，其前的《沁园春寿东屏》未署作者，不知何故。当然此三词极有可能都是石麟所作。

第二章 《新编事文类聚启劄云锦》

第一节 书籍概况

《新编事文类聚启劄云锦》是元代编纂的一部民间交际应用类书，编者、版本递嬗情况不详。此书流传至今者甚少，故不易见到和使用。《中华再造善本》据国家图书馆藏元刊本予以影印，线装两函十六册，为今后的研究利用提供了莫大方便。

国家图书馆藏元刊本《新编事文类聚启劄云锦》（编号7572）从版本特征来看应属于建本；大致每集题记均有"本堂"，可见也为书坊刻本。其内容按天干分为十集，甲集至庚集均为6卷、辛集5卷、壬集9卷、癸集7卷，共计63卷，依次分为诸式门、活套门、州郡门、姓氏门、仕宦门、荣进门、冠礼门、婚礼门、诞礼门、庆寿门、丧礼门、荐悼门、祭祀门、朝贺门、祁谢门、禳禬门、保安门、释教门、道教门、题化门、人伦门、事契门、宅舍门、文物门、艺术门、委借门、干求门、谒见门、饯别门、节序门、游赏门、花卉门、果实门、珍异门、饮馔门、杂贺门、醵贺门共37门。内容事类半页10行、行20字，文类半页13行、行22字；《目录》半页14行；卷名、门类名大字占两行，正文文字单行，注文小字双行。乙集名为《新编事文类要舆地要览》，丙集名为《新编事文类要姓氏源流》，其余八集均名为《新编事文类要启劄天章》，可该书总名却为《新编事文类聚启劄云锦》。本书除却内容纯为事类或文类者以外，近一半卷数内容为事文类，先列事实，后为文类（表简、启劄、诗词等）。事类与文类的内容编排基本同于《新编事文类聚翰墨全书》。两书收录的内容，相同者甚多。

据《日藏汉籍善本书录》，日本尊经阁文库藏有元刊本《（新编）事文类聚启劄天章》十集18册，"（新编）事文类聚启札天章十集"，"不著撰人姓名"，"元刊本，共十八册""①。由于元刊本《新编事文类聚启劄云锦》十集内容中八集署集名为《新编事文类聚启劄天章》，此书可能与元刊本《新编事文类聚启劄云锦》最为接近，甚至属于同一书系统。

古籍书目中还曾提到一种类书名《启制天章》者，尚不知与《新编事文类聚启劄云锦》的关系。如《五十万卷楼藏书目录初编》卷十三记"《启制天章》，首采经传，次录宋元人遗文"。②杨守敬《日本访书志》卷十一"《事文类聚翰墨全书》残本"所谓"有称为《启制天章》者"③，目前尚未见到《翰墨全书》（《翰墨大全》）流传版本被称为《启制天章》者，可能是杨氏弄错。

元刊本《新编事文类聚启劄云锦》卷目

集名（卷数）	卷　　目
甲集（6卷） 新编事文类聚启劄天章	1. 诸式门文类 2. 诸式门文类 3. 诸式门文类 4. 活套门事文类 5. 活套门文类 6. 活套门文类
乙集（6卷） 新编事文类聚舆地要览	1. 州郡门事类 2. 州郡门事类 3. 州郡门事类 4. 州郡门事类 5. 州郡门事类 6. 州郡门事类
丙集（6卷） 新编事文类聚姓氏源流	1. 姓氏门事类 2. 姓氏门事类 3. 姓氏门事类 4. 姓氏门事类 5. 姓氏门事类 6. 覆姓门事类
丁集（6卷） 新编事文类聚启劄天章	1. 仕宦门事文类 2. 荣进门事文类 3. 冠礼门事文类 4. 婚礼门事类 5. 婚礼门文类 6. 婚礼门文类
戊集（6卷） 新编事文类聚启劄天章	1. 诞礼门事文类 2. 庆寿门事类 3. 庆寿门文类 4. 庆寿门文类 5. 庆寿门文类 6. 庆寿门文类
己集（6卷） 新编事文类聚启劄天章	1. 丧礼门事类 2. 丧礼门文类 3. 丧礼门文类 4. 荐悼门文类 5. 荐悼门文类 6. 荐悼门文类

---

① 严绍璗编著：《日藏汉籍善本书录·子部·类书类》，中华书局2007年版，第1047页。

② 莫伯骥：《五十万卷楼藏书目录初编》，海王邨古籍书目题跋丛刊（第七册），中国书店2008年版，第385页。

③ 杨守敬：《日本访书志》，辽宁教育出版社2003年版，第192页。

续表

集名（卷数）	卷　　目
庚集（6卷） 新编事文类聚启劄天章	1. 祭祀门事文类、朝贺门事文类 2. 祈谢门事文类 3. 禳檜门事文类 4. 保安门事文类 5. 保安门文类 6. 保安门文类
辛集（5卷） 新编事文类聚启劄天章	1. 释教门事类 2. 释教门文类 3. 道教门事类 4. 道教门文类 5. 题化门文类
壬集（9卷） 新编事文类聚启劄天章	1. 人伦门事文类 2. 事契门事文类 3. 宅舍门事文类 4. 文物门事文类 5. 艺术门事文类 6. 委借门事文类 7. 干借门事文类 8. 谒见门事文类 9. 饯别门事文类
癸集（7卷） 新编事文类聚启劄天章	1. 节序门事文类 2. 游赏门事文类 3. 花卉门事文类 4. 果实门事文类 5. 珍异门事文类 6. 饮馔门事文类 7. 杂贺门事文类

第二节　内容及编排体例

总　目

书首为《总目》，首标《新编事文类聚启劄云锦目》，末标《新编事文类聚启劄云锦纲目终》，标注全书分为36门（诸式门、活套门、州郡门、氏族门、仕宦门、荣进门、冠礼门、婚礼门、诞礼门、庆寿门、丧祭门、荐悼门、祀典门、朝贺门、祁襀门、僧道门、题化门、人伦门、事契门、宅舍门、文物门、艺术门、委借门、干求门、恳事门、谒见门、饯别门、节序门、游赏门、花卉门、果实门、珍异门、饮馔门、杂贺门、醵贺门、杂题门），以天干分为十集，门类下标注相应的集数及附录内容。

按，《总目》所标门类为36门，而内容十集依次分为诸式门、活套门、州郡门、姓氏门、仕宦门、荣进门、冠礼门、婚礼门、诞礼门、庆寿门、丧礼门、荐悼门、祭祀门、朝贺门、祁谢门、禳檜门、保安门、释教门、道教门、题化门、人伦门、事契门、宅舍门、文物门、艺术门、委借门、干求门、谒见门、饯别门、节序门、游赏门、花卉门、果实门、珍异门、饮馔门、杂贺门、醵贺门共37门，略有不同，如：氏族门与姓氏门，丧祭门与丧礼门，祀典门与祭祀门，祁禳门与祁谢门、禳襘门，僧道门与释教门、道教门；《总目》之恩事门、杂题门，内容未列；内容之保安门，《目录》未标。可知，《总目》与内容所标门类名无法一一对应。

甲　集

甲集 6 卷，为诸式门、活套门。集首为该集目录，依卷次排列门类及内容。《目录》首尾均标《新编事文类聚启劄天章目录》，首有题记，草书上版，"是编用天章之名，不袭旧也……局面一新，同轨全文，则翰墨之文固宜与时俱新。本堂……脱去陈言，较于旧本为有加矣。君子幸鉴"。

卷一诸式门。内容依次为："表牋式"：表牋首末式；"贺表式"：收《贺元旦表》等文章 3 篇；"贺牋式"：收《贺皇后受册牋》等文章 2 篇；"奏状式"：奏状首末式（附书写说明）、谢传宣问奏状首末式；"启式"：贺启首末式、贺正首末启式、上尊官干求启首末式、谢启首末式、谢启首末新式（"启式"写作说明）；"贺启式"：贺徐参政启、贺正一幅骈启、贺冬一幅骈启；"通启式"：收刘后村《通赵西宗》文章 1 篇；"回启式"：收方秋崖《回杨运使》文章 1 篇；"谢启式"：收秋崖《谢监司荐举》文章 1 篇；"劄子式"：三幅劄子首末式（第一幅由 8 部分内容组成，第二幅由 4 部分内容组成，第三幅由 2 部分内容组成）、三幅劄子全段、五画一劄子首末式（附"内封、外封"样式及写作说明）、五段申禀劄子首末式（标注由 5 部分内容组成）、五提头劄子首末式（标注由 5 部分内容组成）、五提头劄子全段、画一申禀劄子首末式、七画一劄子首末式、七段申禀劄子全式贺谒司□、七提头劄子全式、（贺徐参政劄子）、三幅劄子新式、九提头劄子首末新式；"劄子式"：劄子一幅正式（先标注由 12 部分内容组成，后列"问候官员、荅问候久别"），四六劄子新式通官员未相识、荅教官未相识，四六劄子新式通间别朋友、荅间别朋友，劄子一幅变式（先标注由 12 部分内容组成，后列"问候官员久别、荅问候久别"），四六劄子别式通未相识朋友、荅未相识朋友，劄子一幅变式（问候朋友久别、荅问候久别）；"手书式"：手书一幅正式（先标注由 16 部分内容组成，后列"问候朋友久别、荅问候久别"），手书一幅新式（县尉通主簿、主簿荅县尉），手书一幅变式（先标注由 16 部分内容组成，后列"通未识面朋友、荅未识面朋友"），四六手书新式（通未相识宗族、荅未相识宗族），手书一幅变式（通间别朋友、荅间别朋友），通贺一幅四六径劄贺蔡久轩除工侍、问候一幅四六径劄佐官问候太守，荅倅送土宜骈劄，禀事公劄首末式，附"实封"；"禀状式"：画一申禀状；"长书式"：上万言书首末式、上官员长书首末式，附"实封"；"学关式"：请先生学关式，附"可漏"；"书简式"：上尊官手启首末式、附"封皮"，别简式，上稍尊手启首末式、附"封皮"，与平交手柬首末式、附"封皮"，与稍卑手柬首末式、附"封皮"（有四处写作说明及一处附注"书中小简及别柬如前"）；"家书式"：首引"温公书仪"（再列家书范式），上父母姑舅书、附"内封、外封"，上内外尊属书、附"内封、外封"，上内外长属书、附"内封、外封"，祖父与子孙书、附"内封、外封"，与内外卑属书、附"内封、外封"，与内外幼属书、附"内封、外封"，良人与妻室书、附"内封、外封"，妻室与良人书、附"内封、外封"（家书题目下多有注文，为亲属类别及用语说明）；"妇女往复——书简式"：首引"温公书仪"（再列书简范式），妇女相问候书（题目下注文标注用语说明）、妇女荅问候书、妇女送信物书、妇女谢信物书。

按，内容中的类目"劄子式"标有两处，而《目录》只标注一处，但所收的文章均为劄子类；内容"劄子类"之"劄子一幅正式、问候官员、荅问候久别"，《目录》标为"劄子一幅正式问候官员久别、回正体劄子式荅问候久别"；内容之"四六劄子新式通官员未相识、荅教官未相识"，《目录》标为"四六劄子新式通官员未相识、回四六劄子式荅教官未相识"（上述两例内容与《目录》标注略有不同的编纂特征在该卷多见，以下不再详列）；内容之"劄子一幅变式、问候官员久别、荅问候久别"，《目录》未标；《目录》之"劄子一幅变式问候官员久别、回变体劄子式荅问候久别"，内容却没有。"手书式"，内容之"手书一幅变式：通间别朋友，荅间别朋友"，《目录》未标；最后部分的内容"妇女往复——书简式"，《目录》标为"妇女书简式"，因前面已有"书简式"，可见此部分为最后罗列的专门一类。

又，本卷分类罗列诸式，多是列举开头及结尾文句，多是套话，中间内容黑丁白文标注"入事"，实为省略实质内容，可供写作者据事填充，另外所列范文大多未署作者。《目录》所标文章题目（正标题大字、副标

题小字）同类者多有上下往复一一对应，而内容的"回答"类文章，以
《目录》的副标题为正标题，未列《目录》的正标题，这是内容与《目
录》部分不同的编排方式所致，大概是从各自的整体考虑，不算失误。
比对本卷《目录》和内容所列的类目名称、文章题目，除编排方式不同
所致有所区别外，其余基本是相同的，不像《新编事文类要启劄青钱》
内容与目录所列文章题目多有不同；但本卷出现内容有目录无、目录有
容无的现象，也可知编排不够严谨，抑或该书流传中出现残缺所致。

　　卷二诸式门。包括"诸式备览"：手牍小柬常式、回手牍小柬式，手
牍小柬新式、回手牍小柬式（附"小柬连封、小柬不封"及写作说明），
手牍代劄常式、回手牍代劄式，手牍代劄新式、回手牍代劄式；"启状
式"：上尊官问候贺谢大状，与平交平状，上尊官时候启状（附"内封、
外封"），上稍尊时候启状（附"内封、外封"），与稍卑时候启状（附
"内封、外封"）；"公状式"：圣节依应拈香、圣节不赴拈香，赴任与官攀
违、辞谢官员攀违，贺冬公状新式，贺月旦公状式，贺正公状新式，远迎
官员赴诏；送物大状正式、送物大状变式、送物小帖正式，谢送物状正
式、谢送物状变式、谢送物小帖式，再送物状通式、再送物受通式、再送
物不受式，请召大状体式、请召谢状体式，再请筵会通式、再请答赴通
式、再请不赴通式，请召团状体式、请召列状体式；"简板式"（附有简
板使用说明）：简板禀事柬式、荅式，简板禀事劄式、荅式，简板递目召
饮式、新式，简板专召饮式、荅式，竹简请人小柬、荅式；公筵八人坐
图、三出头坐次图、家燕十人坐图、四出头坐次图。"婚姻诸式"：男家
草帖正式、女家草帖正式，男家定帖正式、女家定帖正式（其后标注
"此系司马温公常式近变新式，及求亲劄子新式并详见后婚姻门"），婚启
第一幅常式、婚启第二幅常式、婚启第三幅常式、聘定礼物状常式，附
"员封"。"庆寿诸式"：生日送仪物劄、回谢送仪物劄，附"可漏"；生
日送星香状、回谢送星香状，附"可漏"。

　　按，"简板式"内容之"简板禀事柬式、荅式，简板禀事劄式、荅
式"，《目录》标为"简板禀事柬式、荅柬板禀事式，简板禀事劄式、荅
柬板禀事劄"，内容之"简板递目召饮式、新式，简板专召饮式、荅式，
竹简请人小柬、荅式"，《目录》依次标为"简板递目召饮、列名召饮新
式，柬板专召柬板式、荅专召柬板式，竹简请人柬式、荅竹简召饮式"，可

见《目录》所标题目完整，内容所列题目为对应省略，此处内容与《目录》"简"、"柬"两字通用。内容"家燕十人坐图"之"家燕"，《目录》作"家宴"。

又，卷二《目录》标为3类：官俗诸式、婚姻、庆寿，其中的"官俗诸式"类，内容却标为"诸式备览"，内部又标注分为"启状式、公状式、简板式"。内容"婚姻诸式"下注曰"各详见后婚姻门"，"庆寿诸式"下注曰"各详见后庆寿门"。

卷三诸式门。包括"丧纪诸式"：丧礼事要（小殓、大殓、成服）；（"服图"）：本族三殇服图、五服制度内族服图、本族服图、女出嫁为本族内外亲服、妻为夫内外祖服图、外族服图、夫族服图、外祖服图、妻亲服图、僧五服图；（"杂式"）：门状式慰大官用、门状式慰平交用、慰人名纸，代报亡状式、代报葬状式，置赙仪状式、谢赙仪状式，仕宦香财状、通用香财状、谢送香财状、七朔香财状，祭文首末式，赠人葬送状，请人斋会状、答人请斋状，请僧追修状、请道追修状，慰僧家状式、慰道家状式（附称号用语说明）；"慰疏式"：慰人父母亡疏、答，慰祖父母亡疏、答，慰疏封皮、答疏封皮；"慰劄式"：七提头慰劄式慰人丧父、五提头慰劄式慰丧母、慰人迁奉启疏三幅式、迁奉答人慰疏三幅式，慰人起复启疏三幅式、起复答人慰疏三幅式，慰人伯叔父亡、答，慰人兄弟亡、答，慰人妻室亡、答，慰人子女亡（男、女）、答（男、女），慰人孙姪亡、答，慰人妻父亡、答，慰人妻母亡、答，慰人女婿亡、答，慰僧本师亡疏三幅式中丧小丧附、僧答式，慰道士本师亡疏三幅式、道士答式；"祭文正式"：堂祭子祭父；"祭文警段"：宅岁子祭父，入圹子祭母，将葬子舍祭公，路祭；"写门状式"：司马温公古式（参辞贺谢随用改易），近式（官员僧道用之）；"写榜子式"：僧家、道士、术士；"修名刺式"：见官员、见县官、见乡贵、见尊官、见恩门、契家官员、亲戚乡贵、父祖朋友、乡居长上、乡居稍尊、亲族尊长、同姓尊长、见师长、见亲家、见亲戚、见表亲、见母党、见妻父、见妻党、见连襟、妻母舅、见［姊］丈、见姑丈、见姨丈、见舅子、见姑子、见姨子、表姊夫、见妹夫、见契家、见同年、见朋友、见常人、外郡人、见僧道，有官居丧、常人居丧、居父丧用、居母丧用、父母俱丧、居祖丧用、居心丧用、居禫服用、祖父母丧、承重丧用、居妻丧用。（"写门状式"、"写榜子式"、"修名刺式"，均附有写作说明）

　　按，内容"服图"之"妻为夫内外祖服图"，《目录》作"妻为夫家外祖服图"；内容之"慰人名纸"，《目录》作"吊慰名刺式"；内容之"置赙仪状式"，《目录》作"代赙仪状式"。《目录》所标类目"服图"、"杂式"，内容均未标注。内容"杂式"类状式后大多附有"状上"图式。"祭文首末式"内容有"惟太元年号幾年幾月甲子"句，可知为元代祭文。《目录》"疏状劄式"，内容分为"慰疏式"和"慰劄式"两类；《目录》所标往复慰疏、慰劄题目完整，内容之答复题目只略标"荅"。《目录》"祭文"仅列"祭文全式、通用祭文式"，而内容分为"祭文正式"和"祭文警段"两类，分别列 1 篇和 4 篇相应祭文。内容之"写门状式"、"写榜子式"、"修名刺式"，《目录》标有类目"门状"，列有"诸门状榜子式、尊卑名刺诸式"。

　　卷四活套门。包括"换易事实"：分为具礼、称呼、间阔、起居、神相、台候、时令（孟春、仲春、季春、孟夏、仲夏、季夏、孟秋、仲秋、季秋、孟冬、仲冬、季冬、闰月）、托庇、感德、自述、仪表、言谈、谒见、承接、乘访、承出、失接、报谢、延留、书翰、简板、瞻仰、颂德、咨禀、会晤、祝颂、焆察、问眷、请委等类，分别列举相关词句典故及简要文献出处。"具礼轻重套"：先为"往来书劄、妇女书简、居丧书劄"的写作说明，再列官员、尊长、稍尊、平交、稍卑、卑下、妇女、服制、僧家、道家 10 类，分别列举相应套语；"切时具礼套"；"官俗称呼套"：分三师、宰相、六尚书 刘侍郎、左右史 内翰 谏院 祭酒 司业 郎中 乡监、乡简次官、三衙、外省官、内外台察、总管 府尹 同知 治中、县宜差 县尹 丞 簿、文武官子弟、赴召人、士人、妇人（附"妇人"称呼说明）、吏人、医人、僧、道等类，分别列举相关称呼；"亲戚友契套"：分亲表、契友、恩门、同庚、同姓、同乡类，分别列举相关称呼；"阁下座前套"：分官员、尊长、父母、先生、平交、稍卑、妇人、服制、僧道等类，分别列举相关称呼用语；"间阔瞻仰套"：分为官员（移刻瞻仰、隔宿瞻仰、两日瞻仰、数日瞻仰、旬日瞻仰、半月瞻仰、经月瞻仰、数月瞻仰、经年瞻仰、数年瞻仰、未识瞻仰、幸识瞻仰、不及谒瞻仰、政此瞻仰）、尊长（移刻瞻仰、隔宿瞻仰、两日瞻仰、数日瞻仰、旬日瞻仰、半月瞻仰、经月瞻仰、数月瞻仰、经年瞻仰、数年瞻仰、未识瞻仰、幸识瞻仰、不及谒瞻仰）、士人（移刻瞻仰、隔宿瞻仰、两日瞻仰、数日瞻仰、旬日瞻仰、

半月瞻仰、经月詹仰、数月詹仰、经年詹仰、数年詹仰、未识詹仰、幸识
詹仰、不及谒詹仰）、通用（移刻詹仰、隔宿詹仰、两日詹仰、数日詹
仰、旬日詹仰、半月瞻仰、经月詹仰、数月詹仰、经年詹仰、数年詹仰、
未识詹仰、幸识詹仰、不及谒詹仰、政此詹仰）、僧家（移刻詹仰、隔宿
詹仰、两日詹仰、数日詹仰、旬日詹仰、半月瞻仰、经月詹仰、数月詹
仰、经年詹仰、数年詹仰、未识詹仰、幸识詹仰、不及谒詹仰）、道家
（移刻詹仰、隔宿詹仰、两日詹仰、数日詹仰、旬日詹仰、半月瞻仰、经
月詹仰、数月詹仰、经年詹仰、数年詹仰、未识詹仰、幸识詹仰、未及谒
詹仰）、妇女（近别詹仰、久别詹仰）等类，分别列举相应文句。

按，"换易事实"书翰类之"雁帛"下注曰"并见婚姻门"。内容的
6 种类目"具礼轻重套、切时具礼套、官俗称呼套、亲戚友契套、阁下座
前套、间阔詹仰套"，《目录》以类目"书翰活套"统辖，内容未标注
"书翰活套"；内容类目"阁下座前套"之"阁"字，《目录》作"阁"

又，事实类分类罗列相关的词句典故，先分大类，大类下或罗列词语
或再分小类，小类名以黑丁白文大字标注，如"具礼"下列出"孝服、
僧、道" 3 类，"时令"列出 12 类；黑丁白文小字标注多为着重说明及
"注"等。

卷五活套门。包括"即日伏以套"：分为书柬通用、小柬劄用、劄子
首用 3 类，分别列举相关用语；"通叙时令套"：先为写作说明，然后分
"正月"：单句、立春、元旦、人日、上元，双句，附（立春、元日、人
日、上元、闰月、慰劄）；"二月"：单句、中和、花朝、春分、春社，双
句，附（中和、花朝、春分、春社、闰月、慰劄）；"三月"：单句、上
巳、寒食、清明，双句，附（上巳、寒食、清明、闰月、慰劄）；"四
月"：单句、立夏、八日，双句，附（立夏、八日、闰月、慰劄）；"五
月"：单句、端午、夏至，双句，附（端午、夏至、闰月、慰劄）；"六
月"：单句、伏日，双句，附（伏日、闰月、慰劄）；"七月"：单句、立
秋、七夕、中元，双句，附（立秋、七夕、中元、闰月、慰劄）；"八
月"：单句、秋社、秋风、中秋，双句，附（秋社、秋风、中秋、闰月、
慰劄）；"九月"：单句、重九，双句，附（重九、闰月、慰劄）；"十
月"：单句、立冬，双句，附（立冬、闰月、慰劄）；"十一月"：单句、
冬至，双句，附（冬至、闰月、慰劄）；"十二月"：单句、腊日、除夕，

双句，附（腊日、除夕、闰月、慰劄）；分别列举相应的文句，数量不等；"通叙气候套"：分春雪、春雨、春晴、梅雨、时雨、久雨、久旱、新晴、霜天、雪天、雪晴、冬雨 12 类，分别列举相应文句；"伏惟恭审套"：分奉书（尊长、卑下）、荅书（尊长、卑下），分别列举相应用词；"官俗起居套"：分官员（公相、宰相、左右丞、参政、签省、枢使、枢副、同知、签书、断事、左右司、内翰、台官、尚书、吏书、户书、礼书、兵书、刑书、工书、侍郎、吏侍、户侍、礼侍、兵侍、刑侍、工侍、郎官、吏郎、户郎、礼郎、兵郎、刑郎、工郎、列卿、太常、司农、大府、寺丞、列监、监丞、秘监、国子监、宣徽、引进、王相、待？、集贤、司局、大库、大仓、东宫、三衙、留守、宣慰、按察、运使、经略、行工部、元帅、招讨、万户、茶运、盐运、府尹、知州、同知、治中、府判、推官、教官、司狱、首领官、管军、斡脱、匠司、县尹、县丞、录事、主簿、尉职、巡检、钞库、站司、仓使、平准、监酒、监税、致仕、巡按、奉使、捧檄、新除、赴召、赴任、待次、受荫、赴上、权摄、兼职、书考、再任、满替、举削、借补、持服、起复）、士庶（士人、师儒、老人、退居、诗人、重庆、具庆、父在、母在、入赘、住学、喜庆、生日、远归、旅中、出行、商旅、富者、医者、日者、术者、画工、吏人、隐士、妇人、孝服、除服、僧家、道士）类，单句（士人、通用、师席、老人、旅次、喜庆、公吏、商贾、居丧、妇人、僧家、道士），分别列举相应文句；"神明介相套"：分官员、士庶、旅次、居丧、僧家、道士类，分别列举相应文句；"尊候动止介福套"：分官员、尊长、平交、卑下、妇人、居丧、僧家、道士类，分别列举相应文句。

　　按，《目录》卷五标注类名"书翰活套"，其下再分类，而内容未标"书翰活套"类名；内容类名"尊候动止介福套"，《目录》标为"尊候动止套"。

　　又，从"官俗称呼套"所列"万户、元帅、斡脱"为元代官制，可知编纂于元代。

　　卷六活套门。包括久不谒见套（官员、尊长、通用、僧家、道士）、拜见承出套（官员、尊长、通用、僧家、道家）、拜见承接套（官员、尊长、通用、僧家、道家）、特承报谒套（官员、尊长、通用、僧家、道士）、特承垂访套（官员、尊长、通用、僧家、道士）、承访失接套（官员、尊长、通用、僧家、道士）、拜见承待套（官员、尊长、通用、僧家、道士）、承访不欵套（官员、尊长、通用、僧家、道士）、承访未谢套（官员、尊长、通用、僧家、道家）、造谢承接套（官员、尊长、通用、僧家、道士）、造谢承欵套（官员、尊长、通用、僧家、道士）、造谢承出套（官员、尊长、通用、僧家、道士）、经从失迓套（官员、尊长、通用、僧家、道士）、经从失谒套（官员、尊长、通用、僧家、道士）、曾承惠物套（官员、尊长、通用、僧家、道士）、承惠未谢套（官员、尊长、通用、僧家、道士）、曾承宴召套（官员、尊长、通用、僧家、道家）、承召不赴套（官员、尊长、通用、僧家、道士）、攀屈不赴套（官员、尊长、通用、僧家、道士）、旧曾贡书套（官员、尊长、通用、僧家、道士）、久不贡书套（官员、尊长、通用、僧家、道士）、领书曾苔套（官员、尊长、通用、僧家、道士）、领书未苔套（官员、尊长、通用、僧家、道士）、曾蒙苔书套（官员、尊长、通用、僧家、道士）、未蒙苔套（官员、尊长、通用、僧家、道士）、得书欣怿套（官员、尊长、通用、僧家、道士）、得书知仰套（官员、尊长、通用、僧家、道士）、得书承惠套（官员、尊长、通用、僧家、道士）、曾劳传书套（官员、尊长、通用、僧家、道士）、曾为传书套（官员、尊长、通用、僧家、道士）、曾传口信套（官员、尊长、通用、僧家、道士）、曾附口信套（官员、尊长、通用、僧家、道士）、曾接口信套（官员、尊长、通用、僧家、道士）、窃观文墨套（官员、尊长、通用、僧家、道士）、曾託为文套（官员、尊长、通用、僧家、道士）、蒙示诗文套（官员、尊长、通用、僧家、道士）、曾劳干事套（官员、尊长、通用、僧家、道士）、曾为干事套（官员、尊长、通用、僧家、道士）、曾荷借贷套（官员、尊长、通用、僧家、道士）、曾问动静套（官员、尊长、通用、僧家、道士）、曾获陪侍套（官员、尊长、通用、僧家、道士）、辱在契家套（官员、尊长、通用、僧家、道士）、忝在眷末套（官员、尊长、通用、僧家、道士）、幸托邻邦套（官员、尊长、通用、僧家、道士）、曾识子弟套（官员、尊长、通用、僧家、道士）、子弟辱知套（官员、尊长、通用、僧家、道士）、仰託庇庥套（官员、尊长、通用、僧家、道士）、知感知归套（通用）、不劳记念套（官员、尊长、通用、僧、道）、恃爱有禀套（官员、尊长、通用）、承喻谨悉套（官员、尊长）、奉启申复套去书用（官员、尊长、通用、旅次、僧家、道士）、奉启申复荅套（官员、尊长、通用、僧家、道士）、深愧崖帅套（去书、荅书）、更不缕述套小柬用、嗣容面罄套（通用）、伏祈恕察套（通用）、伏乞介念套（通用）、敢不遵从套（通用）、幸勿为谴套（通用）、因风示诲套（通用）、经过惠访套（通用）、匪伊请见套（通用）、未繇晋见套（官员、尊长、通用、僧家、道士）、乞调寝餗套（官员、尊长、通用、孝服、僧家、道士）、前膺亨擢套（官员、尊长、通用、僧家、道士）、副此忱祷套（官员、通用）、不待致颂套（官员、通用、孝服、僧家、道士）、再拜敬问套（官员、尊长、通用、僧家、道士）、台阃均庆套（官员、通用、旅次、孝服、僧家、道士）、不敢问眷套（官员）、叶累致意套（通用）、会次呼名套（通用）、附谢流问套（通用）、恭请委令套（官员、尊长、通用、僧家、道士）、不敢请委套（官员、通用、旅次、孝服）、某物友书套（通用）、聊实回筐套（通用）、不备不宣套（官员、卑下、孝服）、右谨具呈套（官员）等类，每类大致又按官员、尊长、通用、僧家、道士等类罗列相应文句若干。

按，本卷《目录》所标类目为"书翰活法"，其下收活套类名 81 种，每类又按官员、尊长、通用、僧道 4 类罗列相应活套文句；内容未标类目"书翰活法"。内容"曾託为文套"之"託"字，《目录》作"托"。《目录》最末所标"谨修套"，内容不收。

乙　集

乙集 6 卷，为州郡门。集首为该集目录，依卷次排列内容；先按路分类，路下列所辖府州军监名称。《目录》首尾均标《新编事文类聚舆地要览目录》，首有题记，草书上版，"是编云锦单皆有江南州郡而已，今天下一统，一郡有……非全文也……本堂重……纂集，自……较之云锦其功信。君子幸鉴"。

卷一州郡门事实。包括"中都路"：大兴府、蓟州、通州、涿州、易州、顺州、雄州、平州、滦州、霸州、保州、遂州、安肃州、安州；"南京路"：开封府、延州、睢州、归德府、单州、寿州、陕州、邓州、唐州；"中京路"：河南府、嵩州、许州、汝州、钧州、亳州、郑州、陈州、蔡州、息州、颖州、宿州、虢州、泗州；"西京路"：大同府、云州、弘州、豊州、桓州、抚州、德兴府、镇州、宣德府、朔州、固州、武州、应州、忠州、浑源州、蔚州、安定州、云内州、东胜州、宁边州、净州；"山东路"：真定府、宁州、威州、赵州、祁州、洺州、邢州、彰德府、林州、卫州、磁州、中山府、定州、澝州、辉州；"山东西路"：东平府、曹州、济州、徐州、邳州、滕州、博州、兖州、泰安州、德州；"河东南路"：平阳府、霍州、隰州、蒲州、吉州、河中府、荣州、晋安府、翼州、解州、怀州、泽州、崇州、辽州、潞州、沁州、孟州；"河东北路"：太原路、晋州、汾州、岚州、忻州、平定州、皋州、葭州、石州、代州、坚州、台州、隩州、宁化州、成州、保德军、管州、岢岚军①；"河北东路"：河间府、蠡州、献州、冀州、深州、清州、沧州、观州；"陕西西路"：凤翔府、桓州、顺德府、平凉府、镇戎州、秦州、西宁州、陇州；"陕西东路"：京兆府、同州、商州、贞州、耀州、乾州、华州；"益都府路"：益都府、潍州、淄州、济南府、登州、宁海州、沂州、密州、海州、莒州、莱州、棣州、滨州；"大名府路"：大名府、恩州、濮州、开州；"鄜延路"：延安府、鄜州、坊州、丹州、保安州、绥德州；"熙河路"：临洮府、积石州、洮州、泾州、原州、庆阳府、邠州、宁州、兰州、巩州、定西州、会州、河州、环州；"辽阳府路"：辽阳府、澄州、复州、盖州、来远军、沈州、贵德州、广宁府；"咸平府路"：咸平府、韩州、懿州、川州；"大定府路"：大定府、惠州、利州、义州、锦州、瑞州、兴中府、建州；"临潢府路"：临潢府、全州、庆州、秦州；"上京路"：会宁府、肇州、隆州、信州；"上都路"：开平府、凡州、昌州、隆兴府、桓州、和州、净州。

按，"南京路"，内容列府州9个，而路名下注文作"共十州"，《目录》也列9个。

卷二州郡门事实。包括"浙西路"：杭州、平江府、镇江府、嘉兴府、安吉州、常州、严州、江阴军；"浙东路"：绍兴府、庆元府、衢州、婺州、台州、温州、处州；"福建路"：福州、建宁路、邵武军、南剑州、泉州、兴化军、漳州、汀州；"江东路"：建康府、太平州、宁国府、徽州、池州、南康军、信州、饶州、广德军。

---

① 全建平：《杨业之死及其悲剧成因》，《光明日报》2008年2月3日"理论版"。

卷三州郡门事实。包括"江西路": 龙兴府、袁州、赣州、吉州、瑞州、抚州、建昌军、临江军、江州、兴国军、南安军; "湖南路": 潭州、衡州、道州、郴州、永州、宝庆府、全州、桂阳军、武冈军、茶陵军; "湖北路": 江陵府、汉阳军、鄂州、寿昌军、岳州、峡州、荆门军、常德军、澧州、辰州、沅州、靖州、德安府、复州、信阳军。

卷四州郡门事实。包括"京西路": 襄阳府、随州、枣阳军、郢州、均州、房州、光化军; "广东路": 广州、肇庆府、德庆府、封州、英德府、韶州、潮州、梅州、惠州、循州、连州、南雄州、南恩州、新州; "广西路": 静江府、柳州、鬱林州、横州、邕州、廉州、象州、浔州、藤州、梧州、贵州、昭州、融州、宾州、宜州、贺州、化州、高州、容州、钦州、雷州; "海外四州": 琼州、吉阳军、昌化军、万安军。

按,"广西路",内容下注"共二十四郡",实际列有 21 府州,且《目录》所列也是 21; 内容之"浔州、宜州",《目录》分别作"寻州、且州"。

卷五州郡门事实。包括"淮东路": 楊州、真州、通州、秦州、淮安军、宝应州、高邮军、滁州、招信军; "淮西路": 庐州、无为军、安丰军、濠州、和州、安庆府、蕲州、黄州、光州; "成都府路": 成都府、崇庆府、简州、嘉定府、彭州、汉州、绵州、雅州、茂州、眉州、隆州、永康军、威州、邛州、黎州、石泉军。

卷六州郡门事实。包括"夔州路": 夔州、归州、云安军、大宁监、开州、达州、万州、梁山军、施州、绍庆府、重庆府、南平军、涪州、忠州、珍州、思州; "潼川府路": 潼川府、泸州、遂宁府、顺庆府、资州、普州、合州、绍兴府、昌州、渠州、叙州、怀安军、广安军、长宁军、富顺监; "利州东路": 兴元府、利州、隆庆府、剑门关、阆州、蓬州、巴州、金州、洋州、大安军; "利州西路": 沔州、天水军、凤州、西和州、同庆府、文州、龙州、阶州。

按,"潼川府路",《目录》之"绍熙府",内容为"绍兴府",内容误。

按,本集州郡门,先按路分类,路下列所辖的府、州、军、监,府州军监所列的内容大致包括"县名"(即辖县名称)、"郡名"、"风俗"、"景致"、"形胜"、"人物"几类,有的还列"沿革"、"山川"、"风土"、

"名官"、"名贤"、"题詠"、"州治"、"学舍"、"古迹"、"寺观"、"堂观"、"祠庙"、"宫殿"、"宋"等类名，以黑丁白文显示，类下分别列举相应的名词、文句及简要的引文。另，路名下小字标注所辖州郡数。所列的宋代名人姓名之前多加"宋"字，表明该书编纂于宋亡之后。

丙 集

丙集 6 卷，为姓氏门。集首为该集目录，依卷次排列姓氏内容；前五卷分别以上平声、下平声、上声、去声、入声等四声分类分卷，每卷以《广韵》的韵目依次罗列姓氏；第六卷为覆姓门，分别以五音（宫、商、角、祉、羽）罗列覆姓。《目录》首尾均标《新编事文类聚姓氏源流目录》，首有题记，草书上版，"是编云锦非讹袭，别编次多失其伦……今率土之滨，莫非王氏，则姓系所传，贵……本堂重加纂集，分姓排韵，具有条理，较于云锦盖霄壤矣"。

按，《目录》页最后刻有几个文字及刻画符号，文字清楚者有"一百字"3 个字。

卷一姓氏门事实。 "上平声"：一东（东、冯、熊、洪、翁、龚、种、童、终、通、公、戎、融、酆、豊、充、醶、宫、弓、蒙、红），二冬钟（宗、钟、龙、容），四江（江、庞、逢、双），五支脂之（支、施、池、皮、伊、邳、师、麋、綦、姬、夔、危、迟、随、祁），八微（归、祈、韦），九鱼（鱼、徐、余、诸、疏、舒、蘧、居），十虞（虞、朱、吴、胡、扶、须、苻、夋、苏、卢、涂、俞、于、蒲、渠、瞿、储、乌、符、都），十二齐（齐、黎、倪、兒、嵇），十三佳皆（柴、怀），十五灰哈（裴、崔、雷、哀、梅、枚、来），十七真谆臻（真、陈、甄、荀、秦、申、辛），二十文欣（文、云、殷），二十二元鬼痕（元、言、原、袁、樊、孙、温），二十五寒桓（寒、干、韩、潘、安、桓、檀），二十八删山（山、颜、班、关）。

卷二姓氏门事实。 "下平声"：一先（先、田、钱、燕、坚、边、连、权、牵、宣、全），三萧宵（萧、姚、晁、饶、谯、刀、乔、焦、苗），五爻（包、茅、巢），六豪（高、敖、曹、毛、陶、劳），七歌戈（何、罗、柯、戈、和），九麻（家、车、查、巴、花），十阳唐（阳、王、杨、羊、张、黄、皇、光、梁、章、唐、汪、方、匡、姜、疆、强、桑、汤、苍、仓、康、常、房、商、昌、郎、庄、臧、襄），十二庚耕清（彭、程、明、京、荆、荣、成、平、英、衡），十五青（丁、邢、滕），十六蒸登（曾、凌、承、弘、应），十八尤侯幽（尤、游、刘、周、丘、牛、楼、娄、牟、邹、侯、仇、欧、勾），二十一侵（任、阴、林、岑、金），二十二覃谈（谭、甘、南），二十四盐添严（阎、廉、湛、詹、严），二十七咸（咸）。

按，《目录》"滕"姓属于"十六蒸"，而内容属于"十五青"，明显内容错误。

卷三姓氏门事实。"上声"：一董（董、孔），二腫（巩），三讲（项），四纸旨止（李、里、纪、杞、祢、史、是、绮、士、梓），七尾（尾），八语（许、莒、楚、汝、褚、吕），九麌姥（武、庾、祖、杜、扈、鲁、古、邬、伍、辅），十一荠（米），十二蟹骇（解），十四贿海（隗、亥、宰），十六轸准（闵、尹），二十阮混很（阮、宛、苑），二十三旱缓（管、满），二十七铣獮（扁、单、隽、展、蹇），二十九篠小（赵、绕），三十一巧（鲍），三十二皓（枣、老、保）三十三哿果（左），三十五马（马、夏、贾），三十六养荡（养、蒋、昝、党、赏、广），三十八梗（耿、冷、幸、邴、景、井、颖、），四十四有厚黝（有、柳、纽、母、寿、后、苟），四十七寝（沈、审），四十八感（唉），五十琰（冉），五十五范（范）。

卷四姓氏门事实。"去声"：一送（贡、仲），二宋（宋），五真至志（挚、义、季、异、贲），八未（魏、费、贵），九御（豫、茹），十遇暮（遇、傅、步、顾、瓠、路、喻、度），十二霁祭（卫、计、桂、厉），十四泰（蔡、赖、艾），十五卦怪夬（祭、蒯、解、介），十八队代废（戴、代），二十一震稕（晋、蔺、慎），二十三问焮（贠），二十五愿恩恨（万），二十八翰换（贯、灌、段），三十谏裥（谏、晏），三十二霰线（卞），三十四啸笑（姚、召、邵、廖），三十七号（到、暴），三十八箇（贺），四十祃（华、谢、射），四十一漾宕（尚、谅、向、畅），四十三敬净劲（敬、郑、孟、盛、庆、正），四十六径（宁），四十七证嶝（邓），四十九宥侯幼（富、寇、救、窦、谬），五十六梵（念），五十八陷鑑（阚），六十梵（氾）。

按，内容"二十七铣獮"所收"蹇"姓，《目录》未列；内容"三十七號"，《目录》为"三十七号"；内容"三十八箇"，《目录》为"三十八个"；内容"四十一樣"之"樣"，《目录》所标偏旁为"示"而非"木"。

又，该卷末尾标卷名为"重编事文类聚姓氏源流"。

卷五姓氏门事实。"入声"：一屋（陆、祝、穆、繆、木、牧、伏、谷、麴、鬻、沐、卜、濮、宿、夙、肅、叔、服、禄、鹿、沃、郁、竺），二沃烛（束、烛、粟、玉、逯），四觉（卓、乐、浊），五质術櫛（质、毕、郅、乙、宓、栗、吉），八勿迄（屈、尉、郴、弗），十月没（越、骨、勃、谒、兀、阙、厥、暨），十二曷末（葛、末），十四黠辖（滑），十六屑薛（嚳、薛、折、列、节、悦、舍），十八药铎（药、鄂、郭、霍、索、骆、郝、铎、莫、薄、约、博、作、恪），二十陌麦昔（白、剧、柏、郗、石、郤、籍、麥、席、易、昔、夕、翟、伯、革、赤、辟、射），二十三锡（狄、析、戚、酈），二十四职德（职、国、翼、直、力、墨、食、棘），二十六缉（习、汲、隰），二十七合盍（合、盖、郃、沓），二十九葉帖業（葉、聂），三十二洽狎乏（郟、法）。

按，"一屋"，内容之"麴"姓，《目录》作"匊"；内容之"竺"姓，《目录》作"竺"；内容之"鬻"姓，《目录》简写。"二沃"，内容之"粟"姓，《目录》为墨丁。"十六屑"，内容之"列"，《目录》为墨丁。"二十陌"，内容之"昔"，《目录》作"者"。内容"三十二洽"，《目录》标为"二十二"，明显错误。

又，该卷卷首标卷名为"重编事文类聚姓氏源流"。

卷六覆姓门事实。宫音（公孙、叔孙、豆盧、士孙、王孙、仲长、哥舒、達奚、公西、長孙、申屠、司空、吾丘、由吾），商音（司馬、歐陽、東方、聞人、萬俟、老莱、公儀、公羊、穀梁、公冶、贺拔、拓拔、沮渠、相里、邴曼），角音（澹臺、慕容、樗里、成公、胡母、高堂、角里），祉音（諸葛、屈突、獨孤、息夫、上官、百里、西門、漆雕、鐘離、尉遲），羽音（皇甫、夏侯、宇文、鲜于、淳于、贺若、太史、令狐、南宫、颛孙、第五、斛律、贺婁、斛斯、端木、巫馬、僕固、庫狄、若干、秃髪、黑齿、乞伏、摩訶、羊舌、毋将、梁丘、瑕丘、乌氏、公沙）。

　　按，本集 6 卷姓氏黑丁白文显示，其下为加框或黑丁白文的郡望名称，再下列得姓缘由，随后列该姓历代名人相关的词句典故（大字）及引文（小字）。有的郡望空缺，或已加框但空无文字，或版面完全空白但明显留有刊刻文字位置。《目录》的韵部只标一个，而内容却标有一到三。

　　又，该卷卷首尾均标卷名为"重编事文类聚姓氏源流"。

丁　集

　　丁集 6 卷，为仕宦门、荣进门、冠礼门、婚礼门。集首为该集目录，依卷次排列门类及内容。《目录》首尾均标《新编事文类聚启劄天章目录》，首有题记，草书上版，"是编以官职荣进冠婚类为一集，今天朝建置一新，自……冠婚之仪，又皆仿古，本堂重新纂集……代名公新文类编于后……君子幸鉴"。

　　卷一仕宦门。包括"官职事实"：三公、中书令、左右相、平章政事、参政、左右司、都事、断事官、行中书省、枢密使、同知枢密院事、签书枢密院事、行枢密院、六部、吏部尚书、吏侍、户书、户侍、礼书、礼侍、兵书、兵侍、邢书、邢侍、工书、工侍、六部郎中、六部员外郎、六部架阁、行尚书省、行工部、大司农、司农卿、司农少卿、行大司农、劝农营田使、御史台、御史大夫、中丞、侍御史、殿中侍御史、行御史台、翰林学士、昭文馆大学士、集贤院大学士、九卿、大常卿、大常少卿、大常丞、大常博士、秘书监、少监、秘丞、秘书郎、秘书郎、校书郎、著作郎、著作佐郎、监修国史、编修、国子祭酒、司业、监丞、博士、大学博士、大理卿、少卿、寺正、司直、评事、大府大监、少监、寺丞、军器监、少监、左右中三卫都指挥使、殿前都点检、左藏库使、右藏库使、登闻鼓院、司天监、东宫、太子詹事、少詹事、左右谕德、太子家令、东宫三师三少、都元帅、元帅、副元帅、监军、行都元帅府、宣使、宣慰使、上都留守、提刑按察使、招讨使、行军总管、万户、千户百户、安抚使、经略使、都转运盐使、诸道转运使、诸道儒学提举、诸州儒学教授、诸县儒学教谕、诸路总管府达鲁花赤、府尹、同知、治中、推判官、录事、诸路银场铁场提举、诸路茶提举、诸站都统领使、诸县达鲁花赤、县尹、县丞、主簿、县尉、巡检、监税。"官员庆贺启"：收《贺韩少师加太傅》等庆贺启 16 篇，作者署名两处标"并秋崖"，一处署"秋崖"，可见多为秋崖（方岳）所作贺启。"贺劄"：收《御史贺西广省官》、《回》等贺劄 21 篇，多数为往复贺劄，只有 1 篇署有作者。"五提头劄"：收《贺林县尹元正》、《回赵推官》2 篇。"七提头劄"：收方岳《与何总卿》1 篇。"九提头劄"：收《贺潭帅》1 篇。"小劄"：收《贺开国送羊酒劄》等 10 篇，均未署作者名。

按，官职事实，《目录》先标机构名称及官职总名称：三公、中书省、行中书省、枢密院、行枢密院、六部、行尚书省、司农寺、御史台、行御史台、翰苑、太常寺、秘书监、国史院、国子监、太理寺、太府监、军器监、左右藏库、登闻鼓院、太史局、东宫官、都元帅府、行都元帅府、宣使、宣慰司、留守司、按察司、招讨司、总管万户府、安抚司、经略司、转运司、学官、总管府、录事司、铁冶提举司、榷茶提举司、站司、县官、巡检司、税务司，其下列举相应的官职名称，且在"行中书省、行枢密院、行尚书省、行都元帅府"后均标有"官制纪原"；而内容基本按照《目录》所列机构名顺序依次罗列相应的官职名称，所列机构名仅有"行中书省、行枢密院、六部、行尚书省、行工部、行大司农、行御史台、行都元帅府"，所列官职总名有"三公"、"九卿"、"宣使"；内容"行中书省、行尚书省"下均标有"天朝新置"，"行大司农"下标有"新置"。内容之"行工部"，《目录》未列。六部之尚书、侍郎，《目录》为全称，内容简称。"太学"、"太府"，内容分别作"大学"、"大府"。内容和《目录》之"博士"多作"博士"、"太傅"作"太博"。《目录》所标"三公、太师、太博、太保"，内容只标"三公"。

又，"贺劄"，《目录》所标文题基本为全名，内容往复类之回复贺劄多略署名"回"。

卷二荣进门。包括"学校事实"：监学、太学、府学、县学、书院、人才由吏道入、由学校入吏道；"学校往复书劄"：收《鹭洲请学职书》、《回请充直学》等往复书劄 8 篇；"吏道往复书劄"：收《贺儒吏》、《回》书劄 2 篇；"诗词"：收《律诗詠白鹿书院》1 首。

按，内容之类目名"吏道往复书劄"，《目录》未标；内容"学校事实"之"人才由吏道入、由学校入吏道"所列事实均为人名，注文为职务及事迹，且"人才由吏道入"还标注分为西汉、东汉两类；《目录》之

"学校往复书劄"所收"与溪山催学粮"还标有作者姓名"崔復心"。

卷三冠礼门。包括"文公冠礼",类目名"文公冠礼"下标有"仪式辞祝并仿温公冠仪";"文公笄礼";"事实":冠仪;"牋表":收《贺皇子冠礼表》等2篇;"启劄":收《贺赵宰子新冠启》、《荅》等7篇;"请召小简":新冠请人、孙冠请人、新笄请人、孙女笄请,荅赴(荅新冠请、荅孙冠请、荅新笄请、荅孙笄请),荅不赴;"馈送小简":送物贺人冠、送物贺孙冠、送物贺新笄、送物贺孙笄,荅受(荅送物贺人冠、荅送物贺孙冠、荅送物贺新笄、荅送物贺孙笄),荅不受。

按,《目录》类目"事实"包括文公冠礼、文公笄礼、冠仪,而内容单独标"文公冠礼"、"文公笄礼",只在"冠仪"前标"事实"。"启劄"之"贺赵宰子新冠启",内容署名"大山",《目录》标作者名"文山"。

卷四婚礼门。包括"文公婚礼":议婚、纳采、纳币、亲迎、妇见姑舅、庙见、婿见妇之父母;"事实":婚姻、男德、女德、择婿、女自择、择妇、媒氏、自媒、求亲(女家不允、女家求亲、男家不允)、尚主、世婚、甥舅、两姨、嫁姊妹、嫁兄弟女、兄弟婚姻、幼婚、晚婚、入赘、再娶、续亲、再醮、师友、门下士、及第、仙偶、夤缘、娶妾、娶娼、富婚嫁、贫婚嫁、辞婚、卜筮、聘礼(回聘、聘书)、请期、亲迎、借吉。

按,"事实",内容之"男德"、"门下士"、"借吉",《目录》分别作"择德"、"门下一"、"諧吉",从内容来看,《目录》所标有误。

卷五婚礼门。"婚姻启":请媒(请媒、媒报,谢媒、媒谢);求亲(求亲、许亲)、警联(1对);开书(请开书)、警联(2对)、回、警联(3对);(月启:)正月公启(第一幅、第二幅,第一幅、第二幅)、二月(第一幅、第二幅)、三月(第一幅、第二幅)、四月(第一幅、第二幅)、五月(第一幅、第二幅)、六月(第一幅、第二幅)、七月(第一幅、第二幅)、八月(第一幅、第二幅)、九月(第一幅、第二幅)、十月(第一幅、第二幅)、十一月(第一幅、第二幅)、十二月(第一幅、第二幅),公启回式(第一幅、第二幅);聘定:收《黄定张》等聘启13篇,附警联4对;登第:收《及第后聘定》等启4篇;师友:收《胡定钟》等启5篇;世婚:收《聘定》、《回》2篇;姑舅:收《聘定》、《回》启2篇,起联2句;两姨:收《聘定幼婚》、《回》启2篇;交婚:收《聘定》、《回》启2篇,结联2句;兄弟:收《刘定黄女无父母姊作婚主》、《回姊事弟妹事兄》等启 3 篇；幼婚：收《聘定》等启 4 篇；晚婚：收《徐定江》、《回》等启 5 篇，附警联 3 对；续亲：收《聘定先娶兄女后娶弟女》等启 3 篇；入赘：收《文定朱》、《聘定入赘室女》等启 5 篇，附警联 1 对；妇纳婿：收《回》启 1 篇；工艺：收《聘定泥匠娶田家女》等启 3 篇，附警联 4 对；娶妾：收《聘定》、《回出宠》等启 3 篇，附末联 1 对；娶妓：收《聘定》、《回》启 2 篇；亲迎：收《刘迎朱》等启 3 篇，附警联 1 对；请期：分《正月纳成报信》、《回》、《回未允》，《二月》、《回》、《回未允》，《三月》、《回》、《回未允》，《四月》、《回》，《五月》、《回》，《六月》、《回》，《七月》、《回》，《八月》、《回》，《九月》、《回》，《十月》、《回》，《十一月》、《回纳? 迎人出赘》，《十二月》、《回》等往复启 27 篇；催妆：收启 1 篇。

按，内容类目"聘定"，《目录》标为"聘启"；内容所收聘启 13 篇，只有 1 篇署有作者"梅亭"，而《目录》标注作者的有 7 篇，其中内容篇名《刘定朱》，《目录》标为《刘定未》。"亲迎"类，内容所收"所寄"启《黎迎敖》，《目录》标作者为"立武"；黎立武，字以常，号所寄。内容"入赘"收《文定朱》下署作者为"文壁"，《目录》作"文溪"。内容所收警联、起联、结联、末联，《目录》未标注。

卷六婚礼门。包括"聘书单幅新体"：收《定亲书》等 3 篇，均有作者；"五提头劄子"：收《李与刘静学清明》、《贺回李定号山屏》2 篇；"七提头劄子"：收《文聘朱》等劄子 6 篇；"请状"：收《请送鸾状 男》、《女状》、《男回状》、《女回状》4 篇；"亲迎状"：收《男亲迎到状》、《女家远迎状》2 篇；"告庙祝文"：收《婿告庙》、《婿庙见》、《女告庙》、《妇拜祖祝文》4 篇；"唱拜"：致语（请新人拜）；"诗章"：佳期绮席诗（拦门二首、又拦门诗、苔拦门诗、苔拦门诗、请傧相诗、傧相受职、索男利市、索女利市、傧相插花、插花又诗、寻请新郎、请寿带花、簪寿带花、新郎拜席、新郎入席、初劝新郎、再劝新郎、三劝新郎、新郎辞席、请开门诗、又开门诗、开门后诗、请捲幙诗、请揭帐诗、请下床诗、请交拜诗、再请交拜、请拔花诗、请开襟诗、请合卺诗）；撒帐致语；"谢启"：收《婿谢丈人启》、《谢丈母》2 篇；"庆贺牋表"：收《皇太子纳聘贺皇帝表》等 7 篇；"四六劄"：收《贺刘娶李》、《回》等 9 篇；"手书"：贺人定婚、贺人子聘、贺女受聘、贺人新婚、贺人再娶、贺人嫁女、贺人入赘、贺人置宠，荅（荅贺定亲、荅贺过聘、荅贺受聘、荅贺新婚、荅贺再娶、荅贺嫁女、荅贺置赘、荅贺置妾）；"诗词"：收《律诗贺林簿》等诗 2 首、《水调歌头集曲名》等词 9 首。

按，"七提头劄子"所收《张定胡》、《黎迎敖》作者，内容分别标为"秋湖、所寄"，《目录》标作"张季山、立武"。"庆贺牋表"，《目录》所标的牋表题目中"皇帝"前均空一字，内容没有空字。"诗词"，内容所收臞轩《律诗贺林簿》，《目录》标作"律诗贺主簿"；内容之词牌词题《沁园春贺再娶》，《目录》标作《心园春贺再娶》，可见《目录》有误。

又，本集《目录》标注的诗词文章题目有一些标有作者，这种现象在同类书籍中不多见。

戊　集

戊集 6 卷，为诞礼门、庆寿门。集首为该集目录，依卷次排列门类及内容。《目录》首尾均标《新编事文类聚启劄天章目录》，首有题记，草书上版，"是编云锦分门析类……本堂精加纂集……排年……排月排日事覆语……之者备矣。君子幸鉴"。

卷一诞礼门。包括"事实"：诞圣、诞皇子、生子、生女、妾生子、生孙、生外孙、晚生子、双生、螟子、生姪；"贺表"：收《贺诞皇子表》等 2 篇；"贺启"：收《贺府尹生孙》等 2 篇；"劄子"：收《贺郎中生子》等 6 篇；"小劄"：贺人生子、贺人生女、贺人生孙、贺妾生子、贺生外甥、贺人螟子、贺人抱男、贺人抱孙、贺抱族子、贺抱异姓、贺遗腹子、贺人出继、贺人命继、贺人归宗，荅式（荅贺生子、荅贺生子、荅贺生女、荅贺生孙、荅生孙女、荅妾生子、荅贺生甥、荅贺抱男、荅贺抱孙、荅抱族子、荅贺异姓、荅贺遗腹、荅贺出继、荅贺命继、荅贺归宗）；"诗词"：收《律诗贺冯兄生子》、《绝句自贺孙试晬》等 9 首，《一剪梅贺生孙》等词 7 首；"谢贺诗词"：收《律诗谢贺生子》诗、《爵江月谢贺生子》词各 1 首。

按，内容之类目"劄子"，《目录》标作"贺劄"。"诗词"，内容之《水调歌头贺生姪》，《目录》标作《水调歌贺生女》。

卷二庆寿门。包括"事实"：圣人、贤人、妇人、星辰、神灵、神仙、佛释、服食、耆寿；"排年事实"：一岁、二岁、三岁、四岁、五岁、六岁、七岁、八岁、九岁、十岁，十一岁、十二岁、十三岁、十四岁、十五岁、十六岁、十七岁、十八岁、十九岁、二十岁、廿一岁、廿二岁、廿三岁、廿四岁、廿五岁、廿六岁、廿七岁、廿八岁、廿九岁、三十岁，卅一岁、卅二岁、卅三岁、卅四岁、卅五岁、卅六岁、卅七岁、卅八岁、卅九岁、四十岁，四一岁、四二岁、四三岁、四四岁、四五岁、四六岁、四七岁、四八岁、四九岁、五十岁，五一岁、五二岁、五三岁、五四岁、五五岁、五六岁、五七岁、五八岁、五九岁、六十岁，六一岁、六二岁、六三岁、六四岁、六五岁、六六岁、六七岁、六八岁、六九岁、七十岁，七十余、七一岁、七二岁、七三岁、七四岁、七五岁、七六岁、七七岁、七八岁、七九岁、八十岁、八十余，八一岁、八二岁、八三岁、八四岁、八五岁、八六岁、八七岁、八八岁、八九岁、九十岁，九十余、九一岁、九二岁、九三岁、九四岁、九五岁、九六岁、九七岁、九八岁、九九岁、一百岁；（"排日事实"）：初一日（正月、二月、三月、四月、五月、六月、七月、八月、九月、十月、十一月、十二月），初二日（正月、二月、三月、四月、五月、九月、十月、十二月），初三日（正月、二月、三月、五月、七月、九月、十月、十一月、十二月），初四日（正月、二月、四月、六月、九月、十月），初五日（正月、二月、三月、五月、八月、十月、十一月），初六日（正月、二月、六月、七月、十月），初七日（正月、七月、十月），初八日（正月、二月、四月、八月、九月、十一月、十二月），初九日（正月、四月、六月、八月、九月），初十日（四月、六月、八月、九月、十月、十一月），十一日（二月、九月），十二日（五月、十二月），十三日（正月、二月、三月、五月、十月），十四日（正月、四月、七月），十五日（正月、二月、三月、四月、五月、七月、八月、九月、十月），十六日（正月、二月、五月、六月、八月、十二月），十七日（正月、四月、六月、八月、九月、十一月、十二月），十八日（正月、四月、七月、十月），十九日（正月、六月、七月、九月、十月、十一月、十二月），二十日（正月、九月），廿一日（四月、五月、八月、十二月），廿二日（七月、十月），廿三日（正月、十一月），廿四日（七月、十月、十二月），廿五日（六月、七月、十月、十二月），廿六日（六月、八月），廿七日（十一月），廿八日（二月、三月、十二月），廿九日（五月、七月、八月、十二月），三十日（正月、十一月、十二月）。

　　按，内容"庆寿事实"之"佛释"，《目录》作"弗释"。"排年事实"，内容依次排列"一岁"到"一百岁"间年龄的词句典故及相应文献，在"七十岁、八十岁、九十岁"之后分别列有"七十余、八十余、九十余"，只有"八四岁"，内容只黑丁白文显示"八四岁"，未列其他词句文字内容；二十以上各年龄段，《目录》标为"二十几岁、三十几岁、四十几岁、五十几岁、六十几岁、七十几岁、八十几岁、九十几岁"，而内容分别标为"廿几岁、卅几岁、四几岁、五几岁、六几岁、七几岁、八几岁、九几岁"。"排日事实"，内容按"初一日"到"三十日"30 日依次分类排列，每日内又大致按照正月到十二月 12 个月先后罗列相应的词句典故及文献出处，当然并非每日内均列有 12 个月，最少者如"廿七日"只列"十一月"，"十一日"、"十二日"、"二十日"、"廿二日"、"廿三日"、"廿六日"列有 2 个月份；内容中，"日"黑丁白文标识，"月"大部分加框，而"初六日、初七日、初八日、初九日"所设月份及"初五日"所设部分月份也是黑丁白文标识；"初一日"所列前两类未标月份，结合《目录》及其后的内容，可知为"正月"和"二月"；《目录》所标"二十一日"到"二十九日"等 9 个类目，内容均标"二十"为"廿"。

　　卷三庆寿门。"庆贺表"，包括"牋表"（收《贺天基圣节表》等 5篇）、"贺启"（收《送赵相公生日礼物启》等 6 篇）、"回谢启"（收《回周溪园》等 10 篇）、"不受"（收《谢通判贺生日诗启》等 2 篇）、"贺劄"（收《贺官员生日》等 4 篇）、"回劄"（收《回贺生日》等 2 篇）、"送寿仪简劄"（收《遣送星香骈劄》等 11 篇）、"贺妇人劄"（收《贺硕人生日》等 3 篇）。

　　按，内容之首标有类目"庆贺表"，《目录》标作"庆贺牋表"。内容"牋表"所收第 2 篇文章标题目为"同前"，即与前此一篇题目相同；一般而言，此类宋元民间交际应用类书，前后诗文题目相同者，后者多简略标识题目为"又"，前后诗文作者相同者，后者多标作"同前"或"前人"。

　　卷四庆寿门。"庆寿诗词"，包括："皇太子"（收《律诗贺皇太子》诗 1 首）、"仕庶"（收《古风寿周耐轩》等诗 9 首、《水调歌头寿黎所寄》等词

13 首，其中《律诗寿建宁守》同题 2 首、《律诗寿建宁守》同题 5 首）、"妇人"（收《律诗上余守母》等诗 2 首、《满江红寿江古心母》等词 5 首）、"亲眷"（收《律诗子庆父》等诗 3 首、《八六子子寿父》等词 10 首）、"自寿"（收《贺新凉和叶大监自寿》等词 6 首）。

按，"仕庶"，内容与《目录》编排略有不同，内容之刘改之《绝句寿赵都统》、梅亭《律诗寿提管》排在《律诗寿建宁守》之后，而《目录》却排在之前；内容的诗词题目比《目录》较为详细，《目录》有省略或简称。

卷五庆寿门。"排月诗词"，包括"正月"（收《感皇恩寿张侯》等词3 首）、"二月"（收《感皇恩寿韩侯》等词 5 首、《律诗寿沈提刑》诗 1 首）、"三月"（收《朝中措寿张总管》等词 2 首、《律诗寿徐守》等诗 4 首）、"四月"（收《六州歌头寿徐枢密》等词 3 首）、"五月"（收《水龙吟寿稼轩》等词 2 首、《绝句五首寿澹斋》等诗同题 5 首）、"六月"（收《古风寿胡抚干》诗 1 首、《百字令寿丁大监》等词 3 首）、"七月"（收《律诗庆叶倅》诗1 首、《念奴娇寿侍郎》等词 2 首）、"八月"（收《沁园春寿洪宪兼帅》等词5 首、《律诗寿赵南宗》等诗 3 首）、"九月"（收《踏莎行寿李宗丞》等词 5首、《古诗寿诚斋》等诗 5 首）、"十月"（收《木兰花寿徐宪》等词 4 首）、"十一月"（收《古风寿杨和父》等诗 4 首、《沁园春寿清江任守》等词 1 首）、"十二月"（收《律诗寿崔西清》等诗 9 首、《千秋岁寿史制帅》等词 3 首）。

按，"三月"，内容《西江月寿郑都仓》之词题"都"字，《目录》所标非"都"；"四月"，内容洪平斋《沁园春寿淮东制阃》，《目录》词牌似作"心园春"，词题标为"寿淮东制门"；"八月"，内容所收无名氏词《朝中措》，《目录》未标；"十二月"，内容所收无名氏词《千秋岁寿史制帅》，《目录》未标。

卷六庆寿门。"排日诗词颂、赞、赋、乐府、记并附"，分为"初一日"：正月（收臞轩《沁园春寿赵倅》词 1 首）、二月（收《律诗寿赵守》诗 1 首）、三月（收《念奴娇寿尚倅》词 1 首）、四月（收《祝英台近寿张路钤》词 1首）、五月（收秋崖《水调歌头寿吴尚书》词 1 首）、六月（收《满江红寿胡漕》词 1 首）、八月（收《昼锦堂寿李真州》）、九月（收《千秋岁》词 1首）、十月（收《瑞鹤仙》词 1 首）、十二月（收《古风寿王帅》），共收诗词 10 首；"初二日"：正月（收《沁园春寿闽帅》词 1 首）、三月（收《鹧鸪天》词 1 首）、四月（收《沁园春寿建阳赵宰》词 1 首）、七月（收

《减字木兰花》词1首）、九月（收《沁园春寿韦轩八十一》词1首）、十月（收《上阳春寿人夫妻二子同日》词1首），共收词6首；"初三日"：三月（收《律诗》诗1首）、四月（收《满江红寿易庵》词1首）、七月（收《虞美人寿妇人》词1首）、八月（收刘改之《律诗寿丘运使》）、九月（收《最高楼》词1首），共收诗词5首；"初四日"：三月（收《律诗》诗1首）、四月（收《满江红寿袁倅》词1首）、五月（收《喜迁莺寿赵帅》词1首）、七月（收《满江红》词1首）、九月（收《满庭芳寿包宰》词1首），共收诗词5首；"初五日"：二月（收《行香子寿邓宰母》词1首）、三月（收《木兰花庆女人》词1首）、五月（收《念奴娇寿洪运管》词1首）、八月（收《律诗寿赵丞》），共收诗词4首；"初六日"：正月（收《瑞鹤仙寿南康钱守》词1首）、二月（收《蝶恋花寿应倅》词1首）、三月（收《满江红》词1首）、五月（收《鹧鸪天》词1首）、六月（收《古风》诗1首）、九月（收《律诗》诗1首），共收诗词6首；"初七日"：正月（收《律诗寿成都黄副帅》诗同题2首）、二月（收《好事近》词1首）、四月（收《洞仙歌寿朱宪》词1首）、五月（收《柳梢青寿人母》词1首）、七月（收《蓦山溪寿女人》词1首）、九月（收《鹧鸪天寿吴倅》词1首），共收诗词7首；"初八日"：正月（收《沁园春寿万安宰》词1首）、四月（收《沁园春寿岳总领》词1首）、五月（收《沁园春》词1首）、七月（收《鹊桥仙寿妇人》词1首）、八月（收《满庭芳寿尚书恬汲》词1首）、十一月（收《满江红寿大帅》词1首），共收词6首；"初九日"：二月（收《蝶恋花寿女人》词1首）、三月（收黎所寄《烛影摇红寿袁守魏雪轩》词1首）、四月（收后村《律诗》诗1首）、七月（收《古风寿向宰》诗1首）、十二月（收《千秋岁》词1首），共收诗词5首；"初十日"：二月（收《千秋岁引寿士人》词1首）、七月（收瞿轩《醉蓬莱寿曾开国》词1首）、八月（收鹤山《木兰花慢寿孙守》词1首）、九月（收《水调歌头寿真玉堂》词1首），共收词4首；"十一日"：正月（收《律诗寿戴君》诗1首）、四月（收《沁园春寿庄寺丞》词1首）、五月（收《醉蓬莱寿女人》词1首），共收诗词3首；"十二日"：正月（收《律诗寿翁漕》诗1首）、三月（收《古意寿何子应》诗1首）、五月（收《临江仙寿女人》词1首），共收诗词3首；"十三日"：五月（收《水调歌头寿人母》词1首）、七月（收《水调歌头》词1首）、八月（收立雪《沁园春寿叶西涧母》词1首），共收词3首；"十四日"：二月（收《律诗》诗同题3首）、三月（收《律诗寿梁宰》诗1首）、四月（收《贺新凉寿漕使》词1首）、五月（收《蓦山溪寿李侍郎 集曲名》词1首）、七月（收《临江仙寿判府》词1首）、十月（收《满江红寿石府理》词1首），共收诗词8首，"七月"后附警联2句；"十五日"：正月（收《满江红寿吴漕》词1首）、二月（收《青玉案》词1首）、四月（收《律诗寿郑教》诗1首）、七月（收《律诗寿周益公》诗1首）、八月（收《天仙子寿陈倅》词1首）、十月（收《水调歌头寿赵提刑》词1首）、十二月（收《壶中天》词1首），共收诗词7首，"七月"后附警联2句；"十六日"：正月（收《贺新郎寿徐寺丞》词1首）、二月（收《青玉案寿赵宰母》词1首）、三月（收《律诗寿梁宰》诗1首）、五月（收《绝句寿妇女》诗1首）、七月（收《最高楼寿黄宰》词1首）、十月（收《律诗》诗1首），共收诗词6首；"十七日"：五月（收《酹江月寿友人》词1首）、六月（收《念奴娇》词1首）、十二月（收《古风寿妇人有五子》诗1首），共收诗词3首；"十八日"：二月（收《好事近》词1首）、十一月（收《水调歌头寿傅侍郎生日前三日冬至》词1首）、十二月（收《满江红寿程宰》词1首），共收词3首；"十九日"：三月（收《虞美人寿魏倅》词1首）、九月（收梅亭《生查子寿魏制幹》词1首）、十一月（收《壶中天寿郑知院》词1首）、十二月（收《律诗寿东坡》诗1首），共收诗词4首；"二十日"：正月（收《律诗寿任安道》诗1首）、二月（收《律诗寿徐守》、《古意寿夏母》诗2首）、三月（收《南乡子寿牟国史》词1首）、四月（收《沁园春寿赵运幹》词1首）、九月（收《鹊桥仙寿王驸马又将亲迎》词1首）、十一月（收《万年欢寿侍郎》词1首）、十二月（收《古风寿开府》诗1首），共收诗词8首，其中，"二月"收诗2首；"二十一日"：正月（收《满江红》词1首）、二月（收《百字谣寿主簿》词1首）、三月（收《贺新郎寿蔡久轩》词1首）、十月（收《鹧鸪天寿友人》词1首），共收词4首；"二十二日"：正月（收《三登乐寿黄守》词1首）、十月（收《瑞鹤仙寿木状元》词1首），共收词2首；"二十三日"：正月（收《律诗寿林仲乔父》诗1首）、八月（收《古风寿刘舍人》诗1首）、九月（收《沁园春寿叶西涧 其时守衰》词1首）、十一月（收《律诗寿官员》诗1首）、十二月（收《玉楼春》词1首），共收诗词5首；"二十四日"：正月（收《贺新凉》词 1 首）、四月（收《古风寿王舍人》诗 1 首）、六月（收《木兰花寿隐士》词 1 首）、八月（收黎所寄《沁园春寿赵宰》词 1 首），共收诗词 4 首；"二十五日"：四月（收《南乡子》词 1 首）、七月（收《古风寿饶教》诗 1 首）、九月（收《古风寿潼川守》诗 1 首）、十二月（收《律诗寿参政》诗同题 2 首），共收诗词 5 首；"二十六日"：正月（收石屏《律诗子寿父》诗 1 首）、五月（收《念奴娇寿司户》词 1 首）、八月（收《水调歌头寿王枢密又生子》词 1 首）、九月（收《水调歌头寿徐大参》词 1 首）、十二月（收《水调歌头寿陈硕人》词 1 首），共收诗词 5 首；"二十七日"：正月（收《律诗寿泉使》诗 1 首）、二月（收《沁园春》词 1 首）、六月（收《水晶帘》词 1 首）、十月（收《满江红寿妇人又受命》词 1 首），共收诗词 4 首；"二十八日"：六月（收《满江红》词 1 首）、八月（收《沁园春自述五十五》词 1 首）、十二月（收《律诗寿大师》诗 1 首），共收诗词 3 首；"二十九日"：正月（收《律诗弟寿兄》诗 1 首）、二月（收《满江红寿留守》词 1 首）、三月（收《沁园春寿黄虚庵》词 1 首）、四月（收《律诗》诗 1 首）、五月（收《律诗寿吴宪》诗 1 首）、十二月（收《瑞鹤仙寿丘宪》词 1 首），收诗词 6 首；"三十日"：正月（收《律诗寿丞相》诗 1 首）、二月（收《解佩令寿李宰》词 1 首）、七月（收《西江月为妻寿》词 1 首）、九月（收《真珠帘寿游讷斋》词 1 首）、十月（收臞轩《水龙吟寿刘无竞》词 1 首）、十二月（收《千秋岁》词 1 首），共收诗词 6 首。

按，本卷按日（初一日到三十日）先后分类，每日内再按月（正月到十二月）先后列举相应诗词，仅是列举几个月非十二个月全部，每月基本只列举一首诗词，只有极少数列两首或同题 2 首。内容的诗词题目比《目录》较为详细，《目录》有省略或简称。

又，内容"初六日"之"三月"收词《满江红》，《目录》错标成"二月"。内容"十二日"之"正月"所收《律诗寿翁漕》，《目录》标成《律诗寿翁曹》；"六月"所收《古意寿何子应》诗 1 首，《目录》标为"古意寿柯子应"。内容"二十五日"之"七月"所收诗《古风》，此本可能残损，不见副标题，而《目录》标为"古风寿饶教"。内容"二十八"日之"六月"所收词《沁园春自述五十五》，《目录》标为"沁园春"，未标词题；《目录》"二十八日"所标"十二月"连续出现 2 次，第 2 次所收词

《瑞鹤仙寿丘宪》，内容未收。"二十九日"，《目录》所标"四月"之《律诗》连续出现两次，系重出，内容只标有一首，但内容所收"十二月"之词《瑞鹤仙寿丘宪》，内容未收；查对《目录》发现，"二十八日"所标"十二月"词为《瑞鹤仙寿丘宪》，可知《目录》中应标在"二十九日"内，《目录》标错。

己 集

己集6卷，为丧礼门、荐悼门。集首为该集目录，依卷次排列门类及内容。《目录》首尾均标《新编事文类聚启劄天章目录》，首有题记，草书上版，"是编以丧葬祭礼……等事类为一集……本堂精加纂集，凡於慰唁发送、慎终追远之事，莫不具载，移风易俗，非小补矣。君子幸鉴"。

卷一丧礼门。包括"文公丧礼"：初终、沐浴袭奠为位饭食、灵座魂帛铭旌、小敛、大敛、成服（五服三殇年月制度在内）、朝夕哭奠 上食、吊奠赙、闻丧 奔丧、治葬、迁柩 朝祖 奠赙 陈器 祖奠、遣奠、发引、及墓下棺 祠后土 题墓主成坟、反哭、虞祭、卒哭、祔、小祥、大祥、禫；"文公祭礼"：祠堂、四时祭、初祖、先祖、禰祭、忌日、墓祭；"事实"：国制、父母桑、忧制、伯叔父母丧、姑姊妹兄弟之丧、夫丧、妻丧、子丧、师弟子丧、朋友丧、亡兆、哀哭、吊慰、祭奠、赙赠、追荐、干丧、治葬、器用、坟墓、祖载、殡葬、俭葬、厚葬、送葬、挽歌、挽妇人、铭旌、起复、祥禫、讳日、除服。

按，"文公祭礼"，内容之"禰祭"，《目录》作"尔祭"。

卷二丧礼门。包括慰唁、慰葬两类。"慰唁"：表笺（收《慰国哀上皇帝表》、《慰正表慰冬表亦同》等7篇）、书劄（收《慰刘达甫丧父》、《回高掌祠慰外艰劄》等26篇）。"慰葬"：书劄（收《慰立雪丧父》、《慰葬父》等8篇）。

按，内容的类目"表笺"，《目录》标作"牋表"；7篇表笺中，题目及内容文字凡出现皇帝、大行皇帝、慈皇、皇后、皇太后时，其前均空格，显然系照直抄录宋代典籍。"书劄"，内容所收王吟峰《慰胡竹坡丧母》，《目录》标作《荅胡竹坡丧母》，从内容文字来看，系安慰胡竹坡丧母而作，明显《目录》所标错误。慰葬"书劄"，内容所收《慰立雪葬父》，《目录》标为《慰立雪丧父》。

卷三丧礼门。包括祭文、哀挽两类。"祭文"类，先收《祭萧大山》、《祭文山父革斋》等祭文 38 篇，再收"僧道"（祭文）《祭师僧》等 3 篇，后为"拾遗"（祭文）《入墓文》等 12 篇。"哀挽"类：分"哀辞"（收《王槐城妻彭夫人哀辞》等 4 篇）、"挽章"（收《宁宗皇帝挽歌》等 4 首）、"挽士庶"（收《挽刘簿端行》、《挽冷觉斋》等 38 首，包括同题者）、"挽妇女"（收《挽罗氏母》、《挽章孺人》等 8 首）、"挽僧道"（收《挽礼上人》、《挽法眼餘老》等 7 首）。

按，"祭文"类，内容之《婿祭外父刘丞习春秋》，《目录》标作《婿祭外父》；内容之《祭董氏》、《祭妾》，《目录》所标顺序颠倒。内容之"哀挽"类目，《目录》未标，而《目录》标有类目"挽章"，其下包括"挽君后、挽士庶、挽妇女、挽僧道"四类，内容的"挽章"类目下收挽歌《宁宗皇帝挽歌》、《安恭皇后挽歌》各同题 2 首，未标"挽君后"类目，对照《目录》，上述内容的 4 首挽歌前标注类目"挽君后"似乎更合理。"哀辞"，内容之梅亭所作《何伯规哀词》，《目录》标作《何伯规哀辞》；"挽士庶"，内容之《挽章尚书》，《目录》标作《挽张尚书》；内容之《挽叶水心》，《目录》未收，《目录》所标《挽先生二》，内容只收 1 篇；内容之《挽文山父革斋文士表菊日葬》，《目录》标作《挽文山父革斋》；内容之后村《哭宋君辅》，《目录》标作《哭弟君辅》；"挽妇女"，内容之《挽罗氏母》，《目录》标作《挽罗氏墓》，内容之梅亭《挽董氏》、未署名《挽王氏》、未署名《妻吊夫张孝祥妻哭墓作》，《目录》所标先后顺序依次为《妻吊夫》、《挽王氏》、《挽董氏》）。

卷四荐悼门。先列"升遐"：收《太上皇帝升遐疏》等 3 篇；"小祥"：收《高宗小祥功德疏》等 2 篇；"大祥"：收《高宗大祥功德疏》等 4 篇；"国忌"：收《太祖皇帝国忌疏》1 篇。再为"子荐父"类目，分为"门榜"（九幽、黄籙、水陆）、"疏文"（水陆都疏、亡疏）、"首七"（青词、王疏、亡疏）、"二七"（青词、王疏、亡疏）、"三七"（青词、疏）、"四七"（青词、王疏）、"五七"（王疏）、"六七"（青词、王疏）、"七七"（都疏、王疏、亡疏）、"百日"（经疏死于非命、王疏）、"小祥"（水陆疏）、"大祥"（水陆疏、三界灯疏、亡疏）；再为"子荐母"类目，分为"门榜"（黄籙）、"青词"（九幽、黄籙）、"首七"（戒灯疏、亡疏）、"二七"（灯疏、王疏）、"三七"（王疏、亡疏）、"四七"

（王疏）、"五七"（王疏）、"六七"（懺华严经、王疏）、"终七"（青词、懺经设供疏、王疏、亡疏）、"百日"（般若灯疏、王疏）、"小祥"（青词、王疏、亡疏）、"大祥"（青词、王疏、亡疏）；末为"蘭盆"类目，包括"文疏"（懺血盆牒、懺血盆疏），附录"灯疏"警联 1 幅。

按，"生退"，内容中的"大行皇帝"及"小祥"所收《太后小祥功德疏》中的"恭圣仁烈皇后"前均有空格，可见系直接抄录宋代典籍。"子荐父"类，"三七"，《目录》所标"王疏"，内容标作"疏"；"小祥"，内容收《水陆疏》、《王疏》2 文，《目录》所标题目与内容次序颠倒；"大祥"，内容收有《水陆疏》、《三界灯疏》、《亡疏》3 篇，而《目录》所标题目次序为《三界灯疏》、《水陆疏》、《亡疏》。

卷五荐悼门。包括"祖父母"：门榜（收《荐祖父水陆》等 2 篇）、词疏（收《荐祖母醮》等 2 篇）；"荐夫"：门榜（收《水陆》1 篇）、词疏（收《妻荐夫》等 3 篇）；"荐妻"：门榜（收《水陆》1 篇）、词疏（收《设醮》等 5 篇）；"荐子女"：门榜（收《荐子醮》等 2 篇）、词疏（收《荐幼子醮》等 5 篇）；"荐兄弟"：门榜（收《荐兄弟》等 1 篇）、青词（收《弟荐兄》等 2 篇）、疏文（收《荐兄弟水陆》等 3 篇），附警联 1 对；"荐姊妹"：门榜（收《水陆》1 篇）、词疏（收《设醮》等 2 篇），附荐妹警联 1 对；"荐叔伯"：门榜（收《荐伯叔水陆》1 篇）、词疏（收《姪荐叔词》等 3 篇）；"荐伯叔母"：门榜（收《水陆》1 篇）、词疏（收《青词》、《水陆》2 篇）；"荐丈人"：门榜（收《水陆》、《设醮》、《道场》3 篇）；"荐丈母"：门榜（收《设醮》1 篇）、词疏（收《设醮》、《水陆都疏》、《亡疏》3 篇，《设醮》后附警联 1 对）；"荐女婿"：门榜（收《水陆》1 篇）、醮疏（收《建醮》、《水陆》2 篇）；"荐母舅"：青词（收《设醮》1 篇）。

按，内容"荐子女"之"词疏"第 2 篇《荐女》，《目录》标为《荐女醮》；内容"荐女婿"之类目"醮疏"，《目录》标为"词疏"。

卷六荐悼门。包括"荐僧道"：门榜（收《荐僧》等 2 篇）、词疏（收《荐道士》等 5 篇）；"荐檀越_{佃荐主附}"：词疏（收《设醮青词五七》、《佃客荐主灯疏》2 篇）；"孤魂"：文疏（收《追荐水死魂灯疏》等 5 篇）；"预修"：文疏（收《预修生七道场疏》等 2 篇）；"受生"：文疏（收《生前还受生钱》等 3 篇）；"放生"：文疏（收《放生》1 篇）；"榜语_{牒语疏语附}": 榜语（收《二教榜》、《灵宝门榜》等22篇）、文牒（收《灵宝醮孤魂牒》等3篇）、文疏（收《灵宝河沙灯》等5篇；"道家荐亡门对": 6对（中门、大厅、结界、炼度、三门各1对）; "僧家荐亡门对": 5对。

按，内容"孤魂"文疏所收《破地狱拔孤魂疏》，《目录》标作《坡地狱拔孤魂疏》，显然《目录》"坡"字误；内容"榜语"所收《旛榜》，《目录》标为《燔榜》；内容"文牒"所收《祖宗牒》、《功德_{牒荐母}》2文，《目录》所标次序颠倒。内容的类目"榜语牒语疏语附"与"荐僧道"、"荐檀越佃荐主附"、"放生"等并列为同级，而《目录》黑丁白文所标"榜语"似乎从属于类目"放生"之下，因此《目录》应直接标注类目"榜语"，不应黑丁白文显示；内容之类目"道家荐亡门对"和"僧家荐亡门对"，《目录》均把"门对"标成"门寸"。

庚　集

庚集6卷，为祭祀门、朝贺门、祁谢门、禳禬门、保安门。集首为该集目录，依卷次排列门类及内容。《目录》首尾均标《新编事文类聚启劄天章目录》，首有题记，草书上版，"是编以朝贺、祀典、祈祷、禳禬等事类为一集，今聪明正直之神莫非受大朝之褒封，四方……如享斯应。本堂精加纂集，取其可以一越无愧之文类为一卷，谄祭之辞无所取矣。君子幸鉴"。

卷一祭祀门、朝贺门。祭祀门，包括"（祭祀）事实"：祭祀、郊丘、宗庙、明堂、社稷（祈谷附）、雩荣、群祀、释奠、杂记、祀先贤、功臣配享、粢牲；"国祀"：册文（收《明堂祀昊天上帝册文》、《皇地祇》、《祖宗》、《太庙》、《明堂大礼奏告诸陵宗庙祝文》、《明堂大礼奏告祖宗祝文》、《大礼毕恭谢景灵宫诸殿神御祝文》、《南郊礼毕奏告南岳朱表》、《赦后祭郡神文》、《明堂赦祭文》）；"祭谒"：祝文（收《谒夫子》、《祭夫子》等28篇）。

按，内容的祭祀"事实"，类目名前6个黑丁白文显示，后6个文字外加框显示。内容的"国祀"册文所收《太庙》，《目录》标为《大庙》；内容所录册文题目较完整，《目录》所标题目有省略。比如省略"祝文"二字。内容的"祭谒"祝文，所收《释菜先圣》，《目录》标为《释菜宣圣》；所收《长沙贾谊庙》、《谒欧阳公》2 文，《目录》所标次序与内容编排颠倒。

朝贺门，包括"（朝贺）事实"：神佛；"贺表"：收《老君生辰》、《玄帝生辰》等 16 篇；"青词"：收《庆玄帝生日》等 3 篇。圣节：注文曰"事实详见戊集庆诞门诞圣类"；"道释二教疏"收《圣节功德疏天基节》等 8 篇；"放生"收乌山《祝文》同题 2 篇。

按，内容"贺表"所收《弥陀佛生辰十一月十六》，《目录》标为《弥陁佛生辰》；《定光生辰正月六日》，《目录》标为《定光佛生辰》；内容之《五王生辰九月廿八》，《目录》似乎缺少"五"字，成为《王生辰》。内容"青词"所收《庆正一天师生辰》、《庆东岳生辰》2 文之"生辰"，《目录》均标作"生日"。内容及《目录》的圣节"事实"均未列，仅标注曰"详见戊集庆诞门诞圣类"，采取互现而不重复，以示本书内容齐全；"道释二教疏"所收《两淮大使司圣节满散疏》，《目录》标为《两淮使司圣节满散疏》；内容所标类目"放生"，下收"乌山"所撰两篇同题文章《祝文》，而《目录》所标类名为"祝文"，文章题目却作《圣节放生二》）。

卷二祈谢门。包括"（祈谢）事实"：祈嗣、祈雨、祈晴、祈雪、祈水、祈雷；"祈嗣"：词疏（收《祈皇嗣保国安词录白》等 2 篇）；"谢得子"：词疏（收《祈嗣还愿词》等 3 篇）；"祈雨"：门榜（收《春祈雨》等 4 篇）、青词（收《春祈雨》等 5 篇）、文疏（收《祈雨疏》等 2 篇）；"谢雨"：门榜（收《设醮》等 3 篇）、青词（收《谢真圣》等 3 篇）、文疏（收《祈雨疏》等 2 篇）、释疏（收《水陆》1 篇）；"祈晴"：门榜（收《水陆》1 篇）、词疏（收《设醮》等 2 篇）；"谢晴"：门榜（收《建醮》1 篇）、词疏（收《谢晴醮》等 3 篇）；"祈雪"：门榜（收《建醮》1 篇）、青词（收《设醮》1 篇）；"谢雪"：门榜（收《设醮》1 篇）、词疏（收《设醮》1 篇）；"祈水"：门榜（收《押纲建水陆》等 3 篇）、青词（收《部纲龙王庙建醮》等 3 篇）；"谢水"：词疏（收《文孝庙谢水》等 2 篇）；"谢雷"：青词（收《谢雷惊墓》等 2 篇）；疏文（收《谢雷惊坟树诵经》1 篇）。

按，内容之祈谢事实类目前 4 个黑丁白文显示，后 2 个为文字加框。内容"谢得子"词疏第 2 篇《酬祈嗣愿斋意》，《目录》标为《酬祈嗣还斋愿意》。内容"谢雨"门榜前两篇《设醮》、《水陆》,《目录》分别标为《谢雨醮》、《谢雨水陆》;内容"谢雨"之类目"释疏",《目录》标为"文疏"。内容"祈晴"门榜所收《水陆》,《目录》标为《祈晴建水陆》。内容"谢水"之类目"词疏",《目录》标为"疏文"。

卷三禳禬门。包括"(禳禬)事实":星辰、水灾、火灾、瘟疫、盗贼、妖怪、虫蝗;"禳星":门榜(收《斗醮豫禳》等2篇)、青词(收《斗醮》等4篇);"禳水":门榜(收《建醮》1篇)、青词(收《建醮》1篇)、释疏(收《水陆》等2篇);"禳火":门榜(收《乡里豫禳建醮》、《火后建醮》、《火后水陆》3篇,《火后建醮》后附警联"火中许上真醮"1对)、青词(收《火惊后还醮》等3篇)、释疏(收《水陆》1篇);"禳瘟疫":词疏(收《禳瘟设醮》等5篇);"禳盗贼":青词(收《黄箓》等2篇)、释疏(收《寇退还水陆》1篇);"解冤债":疏文(收《看洞渊》等3篇);"禳怪":青词(收《冬至釜鸣建醮》1篇);"禳蟲蝗":门榜(收《建醮》1篇)、青词(收《建醮》等4篇)、文疏(收《命僧看蝗蟲经》等6篇,其中《禳蟲蝗经》后附警联2对)。

按,内容之祈禳事实类目前3个黑丁白文显示,后4个为文字加框。内容"禳水"、"禳火"、"禳盗贼"之类目"释疏",《目录》均标为"疏文"。内容"禳火"青词所收第2篇《乡邻禳火醮》,《目录》标为《乡里禳火醮》。内容"禳瘟疫"词疏所收《禳瘟设醮》,《目录》标为《禳瘟疫建醮》。内容"解冤债"疏文所收《解冤水陆》、《懺谢杀生》,《目录》所标次序与内容所排颠倒。内容"禳蟲蝗""青词"所收《命道看蝗蟲经》,《目录》标为《命道看虫蝗经》;文疏所收《命僧看蝗蟲经》、《禳蟲蝗经》,《目录》分别标为《命僧看虫蝗经》、《看虫蝗经》。

卷四保安门。包括"(保安)事实":疾病、父病、母病、夫病、妻病、兄弟、子病、孙病、胎产、修造、坟墓、铺肆、商贾、充役、讼事、非横、苗稼、蚕春、蓄养;"保平安":青词(收《权郡为民建保安醮》等15篇,其中《母生日建醮》后附"母生日"警联1对)、文疏(收《逐月六日南斗疏》等4篇)、释疏(收《上元献供疏》等5篇);"保疾病":门榜(收《病中建醮》等7篇)、青词(收《病中建醮》等13篇)、疏文(收《病后还水陆》、《眼疾建水陆》、《疟疾还罪人》3篇,《疟疾还罪人》后附警联1对)。

　　按，内容类目"保平安"，《目录》标为"保安"。内容"保平安"青词所收《权郡为民建保安醮》，《目录》标为《权郡为民保安建醮》；《保安词语末联》，《目录》标为《保安词语》。内容"保平安"之类目"释疏"，《目录》标作"文疏"，由于其前就有类名"文疏"，系重出；"保平安"释疏所收《上元献供疏》、《水陆》，《目录》分别标为《上元献供水陆》、《保安水陆》。内容"保疾病"所收文章13篇，《目录》只标有12篇，内容收万（疑为"方"字）乌山、刘立雪《病中建醮》各1篇，而《目录》只标有1篇《病中建醮》题目；内容之《足疾后还》，《目录》标为《足疾后醮》。

　　卷五保安门。包括"保父病"：门榜（收《建醮》1篇）、青词（收《病后还章》等2篇）、释疏（收《父病水陆》等2篇）；"保母病"：门榜（收《建醮》等2篇）、青词（收《病后还醮》等2篇）、释疏（收《还水陆》1篇）；"保夫病"：青词（收《夫病建醮》等2篇）、释疏（收《夫病建水陆》1篇）；"保妻病"：门榜（收《建醮》等2篇）、青词（收《妻病建醮》1篇）、释疏（收《转藏》1篇）；"保兄弟病"：门榜（收《病后还醮》1篇）、青词（收《建醮》等2篇）、释疏（收《病后水陆》1篇）；"保男女病"：门榜（收《婴孩病后还醮》等5篇）、青词（收《婴孩病后还醮》等6篇）、释疏（收《男病还药师灯》等2篇）；"保产厄"：门榜（收《产后还醮》1篇）、青词（收《产后得子还醮》等2篇）、释疏（收《保产诵孔雀经》1篇）；"安宅舍"：青词（收《安谢醮寓居修造》等3篇）、文疏（收《新居安谢》等2篇）；"安坟墓"：青词（收《醮生坟》等3篇）、[文疏]（收《醮妻坟经》等2篇）。

　　按，内容"保父病"、"保母病"、"保夫病"、"保妻病"、"保兄弟病"、"保男女病"、"保产厄"之类名"释疏"，《目录》均标为"文疏"。内容"保父病"青词所收《病后还章》，《目录》标为《病后还醮》，疑内容所标"章"字应为"醮"。内容"保夫病"释疏所收《夫病建水陆》，《目录》标为《夫妻建水陆》。"安坟墓"，《目录》所标分为"青词"（收《醮生坟》、《醮父坟》、《醮母坟》3篇）、"文疏"（收《醮父坟经》、《醮妻坟经》2篇）两类，共收文章5篇，而内容显示只有"青词"一类，收有《醮生坟》、《醮妻坟经》2篇文章，查看本卷版心，发现缺少第"十三"页，可知系内容缺损所致。

　　卷六保安门。包括"保铺肆"：门榜（收《米铺还醮》等3篇）、青词（收《米铺还醮》等2篇）、释疏（收《盐铺还水陆》1篇）；"保为商"：门榜（收《保安醮》等3篇）、青词（收《保安醮》等4篇）、释疏（收《保安水陆去许归还》等3篇）；"保充役"：青词（收《入役许醮》等4篇）、释疏（收《役后还水陆》1篇）；"保讼事"：青词（收《保讼设醮》等2篇）、疏文（收《因讼还罪人》等2篇）；"保非横"：疏文（收《因谗言还水陆》1篇）；"保苗稼"：门榜（收《祈年醮》等2篇）、青词（收《祈年醮》等3篇）、疏文（收《命道看经保禾》等2篇）；"保蚕春"：疏文（收《祭坛神保蚕》等2篇）；"保畜养"：青词（收《保牛瘟醮》等2篇）、文疏（收《禳牛瘟》、《保六畜》2篇）。

　　按，内容"保铺肆"、"保为商"、"保充役"之类名"释疏"，《目录》均标为"文疏"。内容"保为商"门榜所收《作商病家人建醮》，《目录》标为《作商病家家建醮》。内容"保讼事"与"保非横"分别独自成类，其下再分类收录相关文章，"保非横"仅收疏文《因谗言还水陆》1篇，而《目录》将内容的"保讼事"、"保非横"两类合并为"保讼事非横"一类，其下将内容所收的文章按类别合并排列，即《目录》"保讼事非横"类下分"青词"、"疏文"两类，分别收录文章2和3篇。内容类目名"保畜养"，《目录》标作"保牧养"。

　　又，本集内容与《目录》所标文章题目的异文，除上述按语列举者之外，还有多处。结合类目设置与所收文章题目来看，读者阅读使用时还是清楚、不致混淆的。或《目录》或是内容所列文章题目名称偶有省略，上述按语未能一一详列。

辛　集

　　辛集5卷，为释教门、道教门、题化门。集首为该集目录，依卷次排列门类及内容。《目录》首尾均标《新编事文类聚启劄天章目录》，首有题记，草书上版，"是编以释道事实、书翰疏引类为一集，今名……川高僧逸士棲身泉……笑谈凤事发乎情性而为久辞者仅限。本堂精加纂集，芟繁撷……视云锦盖霄壤矣。……者幸鉴"。

　　卷一释教门。包括"事实"：佛僧、修行、戒律、师授、佛经、讲说、参请、定力、超悟、佛法、自负、披剃、住持、僧相、禅定、诗僧、师号、云游、戒腊、圆寂、茶毗、追荐、寺宇、修净土。

　　按，注文有俗体字，如"僧佛"类"上人"注文之"德"字缺左偏旁。

　　卷二释教门。包括"往复书劄"：收《上方侍郎蛟峰》等6篇；"庆贺书启"：贺僧披剃、荅，贺新住院、荅，贺僧受师号；"馈送书翰"：《送物与罗汉老》、《复罗汉老送物》、《谢净土长老清明简》；"庆贺书简"：贺僧度小师、贺僧新披剃、贺新披剃、贺新住持、贺新住持、贺受师号、贺受师号、贺新建院、贺新建藏、贺建钟楼，荅（荅度小师、荅新披剃、荅新披剃、荅新住持、荅新住持、荅受师号、荅受师号、荅建新寺、荅新建藏、荅建钟楼）；"请召小简"：披剃请人、住持请人、赐紫请人、斋供请人、刱寺请人、建藏请人、议事请人、远归请人，荅（荅、荅、荅、荅、荅、荅、荅）；"委托小简"：邀同受戒、邀出云游、邀同参请、委置度牒、委人题疏，荅（荅、荅、荅、荅、荅）；"委借小简"：借法器、借功德、借经文、送借物，荅（荅、荅、荅、荅）；"贺谒状式"：贺生辰禀劄、贺生辰经疏，披剃请人状、披剃谢人状，新住院申状，出队抄题状，资荐经疏，附有"封皮"使用说明及"可漏"；"请长老疏"：收《请无隐住西峰》等6篇；"荐扬法语"：收《讚游将仕灵》等2篇；"榜语"：《会茶图》、《僧茶榜》、《僧汤榜》、《茶榜》、《汤榜》、《茶榜》、《汤榜》；"法语"：收《僧剃头》等16篇，其中《偈贺僧披剃》2篇；"诗章"：收《赠僧德绍》等诗5首、《浣溪沙好禅》词1首。

　　按，《目录》"往复书劄"有3篇文章标有作者，其中《荅雪岩长老》署名"须溪"，字号与文章题目同样大小，且连在一起，容易令读者混淆为文章名，而非作者；内容标作"刘须溪"，在题目下方，有空格，比较清楚明了；可见《目录》所标作者应缩小字号显示，此书雕版时不是很严谨。"庆贺书简"及"荅"，往复内容收有10类，而《目录》只列有7类，其中内容的《贺（僧）新披剃》、《贺新住持》、《贺受师号》均有2篇，但《目录》只分别列有1篇；《目录》与内容的"荅"所列题目文字略有不同，比如内容标为"荅……"，不再标有"贺"字，而《目录》标为"荅贺……"。"请召小简"及"荅"，各收8类，但内容"荅"的8类均仅标一个"荅"字，未列具体题目，《目录》依次列为"荅披剃请、荅住持请、荅赐紫请、荅斋供请、荅刱寺请、荅建藏请、荅议事请、荅远归请"。内容"委托小简"与"荅"、"委借小简"与"荅"作为两类分别设立，而《目录》把这两类合并为"委借小简"与"荅"一类；内容的"委托小简"和"委借小简"下分别罗列 5 和 4 类，但"荅"部分只按类相应分别标注"荅"字，未标出具体题目，《目录》的"荅"部分将 9 类题目依次列出"荅邀同受戒、荅邀出云游、荅邀同参请、荅委买度牒、荅委人题疏，荅借法器、荅借功德、荅借经文、荅送借物"；内容"委托小简"之"委置度牒"，《目录》标为"委买度牒"，《目录》之"荅"也标为"荅委买度牒"。"贺谒状式"所列前 6 幅状疏为图式。"请长老疏"，内容收有 6 篇，而《目录》只标有 5 篇，未列《请昭老追荐》；《目录》所标"请端座住觀音"之"觀"字，缺少右半部分，可见为俗体字。"荐扬法语"所收第 2 篇文章，内容与《目录》所标题目中"赞"与"讚"互用。"榜语"，内容收 7 篇文章，对照内容来看，《目录》只标有前 5 篇，最后 2 篇未列。内容之类目"诗章"，《目录》标作"诗词"；内容收诗 5 首、词 1 首，而《目录》只列诗 2 首、词 1 首，对照内容，《目录》未列《送方师远游》、《题僧悟寺》、《绝句》3 首诗。

卷三道教门。包括"事实"：道士、修炼、道教、道经、师号、补官、药食、图籙、言貌、服饰、师授、升仙、解化、追荐、观宇、十大洞天、三十六小洞天、七十二福地。

按，道教事实，内容之"图籙"，《目录》标为"图録"；内容之"三十六小洞天"，《目录》标为"三十六洞天"。

卷四道教门。包括"往复书劄"：《与张道士紫阳书》，《贺道士披戴》、《荅》，《贺受法号》、《荅》，《贺新住观》、《荅》，《与万寿宫知宫》、《荅》，《回汪知观》；"庆贺书柬"：贺度小师、贺新披戴、贺新住观、贺新建观、贺新建藏、贺受师号、贺新进职、贺新散醮、贺籾道堂，"荅"：荅度小师、荅贺披戴、荅贺住观、荅贺建观、荅贺建藏、荅贺受号、荅贺进职、荅贺散醮、荅籾道堂；"请召小简"：披戴请人、请新住持、住观请人、建观请人、进秩请人、饯移住持、饯赴端请、罢醮请人，"荅"：荅披戴请人、新住持荅请、荅住观请人、荅建观请人、荅进秩请人、荅饯移住持、荅饯赴端请、荅罢醮请人；"委托小简"：邀赴圣节、邀同课诵、邀同赴斋、邀同游山、委置藏经、委置法器、委召塑匠、委呼画匠，"荅"：荅、荅、荅、荅、荅、荅、荅、荅；"贺谒状式"：贺生辰禀劄、贺生辰经疏，披戴请人状、披戴谢人状，新住观申状，建大醮申状，资荐经疏，附有"封皮"使用说明及"可漏"；"疏语"：收《请羽士住庵》等8篇；"榜语"：《道茶榜》、《道汤榜》；"法语"：《道家给诰》、《为道士火解》、《道家水解》、《为道士举棺》、《为梁道士撒土》5篇；"诗章"：收《为道士撒土》等诗4首。

按，内容"往复书劄"只有一类，共收10篇文章，其中4组8篇为对应往复书劄，一"贺"或"与"与一"荅"先后排列，但《目录》把上述4篇"答"单独列出为一类，与类目"往复书劄"并列。内容类目"庆贺书柬"之"柬"，《目录》作"简"。"委托小简"，内容之"委置藏经、委置法器、委呼画匠"，《目录》分别标为"委买藏经、委买法器、委召画匠"；"荅"，内容所收对应8类均分别黑丁白文显示"荅"字，而《目录》之"荅"完整标出小简题目，为"荅邀赴圣节、荅邀同课诵、荅邀同赴斋、荅邀同游山、荅委买藏经、荅委买法器、荅召塑匠、荅召画匠"。"法语"，内容收5篇，《目录》只列4篇，依次为"道家给诰、为道士撒土、为道士火解、为道士水解"，可见未列《为道士举棺》，且内容与《目录》所标题目略有不同，排列次序也有不同。"疏语"，内容标有"并梅亭"；"诗章"，内容标有"并雪坡"；可见为作者署名从前省略。

又，本卷往复简劄，内容和《目录》所列题目常有简化、省略，尤其是"荅"部分，不再一一详列；有文字混用，如"荅"与"答"、"简"与"柬"。

卷五题化门。"疏引"：收《西华寺真颠开山瑞州蒙山》、《东山寺修造》等41篇，其中15篇署有作者，《化铸钟疏》后附有"化钟警联"。

按，内容与《目录》所收疏引题目相异，除却有所简化或省略外，文字不同（包括使用俗体、异体字）者尚有如下：《铁狮顶建伏虎庵》与《铁师顶建伏虎庵》、《修三官殿》与《修三官阁》、《浮云观化度牒》与《浮云观化牒》、《兴善院求僧》与《兴善院度僧》、《化灯树》与《化灯柱》、《紫极宫化斋粮》与《紫極宫化斋粮》、《化同庚会》与《化全庚会》、《盖饰澄江桥》与《盖食斤江桥》。足见编排之不严谨。

壬　集

壬集9卷，为人伦门、事契门、宅舍门、文物门、艺术门、委借门、干求门、谒见门、饯别门。集首为该集目录，依卷次排列门类及内容。《目录》首尾均标《新编事文类聚启劄天章目录》，首有题记，草书上版，"是编以人伦事契宅舍文物事实书翰类为一集，使后学披卷，使公有长幼之序……堂精加纂集，除旧更新……视云锦盖天渊矣。月眼幸鉴"。

卷一人伦门。包括"事实"：宗族、祖父、祖母、父、母、伯父、叔父、庶母、乳母、叔伯母、夫、妻、子、女、庶子、孙、立嗣、兄弟、姊妹、妻兄弟、姑、姨、嫂叔、娣姒、姪、舅姑、外祖孙、舅甥、外内兄弟、妇翁、女婿、同门婿、子妇、宠妾、婢、仆、家书；"家书"：秋崖《荅宗人方教授书》、《荅宗人方教授叙谱系》2篇；"子弟馈送小简"：长至献祖父履襪、元日献祖父履襪、父祖生日上寿、叔伯生日上寿、兄弟生日上寿、时节送尊长物；"女馈送小简"：送透背段子、送绡縠段子、送緽织梅罗、送河北绫段、送时样冠梳、送时样京花、送泉南梳子、送胭脂光粉、送临安花酥、送房奁器皿，"回"：荅透背段子、荅绡縠段子、荅緽织梅罗、荅送河北绫段、荅时样冠梳、荅时样京花、荅泉南梳子、荅胭脂光粉、荅临安花酥、荅房奁器皿。

按，类目"家书"下注文标曰"式已见甲集"。"子弟馈送小简"之《长至献祖父履襪》，明初本《翰墨全书》作《冬至献祖父履襪》[①]。内容"女馈送小简"之"回"，《目录》标为"荅受"，且内容"回"所列类名较《目录》所标略作简化。

又，本卷内容之"家书"及往复"小简活套"，明初本《新编事文类聚翰墨全书》壬集卷二均收录。

卷二事契门。包括"事实"：师道、门第、束脩、交契、结交、朋友、学习；"师友劄子"：收《与黄兄》等往复劄子11篇；"师友四六"：收《彭回周聘馆劄》等5篇；"学关"：收《学斜新式》、《学关四六》、《学关四六》3篇；"师友通用小柬"：託人请先生、荐人作馆客、请先生入斋、送先生束脯、送子弟入学；"荅师友小柬"：荅人託请先生、荅荐人作馆客、荅请先生入斋、荅送束脯节仪、荅送子弟入学。

按，内容"师友劄子"收11篇，《目录》标有10篇，内容邓贤伯《荐士》前面有未署名《荐士》文章1篇，《目录》未标。"学关"，内容

---

① 《新编事文类聚翰墨全书》壬集卷二，第611页。

收有《学关四六》2 篇，而目录只标有 1 篇，可见少列 1 篇。《目录》"苔（师友小柬）"所列题目与内容所列略有简化。

卷三宅舍门。包括"事实"：创第、买宅、华居、贫居、山居、迁居、庆贺；"庆贺启劄"：收《贺刘此山卜居》等 12 篇，其中 5 篇署有作者；"庆贺手书"：贺人新创、贺人迁居、贺得山居、贺刱水阁、贺刱书院、贺作廨舍、贺人造亭、贺人起楼，"回"：苔贺新创、苔贺移居、苔贺山居、苔贺小阁、苔贺书院、苔贺廨宇、苔贺起楼、苔贺造亭；"上梁文"：收《石峰书院上梁文》等 7 篇，均署有作者，文章内容均黑丁白文显示"东南西北上下"文句；"记"：收刘须溪《重修南州高士旧宅记》1 篇；"诗曲"：收《贺方寺丞新第》等诗 17 首、《水调歌头贺新第》词 1 首，其中立雪所撰《贺周耐轩迁居》同题 4 首、《贺阳巽斋屋成》同题 2 首、《贺王吟峰迁居》同题 3 首，未署名《贺刘教藏书阁成并序》同题 2 首。

按，"庆贺启劄"，内容收未署作者名《回贺迁居》2 篇和未署作者名《贺迁居》3 篇，而《目录》只列有《回贺迁居》1 篇和《贺迁居》2 篇，可见《目录》少列《回贺迁居》和《贺迁居》各 1 篇；《目录》文章题目下所署作者名比内容所列有所简化，如内容的"青山赵万年"、"书台刘应凤"，《目录》分别作"赵万年"、"刘书台"。"庆贺手书"，内容之类目"回"，《目录》标为"苔"；"庆贺手书"之《贺作廨舍》，《目录》作《贺作廨宇》；内容"苔"类之《苔贺移居》、《苔贺小阁》，《目录》分别标为《苔贺迁居》、《苔贺水阁》，结合"庆贺手书"所收文章为"迁居、水阁"，依照往复对应原则，《目录》所标应该正确，尤其是"小阁"误标，理应为"水阁"；另外，内容之"贺人造亭、贺人起楼"与"苔贺起楼、苔贺造亭"排列次序未能对应，而《目录》标作"贺人造亭、贺人起楼"与"苔贺造亭、苔贺起楼"，尽管《目录》显示往复对应排列，但与内容所排又不对应，经比对发现，如果内容之"苔贺起楼、苔贺造亭"排列次序颠倒，则内容及《目录》所标就可相互对应。"上梁文"，《目录》所标文章作者比内容所标简单。内容之类目"记"，收刘须溪《重修南州高士旧宅记》1 篇，而《目录》误标类目名为"词"。内容之类目"诗曲"，《目录》标为"诗词"；内容"诗曲"收诗 17 首词 1 首，而《目录》仅收前 5 首诗，且内容之刘后村《贺王器之宅成》，《目录》标作《贺上器之宅成》；内容所收后 12 首诗、1 首词，《目录》未列，既然类目为"诗词"，却未标词，可见为《目录》编排不严谨，有缺漏。

　　卷四文物门。包括"事实"：文章、诗、词赋、省诗、经术、论、策、词曲、书、笔、墨、砚、纸、笔架、书囊、简板；"文物劄子"：收《回曾景建谢惠金陵百咏》等劄子 18 篇；"文物启"：收《谢东山赠诗启》等 4 篇；"馈送小柬"：送书籍、送法帖、送嵩砚、送宣笔、送宣笔、送川墨、送苏牋、送纸扎、送砚滴、送笔架，"荅受"：送书籍、送法帖、送嵩砚、送宣笔、送宣笔、送川墨、送苏牋、送纸扎、送砚滴、送笔架，"不受"；"序跋"：收《题危恕斋〈佩觿后录〉》、《题〈立雪文稿序〉》2 篇；"铭"：收《笔铭》等 10 篇；"诗词"：收《和游桂堂〈见示诗卷〉》等 11 首，其中立雪所撰《题〈朱翠峰行卷〉》同题 2 首。

　　按，"文物劄子"，内容所收未署作者《与胡兄》1 篇，《目录》未列；《目录》所收《与彭复雅》标有作者"碉谷"，内容未标作者；内容所收未署名《回陈教惠字》，《目录》标作《回陈教惠诗》；《目录》所收《谢未和诗》标有作者"秋厓"，内容未署名，且题目为《谢未和诗谢》，明显有误，最后一个"谢"字为衍文；内容所收《谢惠诗》、《谢称文章》、《荅朱宰》3 篇文章，《目录》却排列为《谢惠诗》、《荅朱宰》、《谢称文章》，次序有颠倒；另外，内容最后 1 篇《荅谢兄》标有作者"并秋厓"，从前省略，如果不是《目录》所收《谢未和诗》标有作者"秋厓"、《与彭复雅》标有作者"碉谷"，那么会给读者造成内容中"立雪？虚寮评诗"之后的劄子都是"秋厓"所撰的印象；内容所标作者名"涧谷"，《目录》作"碉谷"。"馈送小柬"及"荅受"之"送嵩砚"，"嵩"疑为"端"的异体字；内容之"馈送小柬"及"荅受"均列有 2 类"送宣笔"，《目录》仅分别列有 1 类，可见《目录》比内容少列"送宣笔"1 类。

　　卷五艺术门。包括"事实"：琴、棋、投壶、书、画（"传神"、"画佛"、"鳞毛"、"山水"、"花木"附）、医、卜筮、星命、地理、说相、工匠、弓矢、镜、枕、簟、香炉、扇、杯、樗蒲、杂剧（"傀儡"、"飞竿"、"角觝"附）；"往复书劄"：收《觅墨梅》、《送琴与友人》、《荐医士》、《荐玉匠》、《回》；"馈送小柬"：送古琴、送棋具、送画轴、送石

屏、送香炉、送弓箭、送宝剑、送茶具、送酒具、送薪箪、送细扇,
"苔":送古琴、送棋具、送画轴、送石屏、送香炉、送弓箭、送宝剑、
送茶具、送酒具、送薪箪、送细扇,"不受";"请召柬劄":请人抚琴、
请人听琴、请人鉴画、请人投壶、请人射弓、请人下棋、请人诊脉、请人
占卜、请人尅择、请人山水,"苔赴":请人抚琴、请人听琴、请人鉴画、
请人投壶、请人射弓、请人下棋、请人诊脉、请人占卜、请人尅择、请人
山水,"苔不赴":请人抚琴、请人听琴、请人鉴画、请人投壶、请人射
弓、请人下棋、请人诊脉、请人占卜、请人尅择、请人山水;"荐导小
柬":荐人抚琴、荐人下棋、荐人书写、荐人传神、荐人行医、荐人绘
画、荐人谈命、荐人山水、荐人烧墨,"荐导小柬":荐说相、荐剔图书、
荐装花、荐裁缝、荐银匠、荐石匠、荐木匠、荐皮匠、荐竹匠、荐漆匠,
"苔从":荐人抚琴、荐人下棋、荐人书写、荐人传神、荐人绘画、荐人
行医、荐人谈命、荐人地理、荐人烧墨,"苔从":荐说相、荐剔图书、
荐装花、荐裁缝、荐银匠、荐石匠、荐木匠、荐皮匠、荐竹匠、荐漆匠,
"不从";"题赠诗曲":收《赠琴士陆元章》等诗 33 首、《赠篆书人减字木
兰花》词 1 首、《赠刘画士》与《赠医者生意堂记》文章 2 篇,其中雪坡
《赠画师邹才叔》、《赠寻贤相士》、《赠陈高眼相士》与诚斋《赠善医刘
惠卿》均为同题 2 首。

　　按,内容之"请召柬劄"与"苔赴"、"苔不赴"均分设 10 类,往复
对应,只以大类目名"请召柬劄"、"苔赴"、"苔不赴"区分,小类 10 类
类名都是"请人抚琴、请人听琴、请人鉴画、请人投壶、请人射弓、请
人下棋、请人诊脉、请人占卜、请人尅择、请人山水",《目录》的"请
召柬劄"所列 10 类与内容相同,但"苔赴"依次列为"苔请抚琴、苔请
听琴、苔请鉴画、苔请投壶、苔请射弓、苔请下棋、苔请诊脉、苔请占
卜、苔请尅择、苔请山水","苔不赴"依次列为"不赴抚琴请、不赴听
琴请、不赴鉴画请、不赴投壶请、不赴射弓请、不赴下棋请、不赴诊脉
请、不赴占卜请、不赴山水请",可见《目录》所列"苔赴"与"苔不
赴"下设的类目与内容稍有不同,《目录》"苔不赴"下只列有 9 类,与
内容之"苔不赴"相对照,少列"不赴尅择请"。内容先后连续列有 2 类
"荐导小柬",其下前者分设 9 类、后者分设 10 类,之后再连续列 2 类
"苔从",其下前者分设 9 类、后者分设 10 类,而《目录》将内容的 2 类

"荐导小柬"、2 类"荅从"合并，即只有 1 类"荐导小柬"及相应的"荅从"，《目录》的"荐导小柬"列有 19 类，与内容相同，《目录》的"荅从"列有 19 类，类名与内容相比均加"荅"字，依次为"荅荐抚琴、荅荐下棋、荅荐书写、荅荐传神、荅荐绘画、荅荐医人、荅荐谈命、荅荐地理、荅荐烧墨、荅荐说相、荅荐剔图书、荅荐装花、荅荐裁缝、荅荐银匠、荅荐石匠、荅荐木匠、荅荐皮匠、荅荐竹匠、荅荐漆匠"。"题赠诗曲"，内容收诗 33 首、词 1 首、文章 2 篇，而《目录》列题目 30 个，对照内容，未列《赠篆书人减字木兰花》和《赠笔生》；《赠画梅竹刘信可》诗，内容署作者名"李轪"，《目录》标作"李軻"。

卷六委借门。包括"事实"：干请、幹事、器物、侍妾、蓄养（包括"耕牛"、"骏马"、"羊"、"犬"、"猫"等类词句典故）、借米、钱物、借书、车马、轿乘、借船、书吏、歌妓、雇脚；"假借柬剂"：《借通鉴》、《回》等往复柬剂 22 篇；"假借小柬"：借文籍、借琴具、借棋具、借酒器、借茶具、借射具、借花园、借廨舍、借亭船、借米谷、借帐设，"回从"：借文籍、借琴具、借棋具、借酒器、借茶具、借射具、借花园、借亭舡、借米谷、借帐设，"不从"；"送还小柬"：送还书籍、送还器皿、送还轿乘、送还鞍马、送还舡双、还帐设、送还宝钞、送还米谷，"答"：答还书籍、答还器皿、答还轿乘、答还鞍马、答还舡双、荅还帐设、荅还宝钞、荅还米谷；"委托小柬"：托请医士、托请地仙、託置文籍、托买笔、托买墨、托买砚、托买画、托买马、托买弓矢、托买西犬，"回"：托请医士、託请地仙、託买文籍、託买笔、託买墨、托买砚、托置画、托买马、托买弓矢、托买犬，"不从"。

按，内容"委借事实"之"借米"，《目录》标为"米谷"。"假借柬剂"，内容在《借马》后排有《回》、《再回》2 篇，而《目录》在《借马》后仅列有《回》1 篇，未列《再回》；内容《借北段》之"北"字，《目录》标为"比"，明显错误。内容之"假借小柬"下分 11 类，"回从"分为 10 类，按照对应原则，"回从"少列《（回）借廨舍》；《目录》"假借小柬"与"荅从"均分为 11 类，排列次序未能一一对应；与内容"荅从"下所分设类目名相比，《目录》"荅从"下所设类目名均加"荅"字；内容之"假借小柬"列有《借廨舍》，而《目录》之"假借小柬"、"荅从"均标为"借廨宇"；对照内容及《目录》，或者内容之"荅从"

少列"（回）借廨舍"，或者《目录》多列"苔借廨宇"；内容"假借小柬"所列之"借亭船"，"回从"标为"借亭舡"，《目录》标为"借亭船"、"苔借亭船"。"送还小柬"，内容"送还书籍"，《目录》标为"送还文籍"，而《目录》中对应的"苔"标为"苔还书籍"，可见《目录》之"送还小柬"应标为"送还书籍"；内容之"还帐设"，《目录》标为"送还帐设"，对照内容及《目录》，内容之"还帐设"理应标为"送还帐设"，少标一个"送"字；"送还小柬"及"苔"，内容之"送还舡双"及"答还舡双"，《目录》中均标为"送还船双"，"船"与"舡"二字读音不同但意思相同；"苔"与"答"混用。"委托小柬"及"回"，对照内容与《目录》所列类目名称，"託"与"托"混用，"買"与"置"也有混用情况，如内容与《目录》均出现"置文籍"与"買文籍"、内容之"買画"与"置画"；内容之"回"，《目录》标为"苔"，《目录》"苔"之类目名称比内容之"回"均加一个"苔"字。

卷七干求门。包括"事实"：干贫、干丧、干书、依庇、归投、救援、知遇；"干求启"：收《干汪府教学职启集论语句》等6篇；"干求劄"：收《觅莲载》等往复劄子21篇，均无作者；"干求柬劄"：干人求公庇、干求府学职、干求县学职、干人治葬事、干人求津遣、干人雇舡双，"答"：干求公庇、干求府学职、干求县学职、干治葬事、干求津遣、干雇舡双；"序"：收未署作者名《宋老干衣序》1篇。

按，"干求劄"，《内容》收往复劄子19篇，比内容少收2篇；内容《觅茶》后排有《回》，《目录》未标；内容《干耀》。"干求柬劄"，《目录》"苔"比内容"答"之类目名均多一个"苔"字。

卷八谒见门。包括"事实"：参谒；"谒谢书翰"：收胡贯斋《上詹学士》、宋梅洞《上提举萧方厓》、彭华国《上万平野》3篇；"贽见诗词"：收《谒萧大山》等诗8首，其中立雪《见萧小山二绝》同题2首、刘立雪《见率斋王廉使》同题4首。

按，内容之类目名"谒谢书翰"，《目录》作"谒谢四六"；内容"谒谢书翰"收胡贯斋《上詹学士》、宋梅洞《上提举萧方厓》、彭华国《上万平野》3篇文章，但《目录》"谒谢四六"标有2篇文章，依次为赵知县《谒诚斋》、彭约心《上万平野》，内容与《目录》只有《上万平野》1篇相同，所署作者一为"彭华国"一为"彭约心"，大概为同一人。"贽见诗词",收诗 8 首,未收词。

卷九饯别门。包括"事实":祖饯、别离、旋归、濯足;"饯别劄子":收《禀违》等 7 篇;"馈赆劄子":收《县丞送太守》等 10 篇;"饯送诗词"之"诗":收《送程楚翁远游》等 10 首,其中静山《送李立極游湖湘》同题 2 首;"送人赴任诗词"之"诗":收《送赵灵秀筠州幕》等 10 首。

按,内容"饯别劄子"收 7 篇,依次排列为"禀违、请别寄居、请别职官、回寄居送别、回寄居送别、回众官送别、送别教授",《目录》列有 6 篇,依次排列为"禀违、请别寄居、回寄居送别、请别职官、回众官送别、送别教授",可见《目录》比内容少收《回寄居送别》1 篇,且编排次序略有不同。"饯送诗词",内容所收叶靖逸《送冯济川归蜀》,《目录》标为"叶靖游《送马济川归蜀》"。"送人赴任诗词",内容所收《送赵灵秀筠州幕》作者徐玑,而《目录》标作"徐州";内容所收《送包释可帅司幕》《送蔡节推官庐陵》,《目录》分别标为《送包释可帅司》《送蔡推官庐陵》。"饯送诗词"和"送人赴任诗词",收录的都是诗,并无词,但内容在类目"饯送诗词"和"送人赴任诗词"后均黑丁白文标有"诗",《目录》没有如此标注。

癸　集

癸集 7 卷,为节序门、游赏门、花卉门、果实门、珍异门、饮馔门、杂贺门、醵贺门。集首为该集目录,大致依卷次排列门类及内容。《目录》首尾均标《新编事文类聚启劄天章目录》,首有题记,草书上版,"是编以节序游赏花木果实珍异饮馔杂贺类为一集……书翰诗词悉删……尘腐易以……视云锦盖天困矣。月眼幸鉴"。

按,目录有 10 页,大概底本装订有误,现在页码依次编排为一、五、四、三、二、六、七、八、九、十,4 页"五、四、三、二"装反,此中华再造善本所影印的目录页前 5 页均朱笔依次标注有"笺一、笺五、笺四、笺三、笺二",应该是底本装订有误。

卷一节序门。包括"事实":孟春(立春、元旦、人日、上元)、仲春(中和节、社日、花朝、春分)、季春(上巳、寒食、清明、春尽)、孟夏(佛节)、仲夏(端午、夏至)、季夏(伏日)、孟秋(七夕、中

元）、仲秋（秋分、中秋）、季秋（重阳）、孟冬（小春、下元）、仲冬
（冬至）、季冬（腊日、除夕）；"贺表"：收《谢赐历表》等4篇；"贺
启"：收《贺元正启》等5篇；"馈送劄"：收《立春送物》、《荅》等往
复劄子46篇；"请召小柬"：立春请人、元旦请人、上元请人、花朝请
人、社日请人、寒食请人、清明请人、上巳请人、端午请人、竞渡请人、
七夕请人、中秋请人、九日请人、登高请人、冬至请人、开炉请人、除夕
请人，"荅赴"：立春请、元旦请、上元请、花朝请、社日请、寒食请、
清明请、上巳请、端午请、竞渡请、七夕请、中秋请、重九请、登高请、
冬至请、开炉请、除夜请，"荅不赴"：立春请、元旦请、上元请、花朝
请、社日请、寒食请、清明请、上巳请、端午请、竞渡请、七夕请、中秋
请、重九请、登高请、冬至请、开炉请、除夕请；"诗词"：收《谢送立
春盤》等诗5首、《满江红上元呈徐静观》等词2首。

按，"节序事实"先依次分孟春、仲春、季春等大类，每类之下分别
列举相应的词句典故及文献出处，其中部分词句典故再分设小类统辖，如
"孟春"所列部分词句典故又分为立春、元旦、人日、上元4类。内容
"节序事实·季春"之"春尽"，《目录》标为"暮春"。"贺启"，内容标
作者"并秋厓"，《目录》标为"并前人"，其前第2篇署名"秋厓"；内
容"秋厓"《贺冬至启赵倅》后所排"后村"《荅县尉》，《目录》标为
《荅贺冬至启赵倅》，《目录》所标文题比内容的文题完整。"馈送劄"，
内容收往复劄子46篇，《目录》收42篇，比内容少列4篇；内容"立春
送物"之类目"荅"，《目录》标作"回"；内容之类目"元日送物"有
2篇，《目录》只标有1篇，少标1篇；内容之类目"中和节送物"及
"回"，《目录》均未收；内容收《端午送物》2篇，第2篇署名"秋厓"，
而《目录》只收"端午送物"1篇，标有作者"秋厓"，可见少收1篇
《端午送物》；内容收"雪坡"《送京学节物》，《目录》标文题为《与京
学节物》；内容收"雪坡"《送陈守》，《目录》标文题为《送陈宰》；内
容收"文溪"《谢赵菊山餽羊酒米油麪》，《目录》所标副题为《惠羊酒米油
面》；内容与《目录》所收部分劄子编排顺序不一致，《目录》大致是先
依节序排列往复节日馈送劄子，文题全以"节日名"加"送物"二字组
成，然后再排列其余劄子，而内容将上述的其余劄子穿插编排于往复节日
馈送劄子之间，当然节日馈送劄子也是以节序排列的；内容之《冬至送

物》、"秋厓"《回许宰》、《回》3篇依次排列，而《目录》标为《冬至送物》、《回》，《回许宰》排在较后；内容之《岁节送物》、"秋厓"《回赵漕元》、《回》3篇依次排列，而《目录》标为《岁节送物》、《回》，"秋厓"《回赵漕元》排在较后。内容"请召小柬"及对应的"苔赴"、"苔不赴"分为3大类，其下分别收17小类，《目录》列"请召小简"及对应的"苔赴"，类名"苔赴"下小字注曰"不赴附"，没有再专门列出"苔不赴"；《目录》"苔赴"之类目名比内容之"苔赴"均加一个"苔"字；内容下设的类目名略有混用，如"九日"与"重九"、"除夕"与"除夜"；对照内容以及《目录》之"请召小简"下设类目，《目录》"苔赴"最后两个"苔除夕请、苔开炉请"排列顺序应予颠倒即可对应、吻合；内容与《目录》之类目名"柬"与"简"混用。"诗词"，内容收诗5首，《目录》只列4首；内容收《除夜作》2首，第2首诗题下署名"并秋厓"，而《目录》只收有1收《除夜作》，标有作者"并秋厓"，可见《目录》少列1首《除夜作》，从内容所标"并秋厓"推知，第1首《除夜作》也为"秋厓"所作，但其前的诗《元日作》是否为秋厓作品，姑且存疑；如果单从《目录》来看，《目录》所列《除夜作》署名"并秋厓"，居于其前的《元日作》应该为秋厓作品；查四库本《秋崖集》卷八，此首《元日作》确实为方岳作品。

卷二游赏门。包括"事实"：游山、游湖、游江、观潮、游寺宇、游道观、游楼阁、游园池、游春、送春、避暑、寒会、赏月、赏雪；"游赏劄子"：收《邀古心游庐山》等往复劄子17篇；"请召小柬"：请游山、请游湖、请游江、请观潮、请游寺、请游花园、请游水阁、请游月台、请游酒楼、请登坟茔，"苔"：请游山、请游湖、请游江、请观潮、请游僧寺、游花园、游水阁、游月台、游酒楼、省坟茔，"不赴"。

按，"游赏事实"，内容之"观潮、游道观"，《目录》分别作"覲潮、游道覲"，可见使用俗体字。"游赏劄子"，内容之"回游园池"，《目录》标作"回游园池请"。内容之类目"请召小柬"，《目录》标为"请召小简"；内容之"请观潮"，《目录》标为"请覲潮"；内容"请召小简"之"苔"，《目录》标为"苔赴"；《目录》"请召小简"之"苔赴"下设类目依次为"苔游山请、苔游湖请、苔游江请、苔覲潮请、苔游寺请、苔游花园请、苔游水阁请、苔游月台请、苔游酒楼请、苔登坟茔请"，可见与内容"请召小简"之"荅"略有变更。

卷三花卉门。包括"事实"：牡丹、芍药、海棠、金沙、茶蘼、兰蕙、梅花、红梅、腊梅、桃花、碧桃、千叶桃、李花、杏花、梨花、萱草、杨柳（"杨花"附）、石榴、瑞香、水仙、朱槿、茉莉、荷花、白莲、琼花、巖桂、芙蓉、菊花、红菊、紫菊、白菊（"碧菊"附）、金凤、鸡冠、含笑、紫薇花、木兰花、杜鹃花、山丹、栀子、山茶、蔷薇、山樊、百花、松、桧柏、竹；"请召小简"：请赏牡丹、请赏芍药、请赏海棠、请赏碧桃、请赏梨花、请赏茶蘼、请赏瑞香、请赏兰花、请赏荷花、请赏白莲、请赏木犀、请赏芙蓉、请赏菊花、请赏桃菊、请赏梅花、请赏红梅、请赏水仙、请赏山樊，"荅"：请赏牡丹、请赏芍药、请赏海棠、请赏碧桃、请赏梨花、请赏茶蘼、请赏瑞香、请赏兰花、请赏荷花、请赏白莲、请赏木犀、请赏芙蓉、请赏菊花、请赏桃菊、请赏梅花、请赏红梅、请赏水仙、请赏山樊，"荅不赴"；"馈送小劄"：送牡丹、送芍药、送瑞香、送茉莉、送水仙、送山礬、送白莲、送丹桂、送兰花，"荅"：送牡丹、送芍药、送瑞香、送茉莉、送水仙、送山礬、送白莲、送丹桂、送兰花；"诗词"：收《梅花》等诗6首、《踏莎行送桂花》词1首，其中"雪坡"《木犀》同题2首。

按，内容"请召小简"之"荅"，《目录》标为"荅赴"；《目录》"荅赴"下设类目与内容之"荅"略作变更，依次标为"荅赏牡丹请、荅赏芍药请、荅赏海棠请、荅赏碧桃请、荅赏梨花请、荅赏茶蘼请、荅赏瑞香请、荅赏兰花请、荅赏荷花请、荅赏白莲请、荅赏木犀请、荅赏芙蓉请、荅赏菊花请、荅赏桃菊请、荅赏梅花请、荅赏红梅请、荅赏水仙请、荅赏山樊请"。内容之类目"馈送小劄"，《目录》标为"餽送小简"；《目录》"餽送小简"之"荅"，比内容"荅"的类目名前均加一个"荅"字；内容"馈送小劄"及"荅"，"送丹桂、送兰花"先后排列，而《目录》"餽送小简"及"荅"，上述2个类目排列次序为"送兰花、送丹桂"，内容与《目录》的其余类目编排次序先后对应。

卷四果实门。包括"事实"：荔支、龙眼、桃实、李实、杏子、梅子、梨、瓜、莲、藕、樱桃、蒲萄、石榴、枣、橘、柑、金橘、橙、栗、柿、胡桃、榧子、菱茨、鸡头、林檎、枇杷、杨梅、银杏、橄榄、甘蔗、南果、北果；"请召小劄"：请尝荔支、请尝龙眼、请尝朱樱、请尝蒲萄、请尝林禽、请尝梅杏、请尝瓜李、请尝梨栗、请尝莲藕、请尝柑橘，"荅"：请尝荔支、请尝荔奴、请尝樱桃、请尝蒲萄、请尝林禽、请尝梅杏、请尝瓜李、请尝梨栗、请尝莲藕、请尝甘橘；"馈送小剳"：送龙荔、送桃杏、送莲藕、送瓜李、送梨栗、送柑橘、送新果、送南果、送京果、送北果，"荅"：送龙荔、送桃杏、送莲藕、送瓜李、送梨栗、送柑橘、送新果、送南果、送京果、送北果；"词（诗）"：收石屏《送青柑与楼秋房》同题 2 首。

按，"果实事实"，内容之"荔支、蒲萄、林禽"，《目录》分别标作"荔枝、蒲桃、林檎"，可见内容使用异体字；内容之"李实"，《目录》未标。内容之类目"请召小剳"，《目录》标作"请尝小简"；内容"请召小剳"与"荅"所列类目，排列顺序均能对应，但名称及文字有不同存在，如"龙眼"与"荔奴"、"朱樱"与"樱桃"、"柑橘"与"甘橘"；《目录》"请尝小简"及"荅"所列类目，排列顺序也未能全部对应，如"尝柑橘、尝莲藕"，在两类中排列次序刚好相反，也存在混用异体字，如"林檎"与"林禽"；内容"请召小剳"与《目录》"请尝小简"所收类目排列顺序先后略有不同，有混用异体字；《目录》"请尝小简"之"荅"下设类目名称，比内容之"荅"略作变更，前面均加一个"荅"字，依次排列为"荅尝荔支请、荅尝龙眼请、荅尝朱樱请、荅尝蒲萄请、荅尝梅杏请、荅尝林禽请、荅尝梨栗请、荅尝瓜李请、荅尝莲藕请、荅尝柑橘请"，可见也存在编排次序不能全部对应、有异体字、有异名。内容之类目"馈送小剳"，《目录》作"馈送小简"；《目录》"馈送小简"之"荅"比内容之"荅"前面均加一个"荅"字；《目录》"馈送小简"之"荅"所列"荅送瓜杏"，"馈送小简"标作"送瓜李"，内容两类也为"送瓜李"；内容之"柑橘"，《目录》均作"甘橘"。内容所标类名"词"，实际却收同题诗 2 首，应改为"诗"，或按本书编纂习惯改为"诗词"；但《目录》未标内容的"词"类，类名及诗题均未收，是为编排不严谨。

卷五珍异门。包括"事实"：币帛、锦、绣、绫、罗、纱、绢、布、丝绵、冠、帽、脂粉、香、药、烛、孔雀、鹦鹉、鹤、雁、莺、燕、鹭、鹊、鸽、白鹇、雉、翡翠、鸳鸯、百舌、斗鸡、骏马、鹿、猿、猎犬、猫、龟；"珍异剳子"：收《谢惠衣物》等 7 篇；"馈送小束"：送京段、送番段、送锦綿、送绢绡、送葛纱、送绫布、送巾段、送首饰，"荅"：惠京段、惠番段、惠锦綿、惠绡绢、惠葛纱、惠绫布、惠巾段、惠首饰；"惠送小柬"：送孔雀、送鹦鹉、送朱鹤、送白鹿、送红鸽、送白鹇、送绿龟、送白猿、送斗鸡、送猎犬，"荅"：惠鹦鹉、惠孔雀、惠朱鹤、惠白鹿、送红鸽、送白鹇、送绿龟、送白猿、送斗鸡、送猎犬。

按，内容之类目"馈送小柬"，《目录》作"馈送小简"；内容"馈送小柬"之"送番段"，《目录》"馈送小简"作"送番绢"，内容与《目录》之"荅"均作"送番段"，可见《目录》"馈送小简"应标为"送番段"；内容"馈送小柬"之"送绢绡"，"荅"标为"惠绡绢"，《目录》均标作"送绢绡"，可见内容之"荅"应标为"惠绢绡"；《目录》之"荅"依次标为"荅送京段、荅送番段、荅送锦綿、荅送绢绡、荅送葛纱、荅送绫布、荅送巾段、荅送首饰"，与《目录》之"馈送小简"相互对应，但内容之"荅"标为"惠……"；内容与《目录》有混用异体字现象，如"綿"与"縤"。内容之"惠送小柬"，《目录》标作"荅送小简"，从其下所设的类目及对应尚有同级类目"荅"来看，《目录》所标错误，应为"惠送小柬（简）"；内容"惠送小柬"之类目"送孔雀、送鹦鹉"，与"荅"之类目"惠鹦鹉、惠孔雀"编排次序刚好颠倒，而《目录》均标为"（荅）送孔雀、（荅）送鹦鹉"，可见内容之"荅"所收上述2个类目应排列为"惠孔雀、惠鹦鹉"；内容之"荅"所收10个下设类目，前4个标为"惠……"，后6个标为"送……"，未能统一；《目录》之"荅"与"荅送小简"所辖类目一一对应，均加一个"荅"字，而与内容之"荅"所收后6个类目对应、前4个不对应。

卷六饮馔门。包括"事实"：饭食、馒头（"蒸饼"附）、银餤、湿面、冷淘、羊、牛、猪、鸡、鹅、鸭（"盐鸭"附）、野味、禽、鱼、鱠、蟹鳌、海味、珍馔、鲊、脯、茶、酒、白酒、饮器、盐、醋、斋供、蔬菜（包括"芥菜、菘菜、春菜、蓴菜、芹、韭、薤、蒌蒿、苦蕒、茭、笋、茄、匏、蘿蔔、蕈、薑、棕笋、薯芋、蘁、豆苗、焊菜"等21类）；"简劄"：收《送通判新秔》等简劄24篇、"荅惠洪扇"联语1幅；"请召启劄"：收《招赵青山》等8篇；"饮馔小简"：请尝新稻、请尝新酒、请尝白酒、请尝新茶、请尝新面、请赴斋供、请尝新笋、请尝蓴菜、请尝鲈鱼、请尝生蟹、请尝野味、请尝远味，"荅"：请尝新稻、请尝新酒、请尝白酒、请尝新茶、请尝新面、请赴斋供、请尝笋、请尝蕈菜、请尝鲈鱼、请尝蟹、请尝野味、请尝远味，"苔不赴"；"馈送小柬"：送新酒、送白酒、送建茶、送面条、送斋料、送海味、送野味、送远味、送生鲟、送蛇線、送新笋、送鸡、送鸭、送鹅、送鱼、送猪肉、送羊肉；"诗词"：收《律诗送与人》、《绝句送人与晦翁》、《律诗谢惠白鹭》、《绝句和姚监丞斫与》、《律诗予鱼》、《绝句送笋干与》诗 6 首、词"秋厓"《浣溪沙赵阁学送白丞酒香人》1 首。

　　按，内容"饮馔事实"之"蟹鳌、棕笋"，《目录》分别作"蟹、棕笋"；内容与《目录》混用异体字，如"薑"与"姜"、"蒸饼"与"炊饼"；内容之"蔬菜"类下又分为"芥菜、菘菜"等 21 小类，小类下再列举相应词句典故及文献出处，而《目录》将"蔬菜"与下设 21 类目并列编排，无法明确显示后 21 个类目由上属类目"蔬菜"统辖；内容之"馒头"类内黑丁白文标注"蒸饼附"，而《目录》将"馒头"与"炊饼"并列编排；内容之"鸭"类内黑丁白文标注"盐鸭附"，《目录》大字编排"鸭"，其下小字标注"盐鸭附"，显示为"鸭盐鸭附"，与内容所编大致吻合，可见《目录》编排未能统一，同一卷中的同类内容却出现不同编排方法。内容"简劄"类收简劄 24 篇、联语 1 幅，《目录》"简劄"显示收 24 篇，比内容少收未署作者名《送豚蹄》1 篇；内容与《目录》有文字混用，如"貍"与"狸"；内容之"苔惠洪扇"为联语 1 幅，实非简劄；内容"送鹅"之"回"，《目录》显示为"苔送鹅"。内容之类目"饮馔小简"，《目录》标作"请召小简"；内容之"饮馔小简"与《目录》之"请召小简"所列类目一一对应，《目录》"请召小简"之"苔"，与内容"饮馔小简"所列类目依次对应，只是在其类目名前分别加了一个"苔"字；内容"饮馔小简"所收类目"请尝新笋、请尝生蟹"，对应的"苔"列为"请尝笋、请尝蟹"，稍有省略，因此这 2 个类目与《目录》之"苔"也无法完全对应，可见内容之"苔"理应也标作"请尝新笋、请尝生蟹"。"馈送小柬"，内容与《目录》依次一一对应；《目录》"馈送小柬"与"苔"基本对应，"苔"之类目比"馈送小柬"之类目分别多加一个"苔"字，除却"送新笋"与"苔送笋"稍有差异；内容与《目录》有文字混用，如"蛇"与"蛇"；《目录》有对应的"苔"，而内容未列"苔"，不知是原书未编，还是书版缺损，或是书页缺损，既然《目录》标有对应的"荅"及下设类目，内容应该编排"荅"部分。《目录》所标诗词题目分别为《律诗送白鱼》、《笋》、《律诗谢惠白鹭》、《绝句和姚监丞斫与鲙》、《律诗与鱼》、《绝句送笋干与人》、《浣溪沙赵阁学■■■酒香■》；对照内容所收，第1首《律诗送与人》，"秋江水落白鱼肥"，可见副题应为《送白鱼》或《送白鱼与人》，内容所列副题《送与人》似不妥；第1首《绝句》，内容所列副题《送人与晦翁》显然不妥，"珍重林中玉版师，深藏高节未参差"，而《目录》所标副题《送笋与晦翁》似合理；第3首《律诗》，内容与《目录》所列副题"予"和"与"混用；第3首《绝句》，内容与《目录》所列副题相差一字"人"；词，内容所收词题《赵阁学送白丞酒香人》，《目录》有多处墨丁《赵阁学■■■酒香■》，不知何故所致。

　　卷七杂贺门、醵贺门。"杂贺门"，包括"事实"：开张、商贾、远归、置业、讼胜、病安、酤卖；"杂贺简劄"：收《贺人远归》等往复简劄15篇；"庆贺小柬"：贺开肆、贺置业、贺讼胜、贺病安、贺远归，"荅"：贺开肆、贺置业、贺讼胜、贺病安、贺远归。"醵贺门"，包括"醵贺疏语"：收《醵贺廣祖居疏》等11篇，均无作者名。

　　按，"杂贺简劄"，《目录》收往复简劄15篇，查看内容，参照《目录》，发现此卷编排有错误，或是书版有误或是装订有误，"杂贺简劄"与"庆贺小柬"内容编排先后次序出现错乱，与《目录》对应的15篇往复简劄从内容中可以找到，但并未依次装订编排，另有书半页所载3篇文章与《目录》无法对应，分别是"青山"《贺讼胜》（题目与内容均完整）1篇、未署作者名《贺讼胜》（有题目，但内容不完整，缺后面部分）1篇、作者不知题目不详文章（之后内容之后半部分）1篇，从此半页3篇文章内容判断，似应归属于"杂贺简劄"类，但《目录》未收，且所载文字内容与前后几页无法连接、对应，故此推测书版有误或此本书页内容有残缺，当然不能排除内容本来有这3篇文章，但《目录》未列，至于原因究竟为何，尚待进一步校勘比对。内容之类目"庆贺小柬"，《目录》标作"庆贺小简"；内容"庆贺小柬"与"荅"所辖类目一一对应，《目录》"庆贺小简"只列有4个类目，少列"贺讼胜"，对照内容，应增补在4个类目中间；《目录》"庆贺小柬"与"荅"所列类目大致对应，"荅"之类目名比"庆贺小简"类目名均在前面加了一个"荅"字；

对照内容，"贺病安、贺远归"先后编排，而《目录》"庆贺小简"与"答"排列次序刚好与内容颠倒，可见《目录》应标为"（答）贺病安、（答）贺远归"。

"醵贺疏语"收疏语 11 篇，内容与《目录》所列类目编排顺序一一对应，但类目名略有差异，如内容之"醵贺茶肆、醵贺讼得理"，《目录》分别作"醵贺开茶肆、醵贺讼胜"；《目录》之"醵贺以宠为室"，内容所标题目似有一个"偏"字。

小结：内容与编纂特征

从元刊本《新编事文类聚启劄云锦》十集内容分为诸式门、活套门、州郡门、姓氏门、仕宦门、荣进门、冠礼门、婚礼门、诞礼门、庆寿门、丧礼门、荐悼门、祭祀门、朝贺门、祁谢门、襁褓门、保安门、释教门、道教门、题化门、人伦门、事契门、宅舍门、文物门、艺术门、委借门、干求门、谒见门、饯别门、节序门、游赏门、花卉门、果实门、珍异门、饮馔门、杂贺门、醵贺门共 37 门来看，此书也是一部便于书写交际应酬模仿套用的民间日用类书。

本书甲集诸式门、活套门为文类，乙集州郡门、丙级氏族门均为事类，丁集仕宦门官职事实，戊集庆寿门排年事实、排日事实，除此之外的内容为事文类，先列事实（语词、典故及文献来源），后为文类（表简、启劄、诗词等）。事类与文类的内容编排基本同于明初本《新编事文类聚翰墨全书》。除却《总目》与十集内容所标门类名略有差异外，每集《目录》与内容所标也无法一一对应，题目互有简化省略，利用时需要互相参照。

从十集内容之首的题记来看，此书编纂时曾参照过它书，"不袭旧"、"为一新"。此书编纂既为迎合社会需要，又要体现出与众不同的特点，如甲集题记曰"局面一新，同轨仝文，则翰墨之文固宜与时俱新。本堂……脱去陈言，较于旧本为有加矣"。很可能参照过一种书名大致为《云锦》的同类书籍，且自认为编纂效果比前者大有进步，"较之云锦其功信矣"，"除旧更新……视云锦盖天渊"。此元初刻本《新编事文类聚启劄云锦》正是顺应社会需要、"与时俱新"且参照另外一些相关、同类书籍编纂而成。

　　与传世的明初覆大德本《新编事文类聚翰墨大全》、明初本《新编事文类聚翰墨全书》、元刊本《新编事文类要启劄青钱》相比，元初刻本《新编事文类聚启劄云锦》内容比《翰墨全书》（《翰墨大全》）少，比《启劄青钱》多。加上元刊南宋单行本《新编通用启劄截江网》，四书所收内容及卷目分类多有相同，大量分类收录相关语词典故、诗词文章，服务的读者群体大致也类似，不通文墨者不能使用，文人学士书写应酬交际启劄无需模仿效法，故也不大需要，因此这类书籍的主要服务对象理应是具备一定文化程度的普通民众。

第三章 《新编事文类要启劄青钱》

第一节 书籍概况

  《新编事文类要启劄青钱》是一部元代民间交际应用类书。较为知名的是日本德山毛利氏藏元泰定元年（1324）建安刘氏日新堂重刻本，此本不著撰人姓名，全书分为前集 10 卷、后集 10 卷、续集 10 卷、别集 10 卷、外集 11 卷，共计五集 51 卷，30 余门（翰墨门、活套门、诸式门、通叙门、节序门、喜庆门、花木门、果实门、饮食门、游观门、文物门、币帛门、禽兽门、请託门、假贷门、荣达门、仕进门、师友门、家书门、释教门、禅宗疏语、道教门、道流疏语、艺术门、题赠诗词、冠礼门、婚礼门、庆寿门、丧礼门、祭礼门、方舆纪要、姓氏源流、翰墨新书、应用新书）。内容编排大致每卷先列事类（包括事要、事目、故事等），后列文类（分类的往复简劄、表式），当然有些卷只包括事类或文类。目录加内容共计 380 页。半页行数不等，有 12 行、14 行、15 行、16 行等，而以 15 行为多；每行字数也不等，有 24 字、26 字，而以 24 字为多；正文大字单行，注文小字双行，书名、门类名占两行；细黑口，左右双边，双顺鱼尾、双对鱼尾、三鱼尾兼有；版心标有"户（'启'字简写）"、"集名（只标'前、后、续、别、外'字）"、"卷名"、"页数"。

  书首《新编事文类要启劄青钱总目》之尾有题记"泰定甲子仲夏一新重刊"；前集目录之首有题记"日新堂刊行"，之尾有牌记"泰定甲子孟秋日新书堂重刊"；后集目录之首有题记"刘氏日新堂刊"；续集目录之首有题记"建安刘氏日新堂刊"；别集目录之首有题记"建安刘氏日新堂重刊"；外集目录之首有题记"建安刘氏重刊"。可见是建安书坊刘氏日新堂刻本。编者应是建安当地人。每集目录首尾、每卷首尾几乎均署有

"新编事文类要启劄青钱"。由于题记曰"泰定甲子建安刘氏日新堂重刊",既然是 1324 年重刊,且重刊至少经历了从"仲夏"到"孟秋"近半年的时间,那么该书的编纂成书及首刊定在此前。

《新编事文类要启劄青钱》传世版本甚少,《四库全书存目丛书》、《续修四库全书》均影印日本德山毛利氏藏元泰定元年建安刘氏日新堂重刻本,原书现藏于日本宫内厅书陵部;北京大学图书馆藏元刊本《新编事文类要启劄青钱》后集 10 卷,原书版框高 16.2cm、宽 10.2cm,书页有不少题记、批注,《中华再造善本》据以影印,线装一函三册。据《日藏汉籍善本书录》,日本内阁文库藏有明初建安刊本《新编事文类要启劄青钱》3 册 10 卷,"(新编)事文类聚启札青钱十卷","明初建安书堂刊本,共三册","按,此本版式与元代建安刊本近似,然卷八本文中有'大明'字样,约为明初所刊"①。

明初修《永乐大典》时,曾收录《启劄青钱》一书。据《永乐大典目录》,《永乐大典》原书中连续有 17 卷全收《启劄青钱》,之后的第 18 卷收录《启劄青钱》部分内容,惜这些《永乐大典》卷帙现已亡佚不见;此外现存可见的《永乐大典》尚有 11 卷中保存有《永乐大典》部分内容。乾隆年间编修《四库全书》时,曾从主体尚存的《永乐大典》副本辑佚出《启劄青钱》一书,收入"存目",可惜未刊未抄,后来亡佚。《四库全书总目提要》记"《启劄青钱》十八卷"曰"《永乐大典》本。不著撰人名氏。所载手书正式,一曰具礼,二曰称呼,三曰叙别,四曰瞻仰,五曰即日,六曰时令,七曰伏惟,八曰燕居,九曰神相,十曰尊候,十一曰托庇,十二曰人事,十三曰未见,十四曰祝颂,十五曰不宣。亦近日书柬、活套之滥觞也。"② 笔者通过比对《永乐大典》残本中的《启劄青钱》内容,确认与上述日藏泰定元年建安刘氏日新堂重刻本《新编事文类要启劄青钱》全同,应为同一书系统。但前引《四库全书总目提要》对"《启劄青钱》十八卷"的提要有些片面,至少不是准确概括。惜四库辑本《启劄青钱》现已亡佚,但与日藏泰定元年建安刘氏日新堂重刻本

① 严绍璗编著:《日藏汉籍善本书录·子部·类书类》,中华书局 2007 年版,第 1047 页。
② 《四库全书总目提要》卷一三七,《子部·类书类存目一》,中华书局影印本 2003 年版,第 1164 页。

《新编事文类要启劄青钱》为同一书应该没问题。

泰定元年刘氏日新堂重刊本《新编事文类要启劄青钱》卷目

集名 （卷数）	卷　　目
前集 （10卷）	1. 翰墨门文类 2. 活套门事类 3. 活套门事类 4. 活套门事类 5. 活套门事文类 6. 活套门事文类 7. 活套门事文类 8. 活套门事文类 9. 诸式门文类 10. 通叙门事文类
后集 （10卷）	1. 节序门事文类 2. 喜庆门事文类 3. 花卉门事文类 4. 果实门事文类 5. 饮食门事文类 6. 游观门事文类 7. 文物门事文类 8. 币帛门事文类、禽兽门事文类 9. 请讬门事文类 10. 假贷门事文类
续集 （10卷）	1. 荣达门事文类 2. 仕进门事文类 3. 师友门事文类 4. 家书门事文类 5. 释教门事文类 6. 禅宗疏语 7. 道教门事文类 8. 道源疏语 9. 艺术门事文类 10. 题赠诗词
别集 （10卷）	1. 冠礼门事文类、笄礼门事文类 2. 婚礼门事文类 3. 婚礼门文类 4. 婚礼门文类 5. 婚礼门文类 6. 庆寿门事文类 7. 丧礼门文公丧礼 8. 丧礼门事文类 9. 祭礼门事文类 10. 祭礼门文类
外集 （11卷）	1. 方舆胜纪上 2. 方舆胜纪下 3. 姓氏源流上平声 4. 姓氏源流下平声 5. 姓氏源流上声、去声 6. 姓氏源流入声、五音覆姓 7. 翰墨新书上 8. 翰墨新书下 9. 应用新书上 10. 应用新书下 11. 公私必用

第二节　内容及编排体例

总　目

书首为《新编事文类要启劄青钱总目》，标注全书内容分为五集：前集、后集、续集、别集、外集，各集内列包括的门类及依次排列的卷数。《总目》之末有题记"泰定甲子仲夏一新重刊"。

按，上述"一新"大概是"全新"之意，非"日新堂"省称。

前 集

前集 10 卷，包括翰墨门、活套门、诸式门、通叙门，共四门。集首为该集目录，依卷次排列门类及内容。《目录》首尾均标"新编事文类要启劄青钱目录"及黑丁白文"前集"；《目录》首有题记"日新堂刊行"，末有牌记"泰定甲子孟秋日新书堂重刊"。

卷一翰墨门。内容依次为"手书一幅正式"与"答书一幅正式"、"手书一幅变式"与"答书一幅变式"、"劄子一幅正式"与"回劄一幅正式"、"劄子一幅变式"与"回劄一幅变式"、"四六手书帝（"常"之误）式"（问候尊长久别）与"四六手书回式"（答尊长久别）、"四六劄子常式"（通道学初相识）与"四六回劄新式"（答富者初相识）、"四六手书新式"（问候朋友久别）与"四六手书回式"（答朋友久别）、"四六劄子新式"（通司户未相识）与"四六回劄新式"（答教授未相识）。具体内容是相应的各式范例文章，以便书写时直接模仿套用。

按，"翰墨"大致包含正式、常式、变式、新式几类格式；内容有手书一幅、劄子一幅、四六手书、四六劄子。均为主动书写与应答/回应书写一一对应，共有 8 组/类对应。

又，前集《目录》卷一八组内容下均有小字双行的范例文题，而内容则后四组有，前四组无。前四组分别为"手书一幅正式"（问候朋友久别）与"答书一幅正式"（回朋友久别）、"手书一幅变式"（通未识面朋友）与"答书一幅变式"（回未识面朋友）、"劄子一幅正式"（问候官员久别）与"回劄一幅正式"（回官员久别）、"劄子一幅变式"（通曾识面朋友）与"回劄一幅变式"（回曾识面朋友）。而后四组的回应文，《目录》均显示"回……"，内容却作"答……"。可以看出编排不太严谨。

卷二活套门。包括"具礼事要"：具礼事实，即具礼用语，末尾处专门黑丁白文标注"孝服用"和"僧道用"的具礼事实；"具礼事目"：往来书简、妇女书简、居丧书劄的简要说明，引用《温公书仪》、《刘氏书仪》与《刘岳书仪》，之后列举官员、尊长、稍尊、平交、卑下、服制、僧家、道家类的具礼用语；"称呼事要"：即称呼事实，分中书省（"左右司"黑丁白文）、枢密院（"首领官"黑丁白文）、御史台、翰林院、六部、九寺（"三监"黑丁白文）、太子府、集贤院、宣慰司、廉访司、转运司、元帅府、万户府、斡脱府、总府、司县等类，列举各级机构官员名称；称呼事目：先为官员书简、妇女书简，讲述称呼用语；然后分文官（"九寺"黑丁白文）、武官（"殿前"、"拱卫军"黑丁白文）、监司、帅司（"镇抚"黑丁白文）、诸司、路官（"司狱"黑丁白文）、县官、吏员、使臣、子弟等类，其下再分各级官僚机构名称，以括弧标注，机构下列举相应的官员名称；"士庶艺术类"；分士人、女人、医者、日者、老人、通用、梯巳人、祗候人、工匠、商贾、乐人、术人、僧官、僧家、道官、道家等16类，类下列举相应的称呼；"亲戚友契类"：分亲表、契友、恩门、[同]姓（"同乡"、"同年"黑丁白文）4类，类下列举相应的称呼；"台座事要"：台座事实；"台座事目"：分官长、尊长、平交、居服、父母、先生、妇女、僧道8类，类下列举相应的称呼；"即日伏以类"：分书柬通用、小柬通用、劄子首用3类，类下列举相应的用词。

按，从该卷"称呼事要"罗列元朝官制可以看出，此书编撰于元朝。如"斡脱府"之"同知"注文曰"国朝增置"，"总府"之"达鲁花赤"注文曰"国朝初置"。"枢密院"之"同知院事"和"签书院事"注文均黑丁白文"宋"字，意谓始于宋代之官职。而"集贤院"之"大学士"与"转运司"之"大使"，其下注文均出现"唐元宗"，明显是宋代避讳，改"唐玄宗"为"唐元宗"，大概是该书编纂时径直抄袭宋代书籍，书成时未予修改所致，足见该书编纂不太严谨。

卷三活套门。包括"时令事要"：时令事实，分为正月、二月、三月、四月、五月、六月、七月、八月、九月、十月、十一月、十二月、闰月类的相关用语及文献出处；"时令事目"：先为一些用语说明，再分为正月（"立春、元日、人日、上元、闰月、慰劄"黑丁白文）、二月（"中和、花朝、春分、春社、闰月、慰劄"黑丁白文）、三月（"寒食、清明上巳、闰月、慰劄"黑丁白文）、四月（"立夏、八日、闰月、慰劄"黑丁白文）、五月（"端午、夏至、闰月、慰劄"黑丁白文）、六月（"旱天、伏日、闰月、慰劄"黑丁白文）、七月（"立秋、七夕、中元、闰月、慰劄"黑丁白文）、八月（"中秋、秋分、秋设、闰月、慰劄"黑丁白文）、九月（"九日、闰月、慰劄"黑丁白文）、十月（"立冬、开炉、闰月、慰劄"黑丁白文）、十一月（"冬至、霜天、雪天、闰月、慰劄"黑

丁白文）、十二月（"腊日、除夜、闰月、慰劄"黑丁白文）等类，相应
列举时令类的语句；"伏惟恭审类"：分为"奉书"（尊长、稍卑）、"回
书"（尊长、稍卑）两类，列举相应用词。

按，"时令事目"之"二月"类的"春社"，《目录》为"社日"；
"八月"内容有"慰劄"，《目录》没有。"伏惟恭审类"之"回书"，《目
录》为"答书"。

卷四活套门。包括"起居事要"：起居事实，正文黑丁白文"居丧
用"、"僧道用"，注文黑丁白文"用于商贾、［称］作馆人、用作馆人、
用于出行人、用于父母前、用于远归人、僧尼之用、道士之用"，以示突
出；"起居事目"：分为"公相、宰相、左右丞、参政、签省、相使、枢
副、同知、签书、理问、左右司、内翰、台官、尚书、吏书、户书、礼
书、兵书、刑书、工书、侍郎、吏侍、户侍、礼侍、兵侍、刑侍、工侍、
郎官、吏郎、户郎、礼郎、兵郎、刑郎、工郎、列卿、太常、司农、太
府、寺丞、列监、监丞、税监、国子监、宣徽、引进、王相、侍从、集
贤、司局、大库、太仓、东宫、三衙、留守、宣慰、廉访、运使、经略、
行工部、元帅、招讨、万户、茶运、盐运、府尹、知州、同知、治中、府
判、推官、教官、司狱、首领官、管军、斡脱、匠司、县尹、县丞、录
事、主簿、县尉、巡检、钞库、站司、仓使、平准、监酒、监税、致仕、
巡按、奉使、讼檄、新除、赴召、赴任、幕次、受荫、赴上、权摄、兼
职、书考、再任、满替、持服、起复"诸类，相应列举用语一句，"公
相"黑丁白文；"士庶起居类"：分为士人、师儒、老人、退居、诗人、
重庆、具庆、父在、母在、入赘、住学、喜庆、生日、远归、旅中、出
行、商旅、富者、医者、日者、术者、书士、吏人、隐士、妇人、孝服、
除服、僧家、道士等类，分别列举用语一或二句，"士人"黑丁白文；
"神相事要"：神相事实；"神相事目"：分为官员、尊长、士人、通
［用］、服制、僧、道等类，分别列举相应用语数句；"台候事要"：台候
事实，注文黑丁白文"今用于妇人"、"□用于妇人"、"用于妇人"、"僧
尼"；"台候事目"：分为官员、尊长、通用、妇人、居丧、僧家、道士等
类，相应列举台候用语数句。

按，《目录》"起居事目"分为文官、武官、监司、帅司、诸司、路
官、县官、吏员、士庶、僧道10类；而内容所列较多较细，有134种之

多，大致属于官宦和士庶两类，但没有按照《目录》标注类目。《目录》"神相事目"有官员、尊长、通用、僧道四种，内容多出士人、服制两种。《目录》"台候事目"有官员、尊长、通用、僧道四种，内容多出妇人、居丧两种。可见，《目录》相对简略，内容较目录详细。

卷五活套门。包括"间阔瞻仰事要"：间阔、谈论、瞻仰、风采类事实，即词语及文献出处；"间阔警联"；"瞻仰警段"；"官员瞻仰类"：近别瞻仰、久别瞻仰、未相识瞻仰、幸识瞻仰、不及谒瞻仰、政此瞻仰；"尊长瞻仰类"：近别瞻仰、久别瞻仰、未相识瞻仰、幸识瞻仰、不及谒瞻仰、政此瞻仰；"士人瞻仰类"：近别瞻仰、久别瞻仰、未相识瞻仰、幸识瞻仰、不及谒瞻仰、政此瞻仰；"通用瞻仰类"：近别瞻仰、久别瞻仰、未相识瞻仰、幸识瞻仰、不及谒瞻仰、政此瞻仰；"僧家瞻仰类"：近别瞻仰、久别瞻仰；"道家瞻仰类"：近别瞻仰、久别瞻仰；"妇女瞻仰类"：近别瞻仰、久别瞻仰。分别列举相应的警联、警段及用语若干，瞻仰类用语之间用圆圈隔开。

按，尊长瞻仰、通用瞻仰三类的"未相识瞻仰"，内容明显是"未拜识瞻仰"，《目录》为"未相识"，据《目录》改正。

卷六活套门。包括"贡书事要"：书翰、答书类事实；"久不贡书类"：官员、尊长、通用、僧道；"伏辱惠书类"：官员、尊长、通用、僧道；"拜见事要"：谒见、承出、承接类事实；"久不拜见类"：官员、尊长、通用、僧道；"拜见承出类"：官员、尊长、通用、僧道；"拜见承接类"：官员、尊长、通用、僧道；"承访事要"：承访、失接、延留类事实；"特承垂访类"：官员、尊长、通用、僧道；"承访失接类"：官员、尊长、通用、僧道；"承访不欵类"：官员、尊长、通用、僧道；"报谢事要"：报谢事实；"报谢警段"：官员、尊长、通用、僧道。

按，此卷《目录》"事要"列出了绝大部分下属事实即词语典故的名称，但前五卷《目录》的"事要"未列出事实名称。"贡书事要"之"书翰"，《目录》作"贡书"。内容之"特承垂访类"，《目录》作"时承垂访类"。又，《目录》中对类目相同者，如"官员、尊长、通用、僧道"，进行合并，不象内容一一列出，卷五亦有类似情况。

卷七活套门。包括"颂德事要"：官员、士人、僧尼、道士4类事实；"颂德警联"：官员、志气、文士、武士4类；"瞻仰颂德警段"：文官、武官、士人、老人、隐者、僧家、道士7类;"自叙感恩事要":自述、轸念类事实;"自叙警联":仕宦、恬退、辨谤、通用4类;"自叙感恩警段":官员、士庶类;"托庇感德事要":托庇、感德事实;"托庇感德警句":官员、尊长、通用3类;"咨禀事类":咨禀事实;"恃爱有禀套":官员、尊长、通用3类;"遵禀事类":遵禀事实;"承喻谨悉套":官员、尊长、通用3类;"奉书事要":简牍事实;"奉书申禀类":官员、尊长、通用3类;"奉书申覆类":官员、尊长、通用3类;"照督事类":照督事实;"伏丐台督套":散句、联句2类;"会晤事类":会晤事实;"未由拜见套":官员、尊长、平交、通用、僧道5类。

按,《目录》"颂德警段"显示有5类,若分开僧道为2类,实为6类,而内容尚有"老人",总共7类;内容有"自叙感恩警段",《目录》无;内容之"托庇感德警句",《目录》作"托庇感德警联";内容之"恃爱有禀套",《目录》作"特爱有禀套";内容"照督事类"、"伏丐台督套"之"督"字,《目录》均作"察";内容"伏丐台督套"下分散句、联句2类,《目录》只有"通用"一类。

卷八活套门。 包括"珍调事类":珍调类事实;"顺时珍重套":官员、尊长、孝服、通用、僧道5类;"晋膺事类":晋膺类事实;"晋膺亨擢套":官员、尊长、士人、通用4类;"问眷事类":问眷类事实,黑丁白文显示"孝服用";"台闼均庆套":官员、通用、旅次、僧道4类;"附拜起居类":通用1类;"附谢流问类":通用1类;"请委事类":请委类事实;"恭请委令套":官员、尊长、士人、通用4类;"不备不宣类":官员、尊长、通用、卑下、孝服5类;"右谨具呈类":官员、尊长、通用、简札、简板5类;"启劄封皮诸式":裹启圆封(长官)、劄子实封(尊长、平交)、手书实封(内封、外封)、代劄粘封(亲戚)、小简连封(通用、平交)、小简不封(或用)。

按,内容"顺时珍重套"之"孝服",《目录》作"服制"。

卷九诸式门。 包括上表首末式、奏状首末式,贺启首末式、谢启首末式、公劄首末式、长书首末式、上官员手启式、上稍尊手启式、与平交手简式、与稍卑手简式、手笺小简新式、答式,手笺代劄新式、答式;写呈子式(呈子封皮式);写门状式;写榜子式;写名刺式:见尊长、见平交、见服制、见师长、见乡长、见亲家、见亲戚、见契家、见妻父、见妻党、见亲族、见母党、见表亲、见同姓、见同年、见乡间、见朋友、见连襟、见□丈、见姑丈、见姨丈、见□子、见姑子、见僧道、见外都人、见父祖同年、见父祖朋友，有官人、申心丧、居官、居服禋、祖父母、承重丧、居父丧、居母丧、丧父母、妻丧用；送物大状正式、答式，送物大状变式、答式，再送礼物通式、答受式、答不受式，请召大状正式、请召团状正式、请召列状正式，再请筵会通式、答赴式、答不赴式，简板禀事简式、答简板禀事简，简板禀事劄式、答简板禀事劄，简板〔递〕目召饮、简板专召饮式、答式，列请简板新式、竹简请召小简、答式；坐次仪式：十位坐次、九位坐次，茶饭体例（"初巡、次巡、三巡、正食"黑丁白文），把盏体例（官员用、改易在人、把平交盏、官员赐酒、换盏饮酒、换盏新式）。

按，该卷图式居多，有图51幅。"写呈子式"、"写门状式"、"写榜子式"、"写门刺式"均有写作说明。茶饭体例、把盏体例，所列文字均为流程说明。卷末黑丁白文"即目官民把盏多有使酒樽不用台盘"。该卷图式与《新编事文类聚启劄云锦》甲集卷二"公状式"多有相同。

又，《目录》先分为奏状、启劄、简劄、参谒、馈送、请召、简板、请召诸类，然后列图式名称，而内容只列举图式及名称，没有再标注类目；《目录》"简板禀事柬式"，内容作"简板禀事简式"；《目录》"简板列位召饮式"，内容作"列请简板新式"；"坐次仪式"，《目录》为"十人、九人"，内容作"十位、九位"；"茶饭体例"，《目录》为"把盏仪式"，内容作"把盏体例"，《目录》"换盏仪式"分为把官员盏、把平交盏、官员赐酒、平交换盏四类，内容为官员用、改易在人、把平交盏、官员赐酒、换盏饮酒、换盏新式6类。

卷十通叙门。包括"问答绮谈"：初相识、曾相识、城里见、途中见、在任官、在闲官、士人、农人、匠人、客人、干委、叙谢12类，均下列一问一答一例或几例；"庆贺致语类"：贺冬通用（官员、尊长、士人、妇女）、贺正通用（官员、尊长、士人、妇女），贺人生日、贺人聘亲、贺人受定、贺人新娶、贺人纳妇、贺人嫁女、贺人纳婿、贺人生男、贺人生女、贺人生孙、贺人娱子、贺人南冠、贺人女笄、贺人置宠、贺人起造、贺人迁居、贺人开肆、贺作商归、贺人讼胜、贺人病安、贺人赴诏、贺人注差、贺人美任、贺人致仕、贺人受荫、贺妇人受命、贺中医官、贺军功出官、贺纳［粟］出官、贺公吏出职，均有贺语及相应答式；
"参谒致语类"：叙相会、叙亲契、谒见新官、谒见先生、谒见高士、谒见禅僧、谒见檀越，均有致语与相应答语；"庆贺僧道类"：贺僧披剃、贺剃小师、贺受师号、贺僧住院、贺道披戴、贺庆道主、贺受法号、贺道住观，均有贺语及相应答语；"迎送致语类"：迎受官归、迎任满归、迎送嫁人、送人赴任、送道住观、送僧云游，均有致语及相应答语；"续谢致语类"：谢人教子、谢人媒妁、谢人保明、谢人干事、谢人和讼、谢人医脉、谢人筵待、谢人惠物、谢人赙 慰、谢人舍施、谢僧缘事、谢道缘事，均有致语及相应答语；"慰唁致语类"：慰被盗贼、慰人失火、慰丧父母、慰丧伯叔、慰丧兄弟、慰丧妻室、慰丧子女、慰丧亲属、慰人治葬，均有致语及相应答语；"辞别致语类"：辞人远出、辞别先生、亲戚相别、同行相别、同邸相别，均有致语及相应答语；"亲属称呼类"：称父母、自称云，祖父母（附）、自称云（附），称伯叔（附）、自称云（附），称兄弟（附）、自称云（附），称姊妹（附）、自称云（附），称夫妻、自称云，称子女（附）、自称云（附），称甥姪（附）、自称云（附），称两姨（附）、自称云（附），妻父母（附）、自称云（附），称亲属、自称云，称? 属、自称云，所列 12 类称呼均对应列有"自称云"数种称呼，8 类称呼与对应的 8 类自称均附录相关一二种称呼，末尾说明"凡见初相识，尊长/妇人 别称爷爷、少俊/娘娘、女人，别称官人/娘子"；"宅舍称呼类"：称宅舍、自称云，称□庑、自称云，称书院、自称云，称花［阁］、自称云，称□所、自称云，称安［泊］、自称云，称库肆、自称云，称寺观、自称云，称呼与自称一一对应；"翰墨称呼类"：称文章、自称云，称诗词、自称云，称简答、自称云，称写字、自称云，称呼与自称一一对应；"器物称呼类"：称篝马、自称云，称酒菓、自称云，称饮食、自称云，称呼与自称一一对应。

按，《目录》"通叙致语"列庆贺、参谒、迎送、叙谢、慰唁、辞别 6 类，内容列庆贺致语类、参谒致语类、庆贺僧道类、迎送致语类、叙谢致语类、慰唁致语类、辞别致语类 7 类，其中"庆贺"类有庆贺致语、庆贺僧道 2 类；《目录》"亲属称呼"列父母、伯叔、兄弟、姊妹、夫妻、子女、甥姪、姑姨、亲眷、宗族、干甲、仆从 12 类，内容为父母、祖父母、伯叔、兄弟、姊妹、夫妻、子女、甥姪、两姨、妻父母、亲属、□属

12 类，《目录》与内容尚未一一对应，而《目录》未列"祖父母、妻父母"为明显失误。

后　集

后集 10 卷，包括节序门、喜庆门、花木门、果实门、饮食门、游观门、文物门、幣帛门、禽兽门、请託门、假贷门，共十门。集首为该集目录，依卷次排列门类及内容。《目录》首尾均标"新编事文类要启劄青钱目录"及黑丁白文"后集"；《目录》首有题记"刘氏日新堂刊"。

卷一节序门。包括"古今事实"：立春、元日、人日、元宵、中和、元朝、上丁、春风、春社、寒食、清明、上巳、佛节、结夏、端午、夏至、伏日、七夕、中元、中秋、秋风、重阳、小春、朔日、下元、冬至、腊日、除夜；"岁时简劄"：平交贺正骈劄、回式，平交贺冬骈劄、回式；"岁节馈送简劄"：换易新式：立春送物、答受、不受，元旦送物、答受、不受，上元送物、答受、不受，花朝送物、答受、不受，社日送物、答受、不受，寒食送物、答受、不受，清明送物、答受、不受，上巳送物、答受、不受，端午送物、答受、不受，避暑送物、答受、不受，七夕送物、答受、不受，中元送物、答受、不受，中秋送物、答受、不受，重阳送物、答受、不受，冬至送物、答受、不受，腊日送物、答受、不受，除夜送物、答受、不受；"时节请召简劄"：换易新式：立春请人、答赴、不赴，元旦请人、答赴、不赴，上元请人、答赴、不赴，花朝请人、答赴、不赴，春社请人、答赴、不赴，寒食请人、答赴、不赴，清明请人、答赴、不赴，上巳请人、答赴、不赴，游春请人、答赴、不赴，送春请人、答赴、不赴，端午请人、答赴、不赴，避暑请人、答赴、不赴，七夕请人、答赴、不赴，中秋请人、答赴、不赴，重九请人、答赴、不赴，开炉请人、答赴、不赴，冬至请人、答赴、不赴，赏雪请人、答赴、不赴，除夜请人、答赴、不赴。

按，时节馈送简劄之"送物"、"答受"、"不受"，与时节请召简劄之"请人"、"答赴"、"不赴"，均按时节分类纵向排列，受与不受、赴与不赴俱全；同类简劄（如送物、答受、不受或请人、答赴、不赴）起始文句和结束文句均相同，中间内容随具体时节而变换。内容设计完整，便于写作时模仿参考，甚至直接抄袭。都是新式。

又,《目录》"岁时庆贺简劄",内容为"岁时简劄";《目录》"时节请召简劄"之"社日请人",内容作"春社请人"。

卷二喜庆门。包括"古今故事":生辰、生男、生女、生孙、生侄、生甥、抱子、庶生、置宠、置业、创屋、迁居、开张、商贾、远归、病安、讼胜、替役;"喜庆贺问劄子":换易新式:贺男人生辰、答,贺女人生辰、答,贺人生子、答,贺人生女、答;劄子一幅新式:贺人生孙、答,贺人得甥、答,贺抱同宗、答,贺抱异姓、答,贺人出继、答,贺人归宗、答;劄子一幅新式:贺人子冠、答,贺人女笄、答,贺人遣聘、答,贺人纳聘、答,贺人新娶、答,贺人再娶、答;劄子一幅新式:贺人遣女、答,贺人纳婿、答,贺人入赘、答,贺叶妻归、答,贺人新娶、答,贺人置业、答;手书一幅新式:贺人架屋、答,贺人迁居、答,贺人开张、答,贺人远归、答,贺人讼胜、答,贺人病安、答;"喜庆馈送简劄":换易新式:送贺生日、答受、不受,送贺生子、答受、不受,送贺生孙、答受、不受,送贺满月、答受、不受,送贺抱子、答受、不受,送贺男冠、答受、不受,送贺女笄、答受、不受,送贺新娶、答受、不受,送贺嫁女、答受、不受,送贺入赘、答受、不受,送贺赘归、答受、不受,送贺起屋、答受、不受,送贺迁居、答受、不受,送贺开肆、答受、不受,送贺远归、答受、不受,送贺讼胜、答受、不受,送贺病安、答受、不受;"喜庆请召简劄":换易新式:生日请人、答赴、不赴,生子请人、答赴、不赴,生孙请人、答赴、不赴,立嗣请人、答赴、不赴,新冠请人、答赴、不赴,遣聘请人、答赴、不赴,受聘请人、答赴、不赴,娶妇请人、答赴、不赴,遣女请人、答赴、不赴,纳婿请人、答赴、不赴,赘归请人、答赴、不赴,刱屋请人、答赴、不赴,迁居请人、答赴、不赴,开张请人、答赴、不赴,远归请人、答赴、不赴,讼胜请人、答赴、不赴,病安请人、答赴、不赴。

按,内容"喜庆贺问劄子",《目录》作"喜庆贺简劄子";内容"喜庆请召简劄"之"刱屋请人",《目录》为"创屋请人",刱与创为异体字。

卷三花卉门。包括"古今故事":即花卉事实,分为牡丹、芍药、桃花、李花、海棠、柳花、杏花、梨花、兰花、樱桃花、含笑、荼蘼、蔷薇、萱草、山丹、莲花、榴花、茉莉、水仙、岩桂、菊花、蕙花、芙蓉、梅花、瑞香、山茶 26 类；"赏花宴召简劄"：换易新式：请赏牡丹、答赴、不赴，请赏芍药、答赴、不赴，请赏海棠、答赴、不赴，请赏荼蘼、答赴、不赴，请赏瑞香、答赴、不赴，请赏兰花、答赴、不赴，请赏荷花、答赴、不赴，请赏丹桂、答赴、不赴，请赏芙蓉、答赴、不赴，请赏菊花、答赴、不赴，请赏梅花、答赴、不赴；"花木馈送简劄"：换易新式：送人牡丹、答，送人芍药、答，送人瑞香、答，送人茉莉、答，送人兰花、答，送人蕙花、答，送人玉簪、答，送人水仙、答，送人水栀、答，送人枯松、答，送人竹栽、答，送人梅栽、答，送人橘栽、答。

按，《目录》花卉事实 24 类，比内容少列柳花、萱草 2 类。内容"花木馈送简劄"最后一类是"送人橘栽、答"，《目录》未列。

卷四果实门。包括"古今故事"：荔枝、龙眼、桃、李、梅、杏、樱桃、瓜、枇杷、杨梅、莲、藕、菱、芡、蒲萄、石榴、梨、枣、栗、柿、柑、橙、橘、甘蔗、榧子、橄榄、鸭脚、南果、北果；"果实请召简劄"：请尝荔枝、答赴、不赴，请尝龙眼、答赴、不赴，请尝樱桃、答赴、不赴，请尝金桃、答赴、不赴，请尝梅杏、答赴、不赴，请尝瓜李、答赴、不赴，请尝莲藕、答赴、不赴，请尝林檎、答赴、不赴，请尝蒲萄、答赴、不赴，请尝雪梨、答赴、不赴，请尝温柑、答赴、不赴；"果实馈送简劄"：送人南果、答，送人北果、答，送人京果、答，送人蜜果、答，送人荔枝、答，送人龙眼、答，送人金桃、答，送人樱桃、答，送人枇杷、答，送人杨梅、答，送人林檎、答，送人新杏、答，送人石榴、答，送人水果、答，送人瓜李、答，送人蒲萄、答，送人雪梨、答，送人柑橘、答。

按，《目录》"果实事实"第四、六类均为"杏"，明显重复，对照内容，第四应为"李"；内容"古今故事"最后两类即"南果、北果"，类下只列出相应词语（大字单行），没有小字双行的文献及引文出处，这与其余"事实/故事"均大字单行列有词语典故、小字双行标注文献及引文出处明显不同。

卷五饮食门。包括"古今故事"：饮食、米、羹、麦、麺、酥、馒头、蒸饼、冷淘、茶、酒、白酒、盐、醋、鲊、脯、鲙、鱼、蟹、海味、野味、鸡、鹅、鸭、盐鸭、牛、羊、猪、斋供、菜蔬、笋、春菜；"饮馔宴召简劄"：换易新式：请人常膳、答赴、不赴，请尝野味、答赴、不赴，请尝海味、答赴、不赴，请尝生蟹、答赴、不赴，请尝鲟鲊、答赴、不赴，请尝新茶、答赴、不赴，请尝新酒、答赴、不赴，请尝白酒、答赴、不赴，请尝新稻、答赴、不赴，请尝新面、答赴、不赴，请人斋供、答赴、不赴；"饮馔馈送简劄新式"：送人建茶、答，送人法醞、答，送人新酒、答，送人白酒、答，送人醢物、答，送人野味、答，送人海味、答，送人远味、答，送人生鲟、答，送人糟蟹、答，送人 腺、答，送人鲊脯、答，送人酥乳、答，送人牛肉、答，送人羊腔、答，送人猪肉、答，送鸡与人、答，送鹅与人、答，送鸭与人、答，送人新麵、答，送人麵食、答，送人新笋、答，送人斋料、答。

按，内容"饮食事实"有32类，《目录》缺少盐鸭、春菜2类。

卷六游观门。包括"古今故事"：游山、游仙、游江、观潮、游湖、园池、寺宇、楼阁、游宴、解醒、饯别、濯足；"游观宴召简劄"：换易新式：请人游山、答赴、不赴，请人游仙、答赴、不赴，请游僧寺、答赴、不赴，请游酒楼、答赴、不赴，请游花园、答赴、不赴，请游江景、答赴、不赴，请游湖景、答赴、不赴，请游小阁、答赴、不赴，请观弄潮、答赴、不赴，请观阅武、答赴、不赴，请观迎神、答赴、不赴，请人解醒、答赴、不赴，请人告别、答赴、不赴，请人饯别、答赴、不赴，请人濯足、答赴、不赴，请人通素、答赴、不赴，请登坟墓、答赴、不赴。

按，"游观宴召简劄"之"请登坟墓"，《目录》作"请人登坟"。

卷七文物门。包括"古今故事"：书、笔、墨、砚、笺纸、笔架、琴、劎、弓矢、饮器、香炉、香药、枕、簟、扇；"文物馈送简劄"：换易新式：送人书籍、答受、不受，送人法帖、答受、不受，送人宣笔、答受、不受，送人川墨、答受、不受，送人端砚、答受、不受，送人笺劄、答受、不受，送人笔架、答受、不受，送人砚滴、答受、不受，送人古琴、答受、不受，送人棋具、答受、不受，送人画轴、答受、不受，送人弓箭、答受、不受，送人茶具、答受、不受，送人酒器、答受、不受，送人细扇、答受、不受，送人广香、答受、不受，送人药材、答受、不受。

按，文物事实分为15类，内容"饮器"位居第10位，"弓矢"与"香炉"之间，而《目录》中"饮器"位居第12位，在"香药"与"枕"之间；内容"文物馈送简劄"之"送人笺劄"，《目录》作"送人笺纸"。

卷八幣帛门、禽兽门。幣帛门。包括"古今故事"：锦、繡、绫、罗、纱、绡、绢、丝绵、幣帛、葛、布、珠翠、脂粉；"幣帛馈送简劄"：换易新式：送人京段、答受、不受，送人川段、答受、不受，送人番段、答受、不受，送人绵段、答受、不受，送人布段、答受、不受，送人邵隔、答受、不受，送人婺纱、答受、不受，送人淮绢、答受、不受，送人围肚、答受、不受，送人首饰、答受、不受。

按，幣帛故事，内容分为13类，尚有"幣帛"一类，《目录》未列出；内容"幣帛馈送简劄"，《目录》为"幣帛馈送简"，明显脱"劄"字；《目录》"送人锦段"，内容为"送人绵段：仆人远归，亡以为意，輒有锦褥一幅……"，可见内容标题"绵段"误，应为"锦段"；《目录》"送人邵縡"，内容为"送人邵隔"；《目录》"送人北绢"，内容为"送人淮绢：薄游淮甸……"，可见《目录》误，应为"淮绢"。

又，内容"幣帛馈送简劄"前五文对应的黑丁白文"答受"之"受"字均无，不知何故。

禽兽门。包括"古今故事"：鹦鹉、白鹤、孔雀、翡翠、黄莺、白鹇、鸿雁、斗鸡、雉、红鸽、燕、喜鹊、鸳鸯、鹭鸶（上部"斯"，下部"鸟"字）、麋鹿、龟、猿、兔、马、牛、猫、犬；"禽兽馈送简劄记"：换易新式：送人鹦鹉、答受、不受，送人鸳鸯、答受、不受，送人朱鹤、答受、不受，送人红鸽、答受、不受，送人笼禽、答受、不受，送人绿龟、答受、不受，送人鹦鹉、答受、不受，送人斗鸡、答受、不受，送人獒犬、答受、不受，送人耕牛、答受、不受，送人骏马、答受、不受。

按，《目录》禽兽事实之"仙鹤"，内容为"白鹤"。

卷九请託门。包括"古今故事"：干委、幹事、求荐、求书、求援、知遇、干贫、干丧、馈惠；"委託手书新式"：托探婚姻、答，托为幹事、答，託纳租税、答，託请书生、答，託请医士、答，託请地仙、答，託印契书、答；"委置文物小简"：换易新式：委置书籍、答，委置奇画、答，委置笔墨、答，委置端砚、答，委置书籍、答，委置牋纸、答，委置银器、答，委置漆器、答，委置疋段、答，委置首饰、答，委置侍妾、答，委置弓箭、答，委致耕牛、答，委致骏马、答，委致药材、答，委致斋料、答；"干求小简新式"：干求公芘、答，干书求荐、答，干求津遣、答，干人雇船、答，干雇脚夫、答，干人治葬、答。

　　按，《目录》与内容排列有异，《目录》门类排列依次为：古今事实、委置文物小简劄、委託手书新式、干求小简新式，内容排列却为：古今故事、委託手书新式、委置文物小简、干求小简新式；"委託手书新式"之"託"字，《目录》均为"託"，而内容中"託"与"托"混用；《目录》"委置文物小简劄"，内容为"委置文物小简"；"委置文物小简"之"委置"二字，《目录》全为"委置"，内容后四文却作"委致"，即委致耕牛、骏马、药材、斋料；《目录》"笺纸"、"公庇"，内容分别作"牋帋"、"公芘"，俗体字、异体字互用，足见该书编纂不太严谨。

　　卷十假贷门。包括"古今故事"：借书、借钱、借米、器物、帷帐、借船、借马、借轿、书吏、侍妾、脚夫；"假借小简新式"：假借米穀、答，送还米穀、答，假借宝钞、答，取借宝钞、答，送还宝钞、答，假借器皿、答，送还器皿、答，假借帐设、答，送还帐设、答，假借舟船、答，送还舟船、答，假借骏足、答，送还鞍马、答，假借轿乘、答，送还轿乘、答，假借花园、答，假借廨舍、答，假借人力、答。

　　按，"假借小简新式"，《目录》作"假借鞍马"，内容为"假借骏马"。

　　又，本集十卷所列本类相关词语典故，内容均标为"古今故事"，而《目录》标为"古今事实"。

续　集

　　续集10卷，分为荣达门、仕进门、师友门、家书门、释教门、禅宗疏语、道教门、道流疏语、艺术门、题赠诗词，共七门十类。集首为集首为该集目录，依卷次排列门类及内容。《目录》首尾均标"新编事文类要启劄青钱目录"及黑丁白文"续集"；《目录》首有题记"建安刘氏日新堂刊"。

　　卷一荣达门。包括"古今故事"：书院、邑庠、府学、监学、太学、武学、发举、过省、及第；"庆贺荣达简劄"：换易新式：贺中县学、答，贺中府学、答，贺中太学、答，贺中武学、答，贺受教授、答，贺受医官、答，贺受省椽、答，贺受巡检、答，贺受茶官、答，贺受盐官、答，贺受酒官、答，贺受税官、答；宴朋友赴官致语。

　　按，"荣达事实"，内容之"邑庠、监学、"，《目录》分别作"县学、国学"；"庆贺荣达简劄"，内容之"贺受酒官、贺受税官"，《目录》分别作"贺受酒务、贺受税务"。

卷二仕进门。 包括"古今故事"：入仕、注授、赴任、聘召、荐辟、迁除、任满、宫祠、致仕、任子、买爵、命妇；"庆贺仕途简劄"：换易新式：贺受文荫、答，贺受武荫、答，贺庆恩官、答，贺进纳官、答，贺军功官、答，贺纲运官、答，贺怯薛官、答，贺人赴召、答，贺人转官、答，贺赴新任、答，贺人交割、答，贺美任归、答，贺人书考、答，贺人改官、答，贺人致仕、答；"公状新式"：圣节依应拈香、圣节不赴拈香、圣节就近拈香，远迎官员赴诏、远迎守倅到任、远迎上位按部、远迎新任交代、远迎同官新到、远迎水路官员、赴任交代到状、赴任平交到状、经由水路到状、远迎差出官员、差出所幹州县、赴任经由州县、知县入府稟议、小官到与上位、佐官到与邑宰、供送尊官公状、特送小官咨目、公宴请宴咨目、谢上位特送状、谢公筵请宴状、公筵不赴谢状。

按，"公状新式"内容之"小官到与上位、佐官到与邑宰"，《目录》分别作"小官到與上位、佐官到與邑宰"，同字异体互用；《目录》"公宴请宴咨目"，内容为"公筵请宴咨目"。

又，"公状新式"全为图式，共有24幅，可直接套用。"圣节依应拈香、圣节不赴拈香、圣节就近拈香"后有文字说明，解释圣节依应（应官员并合拈香，或准官司牒请合先供依应状回申）、不赴（申云足迹有妨拜跪，只赴不前，不可称有他疾）、就近（州县稍远，或有妨碍，就近便寺观，望阙祝寿，须申所属州县照会）拈香的三种情况。

卷三师友门。 包括"古今故事"：师道、门第、束脩、朋友、学习、文章、吟和、词赋、明经、曲词；"师友往复简劄"：换易新式：託请先生、答从、不从，邀请先生、答从、不从，託求馆地、答从、不从，荐人馆地、答从、不从，请人作馆、答从、不从，请人开讲、答从、不从，请人论文、答从、不从，请人结课、答从、不从，预借束脩、答从、不从，送还束脩、答从、不从；"学籼新式"；"学关新式"。

按，"师友往复简劄"，《目录》为10类，内容有11类，未列"［就人识］诗、答从、不从"。

卷四家书门。 包括"古今故事"：宗族、祖父、祖母、父、母、伯、叔、伯母、叔母、乳母、庶母、夫、妻、兄弟、男女、孙、立嗣、姊妹、翁婿、表眷、姊妹夫、舅侄、姑姨、子舍、嫂叔、妯娌、宠妾、奴仆、家书；"万金家书门"：先引"温公书仪"，次为"平安家书式"：上父母舅姑书、上内外尊属书、上内外长属书，内外封皮式（内封、外封），再为"平安家书式"：父母与子孙书、伯叔祖与姪孙书、伯叔与姎甥书、妻父母与女婿书、兄姊与弟妹书、弟妹与兄姊书、良人与妻书、妻与良人书，后为"父母书、伯叔祖书、伯叔书、妻〔室〕书、妻父书、良人书"的内封、外封；"妇女书简门"：先引"温公书仪"，次为"妇女相问候、答式"文样式，再为"妇女往复书简及答式"：请召小简、答，送物小简、答，委託小简、答，假借小简、答。

按，"家书事实"，《目录》之"儿妇"，内容作"子舍"；"平安家书式"内容之"伯叔祖与姪孙书"，《目录》为"伯叔与孙姪书"，内容之"伯叔祖与姎甥书"，《目录》为"伯叔与甥姎书"，内容之"妻父母与女婿书"，《目录》为"妻父与女婿书"，内容之"良人与妻书、妻与良人书"，《目录》分别为"良人与妻妾书、妻妾与良人书"；"妇女书简门"，内容之"妇女相问候、答式"，《目录》显示为"手书一幅新式问候久别，回手书一幅式答问候久别"，内容之"请召小简、答，送物小简、答，委託小简、答，假借小简、答"，其中，"答"的文字部分未再分别相应列出"答赴、不赴、答受、不受、答从、不从"等，《目录》显示为"请召小简 答赴 不赴，送物小简 答受 不受，委託小简 答从 不从，假借小简 答从 不从"，从"内容"文字看，确实"答"类分为答赴、不赴、答受、不受、答从、不从；《目录》"万全家书门"后标有黑丁白文"司马温公家书仪式"、"妇人书简门"后标有黑丁白文"司马温公妇人书式"，分类比较醒目。另，"姎"与"姪"字异体混用。

卷五释教门。包括"古今故事"：佛教、禅僧、寺院、恩命、佛法、佛经、师授、修行、讲说、论法、功果、戒德、戒行、禅定、定力、参请、超悟、披剃、住持、像貌、诗材、云游、圆寂、追荐、斋饼；"僧家往复新式"：贺僧新披剃、答，贺僧新住持、答，贺僧受小师、答，贺僧受师号、答，贺僧受紫衣、答，贺僧建新院、答，贺僧建钟楼、答；"请召书蔺"：披剃请人、答，住院请人、答，赐紫请人、答，设斋请人、答，建寺请人、答，建藏请人、答，议事请人、答，远归请人、答，"僧家邀约小简，答式"：邀赴圣节、答，邀同受戒、答，邀同参请、答，邀人游山、答，邀同结宴、答，邀同课诵、答；"僧道假借小简，答"：僧道借法器、答，僧道借经文、答，僧道借功德、答，"僧道送还法器小简，答"：送还法器、答，送还经文、答，送还功德、答；"吊慰疏状"：慰本师亡（附：封皮），慰人丧父（附：封皮），答人慰疏（"师伯叔父亡、小师弟姪亡"黑丁白文，附：可漏），资荐经疏（附：可漏）；"贺谒状式"：贺生辰稟剳、祝生辰经疏，披剃请人状，披剃谢人状，新住院申状、出队抄题状，贺正门状式（标注"贺冬状同"）、慰僧香材状，附：封皮及使用说明"以上并用'可漏'，但'贺生辰'须用红牋，'申状、门状'却不用绢封"。

　　按，"释教事实"，内容最后一类为"斋饼"，《目录》未列；《目录》之"僧家庆贺书柬"，内容未标注列出；（"僧家庆贺书简"）内容之"贺僧受小师"，《目录》作"贺僧度小师"，内容之"贺僧受紫衣、答，贺僧建新院、答"，《目录》未列，《目录》所列"贺僧建佛殿、答"，内容没有；"请召书简"，内容之"住院请人"，《目录》为"住持请人"；"僧家邀约小简"，《目录》之"邀同结夏"，内容为"邀同结宴：炎官骎骎莅事，吾徒［欲］诣厶刹以避其威，且夕即行，速来相就"，可知应为"结夏"，《目录》正确；《目录》"僧道假借小简"，共列有小简6文，没有再标识分为"假借"和"送还"两类，而内容明确标识分为"僧道假借小简"和"僧道送还法器小简"两类各3文；内容"吊慰疏状"，分为慰本师亡、慰人丧父、答人慰疏、资荐经疏4类，而《目录》标为"僧俗吊慰疏状"，分为慰僧本师亡、慰人丧父、追荐经疏3类，未列"答人慰疏"，且《目录》"追荐经疏"，内容作"资荐经疏"；内容"贺谒状式"分为8类，而《目录》标为"僧家贺谒疏状"，分为6类，缺少内容之"披剃请人状、慰僧香材状"2类，且《目录》之"建造抄题状"，内容作"出队抄题状"，《目录》之"贺生辰经疏"，内容作"祝生辰经疏"。另，《目录》与内容间存在"蕳"和"柬"、"剳"和"劄"混用。

　　卷六禅宗疏语。包括：圣节（收《圣节启建疏》等2篇）、庆贺（收《庆佛生辰疏》等2篇）、祈禳（收《祈晴疏》等5篇）、追荐（收《荐父药师灯文疏》等5篇）、抄化（收《寂照寺建佛殿疏》等6篇）、题请（收《请佛印禅师住径山寺疏》等5篇）、榜文（收《荐亡无遮榜语》等2篇）、牒诰（收《礼塔牒文》等4篇）、讃灵（收《讃灵偈子荐父》等

3 篇）9 类。

按，"禅宗疏语"内容第 3 类"祈禳"，《目录》作"祈祷"，《目录》显示包括 5 篇文章，而内容只有 4 篇，缺少第 5 篇即《预修水陆会疏》，经查，发现该文在"追荐"类最后一篇，《目录》第 4 篇题目为《众信禳灾疏》，而内容题目为《众建道场禳灾》；内容第 4 类"追荐"，《目录》作"荐拔"，《目录》显示收文 4 篇，而内容有 5 篇；内容第 5 类"抄化"，《目录》作"题化"；内容第 6 类"题请"，《目录》作"住持"，《目录》显示包含 3 篇文章，内容列有 5 篇，经查内容，后 2 篇应归入其后的"榜文"类，不只是编纂抑或是雕版时失误；内容第 7 类"榜文"只收 2 篇文章，而《目录》显示收录 11 篇，经查，内容"榜文"类应包含其前的 2 篇即《请长老茶榜》、《请长老汤榜》；内容第 8 类"牒诰"包括 4 篇文章、第 9 类"讃灵"包括 3 篇文章，而《目录》没有标注类名"牒诰、讃灵"，误将此两类 7 篇文章全部列入"榜文"类。此外，内容与《目录》的文章题目也有不同处，多是《目录》的题目略加简化或有文字遗漏。部分文章标有作者姓名。

卷七道教门。包括"古今故事"：道教、道士、恩命、道经、圆箓、药食、言貌、服饰、观宇、修炼、师授、升仙、解化、追荐；"道士往复新式"："庆贺书简"：贺道士披戴、答，贺道士住观、答，贺披戴道生、答，贺道受师号、答，贺道士进职、答，贺新建道观、答，贺新建道藏、答；"请召书柬"：披戴请人、答，住观请人、答，罢醮请人、答，建观请人、答，进秩请人、答，请新住持、答，饯移住持、答，饯赴端请、答；"委托书柬（僧道通用）"：委买度牒、答，委置法器、答，委买斋料、答，委置藏经、答，委人题疏、答，委呼塑匠、答，委呼画匠、答；"吊慰疏状"（题下黑丁白文标注"封皮可漏见僧类"）：慰本师亡，慰人丧父，答人慰疏（"师伯叔父亡、小师弟姪亡"黑丁白文），资荐经疏；"贺谒状式"：贺生辰禀劄、祝生辰经疏，披戴请人状、披戴谢人状，新住观申状、设大醮申状，贺正门状式（标注"贺冬状同"）、慰道士材状，附：封皮及使用说明"以上并用'可漏子'，但'贺生日'须用红牋，'申状、门状'却不用封"。

按，"庆贺书简"内容有 7 类，而《目录》只列有前 6 类，缺少第 7 类"贺新建道藏，答"；"请召书柬"，内容第 3、4、5 类"罢醮请人、答，建观请人、答，进秩请人、答"，《目录》排列为"进秩请人、答，罢醮请人、答，建观请人、答"，排列词序稍有不同；"委托书柬"，内容有 7 类，《目录》只列出 6 类，缺少"委呼塑匠，答"；内容"吊慰疏状"，分为慰本师亡、慰人丧父、答人慰疏、资荐经疏 4 类，而《目录》标为"道俗吊慰疏状"，分为慰道本师亡、慰人丧父、资荐经疏 3 类，未列"答人慰疏"；内容"贺谒状式"分为 8 类，而《目录》标为"道士贺谒疏状"，分为 6 类，缺少内容之"披戴请人状、慰道士材状" 2 类，且《目录》之"贺生辰经疏"，内容作"祝生辰经疏"。内容与《目录》间也有"简"与"柬"混用者。

又，上述校勘可以看出卷五、七即释教门和道教门的往复简劄新式编排时出现几处相同失误。另，两门的"往复简劄"有僧、道、俗通用者。

卷八道流疏语。包括圣节（收《圣节功德疏》等 2 篇）、庆贺（收《贺真圣生辰表》等 2 篇）、祈禳（收《祈雨青词》等 3 篇）、保安（收《生辰设醮青词》等 6 篇）、追荐（收《荐祖父设醮青词》等 9 篇）、抄化（收《游果山建神景观疏》等 3 篇）、榜文（收《保安草醮榜语》1 篇）7 类。

按，共收文章 27 篇，其中 5 篇标注作者。

卷九艺术门。包括"古今故事"：琴、棋、书、画、画佛、传神、山水、花木、麟毛、医士、卜筮、星命、说相、地理、金银匠、珠翠匠、裁缝、皮鞋、竹匠、木匠、石匠、铁匠、漆匠、酒匠；"闲欸请召简劄"：换易新式：请人抚琴、答赴、不赴，请人下棋、答赴、不赴，请人书字、答赴、不赴，请人鉴画、答赴、不赴，请人议事、答赴、不赴，请人投壶、答赴、不赴，请人射弓、答赴、不赴，请人诊脉、答赴、不赴，请人占卜、答赴、不赴，请人尅择、答赴、不赴，请人地理、答赴、不赴；"馈谢简劄"：换易新式：送谢师儒、答，送谢媒妁、答，送谢医药、答，送谢尅择、答，送谢干事、答，送谢劝事、答；"荐导术艺简劄"：荐人抚琴、答从、不从，荐人下棋、答从、不从，荐人抄录、答从、不从，荐人绘画、答从、不从，荐人住持、答从、不从，荐人行医、答从、不从，荐人说相、答从、不从，荐人地理、答从、不从，荐人行媒、答从、不从，荐人装花、答从、不从，荐人裁缝、答从、不从，荐导银匠、答从、不从，荐导竹匠、答从、不从，荐导木匠、答从、不从，荐导石匠、答从、不从，荐导铁匠、答从、不从，荐导皮匠、答从、不从，荐导漆匠、答从、不从，荐导厨子、答从、不从。

　　按，"馈谢简劄"，内容之"送谢医药"，《目录》为"送谢医士"；"荐导术艺简劄"，内容之"荐人绘画"，《目录》作"荐人干事"，从内容"厶人笔头丹青世所推赏，遍游士夫之门，因求书晋见，幸与其进"可知，《目录》所标错误；内容之"荐人裁缝"，《目录》作"荐导裁缝"。

　　卷十题赠诗词。（"题艺术簇"）：琴（收白玉蟾《古诗赠琴士陆元章》诗1首）、棊（收《律诗赠棊士兼易卜》诗1首）、书（收赵福元《减字木兰花赠草书颠》词1首）、画（收《西江月赠画士》词1首、《绝句赠写神人》等诗2首）、医（收《绝句赠善医刘惠卿》等诗3首）、卜（收《绝句赠胡易鑑》等诗3首）、星命（收《赠序赠郑知命跛者》等诗2首、《西江月赠术士》词1首）、相（收《绝句赠丁相士》等诗3首）、风水（收《律诗赠山人黎君宝》诗1首）、歌舞（收《谒金门赠歌妓》等词2首）、寄别（收《更漏子寄美人》等词2首）、[生]火（收《朝中措赠集闲师父》等词3首、《绝句赠题飞竿簇》诗1首）12类，各列诗词数首，多数标有作者名称；"题官员旗"：接监司（1对）、送监司（1对）、接太守（1对）、送太守（1对）、接知县（1对）、送知县（1对）；"题道家旛"：荐父（1对）、保母（1对）、祈嗣（1对）、保子（1对）、保安（1对）、拔亡（2对）；"题佛家旛"：保父（1对）、保母（1对）、预修（1对）、保眼（1对）、保宅（1对）、拔亡（2对）；"题梁新语"：太清宫（1对）、弥陀院（1对）、五显王庙（1对）、忠靖王庙（1对）、福善王庙（1对）、五凤楼（1对）、玉架桥（1对）；"题桃符对句"：太师府（2对）、丞相府（2对）、都督府（2对）、寄居（1对）、宗室（1对）、州门（2对）、县门（4对）、学门（1对）、教官（1对）、监狱（2对）、儒家（2对）、医家（1对）、幽居（1对）、隐居（2对）；题花园对句：花园（4对）；"题赠旗榜对句"：赈济（2对）、迎佛（2对）、茶肆（2对）、酒肆（2对）、醫肆（2对）、飞竿（2对）、傀儡（2对），"题官员旗"、"题道家旛"、"题佛家旛"、"题梁新语"、"题桃符对句"、"题赠旗榜对句"均是分类罗列对句，部分列有作者。

　　按，《目录》标卷名为"题赠诗词"，其下分为"题艺术簇、题道家幡、题佛家幡、题梁新语、题桃符对句、题赠旗榜对句"等7类，类下再依次分类列举相关内容；而内容卷首标"题赠诗词"，大字双行，其后分列上述琴、棋、书、画等12类，类下再列举相关诗词，结合《目录》所标下属类目，内容第一部分似漏标类目"题艺术簇"，但这部分诗词又最符合卷名"题赠诗词"，如果这样理解合理的话，则本卷卷名"题赠诗词"与其余类目"题道家幡、题佛家幡、题梁新语、题桃符对句、题赠旗榜对句"又不尽相符，"题道家幡、题佛家幡、题梁新语、题桃符对句、题赠旗榜对句"收的是对句联语，非诗词；《目录》标类目"题艺术簇"之下所列举诗词题目，不再分类，未列下属类目名，而内容所列诗词分作琴、棋、书、画等12类，类目均黑丁白文标识。"题梁新语"，内容列有7类，而《目录》只有6类，未列"玉架桥"，且类目排列次序有异；"题赠旗榜对句"，内容列有7类，而《目录》只有6类，未列"迎佛"；内容与《目录》间有同字异体混用，如"醫"与"醫"、"旛"与"幡"。

又，本集卷一、二、三、四、五、七所列本类相关词语典故，内容均标为"古今故事"，而《目录》标为"古今事实"，仅有卷九均为"古今故事"。

别　集

别集10卷，包括冠礼门、婚礼门、庆寿门、丧礼门、祭礼门，共五门。集首为该集目录，依卷次排列门类及内容。《目录》首尾均标"新编事文类要启劄青钱目录"及黑丁白文"别集"；《目录》首有题记"建安刘氏日新堂重刊"。

卷一冠礼门。包括"文公冠礼"；"文公及笄"；"冠礼事实"；"冠礼简劄类"：贺新冠骈劄、答式，贺冠代劄、答式，贺笄手书、答式；"庆贺冠婚诗词"：收《律诗贺冠》、《律诗贺林簿新婚》、《沁园春贺新冠》、《水调歌头贺真西山新娶》诗词各2首。

按，《目录》"文公笄礼"，内容作"文公及笄"；《目录》"庆贺简劄类"，内容作"冠礼简劄类"，内容所收3类简劄都是庆贺类。《目录》与内容并非完全一致，也有同字异体混用现象。

卷二婚礼门。包括"文公婚礼"：议婚、通媒、纳采、纳币、亲迎、交拜、见舅姑、见祠堂、见妇父母、见妇亲党；"婚礼事实"，分为男德、女德、择妇、择婿、媒妁、世婚、男舅、姑舅、妻姨、姊妹、姪女、幼婚、晚婚、入赘、招婿、再婚、再嫁、师友、仙偶、娶娼、娶妾、富交、贫交、聘礼、聘书、请期、亲迎、借言28类；"婚姻启状诸式"：男家生月式、男家草帖式、男家定帖式，（附"草帖"说明），女家生月式、女家草帖式、女家定帖式，（附"定帖"说明），公启第一幅、公启第二幅、聘启第三幅，（附"公启、聘启"说明），男家礼物状、女家礼物状、女家回聘启，（附"可漏式"）；"婚姻四六启式"：分为请媒（收《请媒启》、《媒报启》、《谢媒启》、《媒答启》4篇）、求亲（收《求亲启》、《荅许亲》、《荅未允危荅刘》3篇）、开书（《请开封启》、《回开书启》2篇）、系臂（收《问名启》、《荅式》2篇）4类，列启11篇，均无作者；"月启二幅新式"：正月（一、二），二月（一、二），三月（一、二），四月（一、二），五月（一、二），六月（一、二），七月（一、二），八月（一、二），九月（一、二），十月（一、二），十一月（一、二），十二月（一、二），十二个月各列两幅新式。

按，"古今事实"，《目录》列29类，内容28类，缺"婚姻"类，查看内容，事实最先部分罗列词语典故22个，没有黑丁白文标注类名，应该标"婚姻"，是为失误之处，而内容之"借言"，《目录》作"借吉"，因内容所列引文有"借吉成婚"，加之借吉本意是指子女在为父母服丧期间成婚，可知应为"借吉"，内容标错；"婚姻四六启式"，《目录》"请媒"与"谢媒"类各列有2篇启，而内容对应所列的4篇启只标有一个类目"请媒"，可见少标了"谢媒"，《谢媒启》与《媒答启》属于"谢媒"类，《目录》"求亲"只列有2篇，而内容有3篇，可见《目录》少列《答未允》，内容"开书"类列有《请开封启》、《回开书启》，《目录》标为《请开书》、《答开书》；"婚姻启状诸式"18幅均为图式。

卷三婚礼门。"聘定往复启式"：分为仕宦（聘启、回启）、士人（聘启、回启）、师友（聘启、回启）、亲戚（聘启、回启）、世婚（聘启、回启）、交婚（聘启、回启）、舅姑（聘启、回启）、兄弟（聘启、回启）、两姨（聘启、回启）、姊妹（聘启、回启）、幼婚（聘启、回启）、晚婚（聘启、回启）、再娶（聘启、回启）、再醮（聘启、回启）、续亲（聘启、回启）、抱子（聘启、回启）。

按，分为16类，各列聘启、回启2篇，共计32篇，其中10篇有作者。

卷四婚礼门。 "往复聘定启式"：分为入赘（聘启、回启）、招婿（聘启、回启）、同里（聘启、回启）、异乡（聘启、回启）、娶娼（聘启、回启）、娶妾（聘启、回启）、农家（聘启、回启，聘启、回启）、工艺（聘启、回启，聘启、回启）、商贾（聘启、回启）、沽卖（聘启、回启）、屠［鲞］（聘启、回启）、道友（聘启、回启）12类；"起联用事活套"：书客娶人妾（1对）、□家定园户（1对）、农人定巫者（1对）、医人定卜者（1对）、泥匠定卖水（1对）、黑郎娶班妇（1对），"中联用事活套"：吏人娶娼女（1对）、农人定园夫（1对）、梢公定农夫（1对）、银匠定?铺（1对）、帽匠娶綵帛（1对），"送联用事活套"：李氏定王氏（1对）、农夫娶园户（1对）、豆心娶果子铺（1对）、酒家娶冶匠（1对）、屠户娶竹匠（1对）、梢公定梳剃（1对）。

按，"往复聘定启式"收录启28篇，4篇有作者名姓，均为往复对应；《目录》"聘定启劄活套"分起联、中联、送联3类，内容列为起联用事活套、中联用事活套、送联用事活套3类，类下各列6类联语。

卷五婚礼门。 "聘定往复劄子"：五提头聘定劄子（一、二、三、四、五）、回式（一、二、三、四、五），七提头聘定劄子（一、二、三、四、五、六、七）、（回）式（一、二、三、四、五、六、七）；"佳期启状诸式"：分为催粧（?）（请期启、回式）、亲迎（亲迎启、回式，男亲迎到状、女远迎状）、请状（请送鸾男客状、回请送鸾状，请送鸾女客状、回请送鸾状，送鸾客到状、远迎送鸾状）、祝文（男告庙祝文、男庙见祝文，女告庙祝文、女庙见祝文，拦门文）、致语（唱拜致语，撒帐致语）、谢亲（谢丈人亲启，谢丈母启）。

按，"佳期启状诸式"之"亲迎"类，《目录》"女家远迎状"，内容为"女远迎状"；"祝文"，《目录》列有类名"拦门诗"，内容未收；"谢亲"，《目录》"谢丈人启"，内容为"谢丈人亲启"。

又，卷首有文字说明当时士大夫家婚礼聘定常用的启、状、劄子、四六文式，"今将名公新制条列于后"。

卷六庆寿门。 包括"文公家礼"；"古今事实"：分为圣人、贤人、老人、妇人、僧寿、道寿6类；"圣节庆贺表式"；"生辰庆贺启式"；"送贺生辰劄状”：生日送仪物劄、回谢送仪物劄，（附"可漏"），生日送星香状、回谢送星香状，（附"可漏"），均为图式；"庆贺诗词"：收《寿赵平原》等诗16首（包括同题者），'乐章'《沁园春寿赵太师》等16首。

按，《目录》"温公家仪"，内容标为"温公家礼"；《目录》"圣节庆贺表状式"，内容标为"圣节庆贺表式"，其实内容包括《会庆节贺表》和《圣节进功德状》共2篇文章，可见《目录》所标准确；内容"生辰庆贺启式"所收《谢士人庆贺启》，《目录》标为《贺士人生日启》。内容"庆贺诗词"所收16首诗，包括同题2首，《目录》正题统一标为"律诗"、"绝句"，副题作"上/寿某某某（人名）"，内容每首诗只有一个题目，作"寿某某某（人名）"，可见《目录》的题目作了适当改动及统一；16首词，前10首《目录》词题均为"上某某某（人名）"，内容词题作"寿某某某（人名）"。

卷七丧礼门。包括"文公丧礼"：初终、沐浴、灵座、小敛、大敛、成服、朝夕奠、吊奠赙、闻丧、治葬、迁柩、遣奠、发引、及墓、及哭、虞祭、卒哭、祔、小祥、大祥、禫；"五服年月"：斩衰三年、齐衰三年、齐衰杖期、齐衰不杖期、齐衰五月、齐衰三月、大功九月、大功五月、缌麻三月；"五服之图"；"外族服图"；（"四父诸母服图"）；"夫族服图"。

按，《目录》"四父诸母服图"，内容有此图，但未标名称。

卷八丧礼门。包括"古今事实"：分为国制、丧制、忧制、丧父、丧母、丧夫、丧妻、丧子、兄弟、姊妹、通丧、亡兆、哀悼、吊慰、祭奠、遣祭、赠赙、追荐、葬器、治葬、坟墓、祖载、送葬、挽章、铭旌、起复、除服、讳辰28类；"吊慰疏状新式"：慰人父母亡、答，慰祖父母亡、答，附'慰疏封皮'2幅；"吊慰书劄警段首"（标题下注"末并如前式"）：慰伯叔父亡、答，慰人兄弟亡、答，慰人妻安亡、答，慰人子息亡、答，慰人女子亡、答，慰人孙侄亡、答，慰人妻父亡、答，慰人妻母亡、答，慰人女婿亡、答，慰人衰礼成、答，慰官员起复、答，问人求挽章、答；（"吊慰状新式"）：代报亡状（附：状上）、代报葬状（附：状上），置赙仪状（附：状上）、谢赙仪状（附：状谢），通用祭文式（附：祭文），赠葬送状（附：状上），请斋会状（附：状上）、答请斋状（附：状谢），仕宦香材状（附：拜上）、通用香材状（附：状上）、七朔香材状（附：状上）、谢送香材状（附：谢状），请僧追修状（附：状请）、请道追修状（附：状请），慰僧家状、慰道家状，后附僧道相应称号及"状上……谨封"。

按，《目录》"吊慰疏新式"列往复疏状 28 篇，而内容又分为"吊慰疏状新式"和"吊慰书剳警段首"两类，分别列疏状 4 篇、书剳 24 篇；"吊慰书剳警段首"，内容"慰人妻安亡"，《目录》为"慰人妻室亡"，显然内容标错，《目录》之"慰人求挽章"，内容标为"问人求挽章"；卷末内容所列 16 幅吊慰状式，均为图式，《目录》标为"吊慰状新式"，内容未标注，可见遗漏类目。

卷九祭礼门。包括"文公祭礼"：祠堂、时祭、初祖、先祖、祢祭、忌日、墓祭；"祭享事实"：仪物；"祭文"：分为父子（收《子祭父文》、《子祭母文》等 4 篇）、伯叔（收《姪祭伯父文》等 2 篇）、兄弟（收《弟祭兄文》等 2 篇）、夫妻（收《妻祭夫文》等 2 篇）、儿女（收《父祭子文》等 2 篇）、外戚（收《祭妻父文》等 3 篇）、窀穸（收《堂祭子祭父》、《路祭通用》等 2 篇）、岁时（收《冬至省墓文》等 2 篇）8 类，各列祭文数篇，共计 19 篇，其中 8 篇有作者。

按，"祭文"，内容分为 8 类，相应列出文章，而《目录》只标注出"窀穸、岁时"两类的类名，类下列文章名，可见《目录》所列的前 15 篇祭文遗漏标注类名。

卷十［祭礼门］。"祭文"，分为官员（收《祭欧阳公文》等 3 篇）、师友（收《祭先生文》等 3 篇）、僧道（收《祭僧文》等 2 篇）3 类，列祭文 8 篇；"挽诗"：先列《挽司马温公诗》等诗 12 首（其中《挽真西山诗》同题 2 首，显示诗题为 11 首），次标"哭诗"类，列《哭岳飞武穆王诗》等诗 5 首，再标"妇人"类，列《挽张夫人诗》等诗 4 首。

按，"祭文"，内容分为 3 类，相应列出文章，而《目录》只罗列文章名，未标注类名，可能《目录》遗漏；内容所标"挽诗"明显为大类名，其中包括小类"哭诗"5 首、"妇人"4 首，而《目录》标同级类名"祭文"、"挽诗"和"哭诗"，"挽诗"列 11 首诗名，"哭诗"列 7 首，比对内容发现，《目录》"哭诗"少列《哭蔡祭酒（诗）》和《挽李夫人（诗）》2 首，而《目录》所列最后 3 首应标注"妇人"类名，可知《目录》"哭诗"既遗漏 2 首诗又遗漏"妇人"类目。

外 集

外集 11 卷，包括方舆纪要、姓氏源流、翰墨新书、应用新书。集首为该集目录，依卷次排列门类及内容。《目录》之首标"新编事文类要启劄青钱目录"，尾标"新编事文类要启劄青钱目录终"；《目录》首有题记"建安刘氏重刊"及黑丁白文"外集"，之尾小字注文标有"外集"二字。

卷一方舆胜纪上。卷首列"书指序略"

> 开闢以来，帝尧奄有四海，五服止五千里，舜帝肇十有二州，禹王分天下州不踰九，武王大会诸侯，南止羌髳微卢彭濮人，西北齒歧之外不能有，下至秦汉唐宋以来，其封域之广未有如大元之盛也。至于四夷八蛮九溪十洞及沙海外国罔不□附。是编今取裏省、行省、宣慰司、宣抚司、安抚司所辖郡县，釐为二卷，诚便观览，可不出户而知天下也。①

"腹里州郡"：直隶省部，辖上都路、大都路、保定路、真定路、河间路、大名路、彰德路、隆兴路、顺德路、卫辉路、怀孟路、广平路、平滦路；山东东西道宣慰司，辖益都路、济南路、般阳路、东平路、东昌路、济宁路；河东山西道宣慰司，辖平阳路、太原路、大同路。"河南江北等处行中书省"：汴梁路、河南府路、襄阳府路；淮东道宣慰司，辖楊州路、淮安路；淮西道宣慰司，辖庐州路、安丰路、安庆路、蕲州路、黄州路；荆湖北道宣慰司，辖江陵路、峡州路。"江浙等处行中书省"：杭州路、平江路、松江府路、嘉兴路、湖州路、建德路、常州路、镇江路；江东道宣慰司，辖建康路、宁国路、徽州路、饶州路、广德路、信州路、池州路、太平路；浙东道宣慰司，辖绍兴路、衢州路、婺州路、庆元路、台州路、温州路、处州路。"福建等处行中书省"：福州路、泉州路、建宁路、邵武路、兴化路、延平路、汀州路、漳州路。"江西等处行中书

---

① （元）佚名：《新编事文类要启劄青钱》外集卷一，四库全书存目丛书，齐鲁书社 1997 年版，第 835 页。

省"：龙兴路、南康路、吉州路、南安路、临江路、赣州路、袁州路、瑞州路、抚州路、建昌路；广东道宣慰司，辖广州路、潮州路、肇庆路、连州路、封州路、韶州路、南雄路、惠州路、德庆路。"湖广等处行中书省"：鄂州路、常德路、澧州路、兴国路、岳州路、辰州路、元州路；湖南道宣慰司，辖潭州路、永州路、衡州路、郴州路、道州路、全州路、宝庆路、武岗路、桂阳路；广西道宣慰司，辖静江路、容州路、象州路、邕州路、梧州路、浔州路、宝州路、柳州路、横州路、融州路、藤州路、庆远路；海北海南道宣慰司，辖雷州路、化州路、高州路、钦州路、廉州路；琼州等处安抚司，辖琼州路 等；广南西道宣抚司；八番顺元等处宣慰司。

　　按，内容"山东东西道宣慰司"之"舣阳路"，《元史·地理志》作"般阳路"①；"淮东道宣慰司"之"楊州路"②，作"扬州路"。

　　卷二方舆胜纪下。"辽阳等处行中书省"：大宁路、辽阳路、安抚高丽总管府、沈阳高丽总管府、合兰府水达达等路；辽东道宣慰司，辖广宁府路等。"陕西等处行中书省"：安西路、延安路、兴元路、开城路；巩昌便宜都总帅。"四川等处行中书省"：成都路、崇庆路、潼川府路、嘉定路；剑南南道宣慰司，辖重庆路、夔州路、绍庆路；顺元等处军民宣抚司，辖永宁路、顺庆路、广元路；叙州等处诸部蛮夷宣抚司，辖叙州路、马湖路。"甘肃等处行中书省"：甘州路、肃州路、永昌路、沙州路、宁夏府路。"云南诸路行中书省"：中庆路、武定路；曲靖等处宣慰司，辖澂江路、普安路；威楚等路宣抚司，辖威楚路、镇安路、鹤庆府；临安广西宣抚司，辖临安路、广西路、元江路；大理金齿宣慰司，辖大理路、蒙怜路、木连路、蒙莱路、镇西路、麓川路、镇康路、蒙光路、木邦路、孟定路、谋粘路、茫施路、歹难甸总管府、云龙甸总管府、南甸总管府；乌撒乌蒙宣慰司，辖乌蒙路 等；罗罗斯宣慰司，辖建昌路、德昌路、会川路；丽江路军民安抚司；思州军民宣抚司，辖镇远府 等；播州军民宣抚司，辖黄平府 等；都云等处安抚司，辖上都云等处、中都云板水等处、定云府 等；新添蛮蛮安抚司，辖落葛谷鹅罗椿等处、昔不梁骆杯密纳；

---

① 《元史》卷五十八，《地理志一》，中华书局 1976 年版，第 1373 页。
② 《元史》卷五十九，《地理志二》，中华书局 1976 年版，第 1414 页。

永顺保静南渭三州安抚司，辖永顺保静南渭蛮夷军民达鲁花赤、定远府等；南丹州等处安抚司，辖金竹府 等。"田州等路至八番十道州县"：田州上思等处军民宣抚使都元帅府，辖田州路、思明路、来宁路、太平路；八番罗殿宣慰司，辖罗番遏蛮军安抚司、罗番武盛军安抚司、卧龙番南宁州安抚司、金石番太平军安抚司、小龙番静蛮军安抚司、洪番永盛军安抚司、签芦番静海军安抚司、方番河中府安抚司；隶八番宣慰司所辖蛮夷军民长官。

按，《目录》"威楚等处宣抚司"，内容作"威楚等路宣抚司"；内容"大理金齿宣慰司"之"歹难甸总管府、南甸总管府"，"旬"字当为"甸"；"新添萬蛮安抚司"之"萬"，当为"葛"字。

卷三姓氏源流。"上平声"：东（童、蒙、靉、洪、翁、红、酆、豊、冯、充、终、戎、种、熊、弓、宫），冬（宗、封），钟（钟、龚、龙），四江（江、庞、逄），五支（支、施、池、皮、麋、危），六脂（师、伊），七之（邳、时、司），八微（归、韦），九鱼（鱼、余、徐、疏、舒），十虞（虞、于、朱、浦、渠、瞿、储、乌、符、扶、毋），十一模（吴、胡、苏、卢、俞、屠、涂），十二齐（齐、黎、倪、祁、奚、稽），十三佳（柴、怀），十五灰（裴、崔、雷、哀、梅、枚、邰、来），十七真（真、陈、甄），十八谆（荀、秦、申、辛），二十文（文、云、殷），二十二元（元、言、原、袁、爰、辕、樊、孙、温），二十五寒（寒、干、韩、潘、安、桓、檀、栾），二十八山（山、颜、班、关）。

按，内容所列的韵部比《目录》多，内容之"三钟、六脂、七之、十一模、十八谆"，《目录》未标注，内容之"二十八山"，《目录》标为"二十七删"；内容之姓氏"危、云"，《目录》未列；内容之姓氏"洪、浦、桓"，《目录》分别作"烘、蒲、柏"，对照内容，《目录》之"柏"明显错误。

又，首有题记"是集以音韵析姓氏，便于检阅，机轴自出一家，较之它本大有迳庭，惟月眼照之"[1]。

卷四姓氏源流。"下平声"：一先（田、钱、燕、坚、边、牵、连、权、宣、全），三萧（萧、昭、姚、晁、饶、苗、谯、刀、乔、焦），五

---

① （元）佚名：《新编事文类要启劄青钱》外集卷三，第 843 页。

爻（包、巢、茅），六豪（高、曹、毛、陶、劳、敖），七歌（何、柯、罗、和），九麻（车、查、佘、巴、花），十阳（阳、杨、羊、王、张、黄、皇、光、梁、章、昌），十一唐（唐、康、尝、房、方、姜、彊、强、匡、汪、汤、庄、襄、桑、仓、苍、郎、臧、商），十二庚（彭、程、明、京、荆、荣、英、成、平），十五青（丁、邢），十六蒸（滕、曾、凌、承、弘、能），十八尤（尤、游、仇、裘、楼、娄、刘、周、丘、欧），十九侯（侯、邹、牛、牟），廿一侵（任、临、林、阴、岑、金），廿〔二〕覃（谭、南、甘、蓝），廿四盐（阎、廉、湛、詹），廿六严（严），廿七咸（咸）。

　　按，内容所列的韵部比《目录》多，内容之"六豪、十一唐、十九侯、廿六严"，《目录》未标注；内容之姓氏"临"，《目录》未列；《广韵》下平声二十三为覃，从《目录》看，标的是"二十二"。

　　卷五姓氏源流。"上声"：一董（董、孔），二腫（巩），三讲（项），四纸（是、啙、郦、绮、李、士、子、梓、里、史、纪），八语（吕、莒、萬、许、褚、汝、楚），九麌（杜、伍、邬、鲁、庾、祖、武、古、辅），十一荠（米、祢），十二蟹（宰、亥），十四贿（隗），十六轸（闵、尹），二十阮（阮、苑、宛），二十四缓（管、满），二十七铣（扁、单、隽、展、蹇），二十九〔小〕（赵），三十一巧（鲍、枣），三十三哿（左），三十五马（马、夏、贾），三十六养（养、蒋、党、昝），三十八九梗（耿、丙、邴、井、景、颍、幸），四十四有（有、钮、柳、苟、后），四十七寝（沈），四十八敢（啖、丹），五十五范（范）。"去声"：一送（贡、仲），二宋（宋），三用（用、众），四绛（绛、巷），五寘（挚、义、季、异、贲），八未（魏、既、费），九御（御、茹），十遇（遇、豫、傅、步、夸包、路、露、布、顾、库、度、务、具、喻、扈、孺），十二霁（惠、蓟、桂、厉），十三祭（祭、卫），十四泰（蔡、盖、赖、艾），十五卦（解、蒯、介），十八队（戴、代），二十一震（蔺、晋、贠、靳），二十五愿（万、段），（二十九）换（灌、观、贯），（三十）谏（谏、晏），（三十三）线（卞、县、恋），（三十四）啸（召、铫、邵、廖），（三十七）号（暴、到、郜），（三十八）箇（贺），（四十）禡（华、谢、射、柘、霸），（四十一）漾（尚、谅、向、畅、杭），（四十五）敬（敬、郑、孟、盛、正、庆），（四十六）径（宁），（四十七）证（应、邓），（四十九）宥（富、寇、窦、谬），五十九 鑑（阚），六十 梵（氾）。

按，"上声"部分，《目录》与内容所标韵目略有不同，《目录》"廿九 篠、三十八 梗、四十八 感"，内容分别标为"二十九 小、三十八九 耿、四十八 敢"；《目录》"二十三 旱"，内容标为"二十四 缓"；内容姓氏"子、杭"，《目录》未列。"去声"部分，《目录》与内容所标韵目略有不同，内容"三 用"，《目录》未标；内容姓氏"傅"，《目录》未列；《目录》"廿八 翰"，内容为"□换"；《目录》"三十二 霰"，内容为"□线"；《目录》"四十三 映"，内容为"敬"，查通行本《广韵》去声部分，四十四净、四十五劲，却无韵目为"敬"字；内容"五十九 鑑"，《目录》为"五十八 陷"，查《广韵》去声部分，五十四阚、五十八陷、五十九鑑。

卷六姓氏源流。"入声"：一 屋（陆、祝、穆、缪、木、牧、沐、伏、谷、麴、鬻、卜、宿、肃、夙、叔、濮、服、郁、禄、鹿），二 沃（沃、竺、束、粟、烛、逯、续），四 觉（卓、乐、浊），五 质（质、宓、毕、吉、郅、乙），八 勿（屈、蔚、郫），十 月（越、骨、暨、谒、阙、兀），十二 曷（葛），十四 黠（滑、秣），十六 屑（薛、折、列、舍、悦），十八 药（药、鄂、郭、霍、索、骆、郝、莫、薄、博、铎、约、作、恪），二十 陌（白、柏、剧、郗、石、郤、席、革、麥、易、夕、射），二十三 锡（狄、析、翟、戚），二十四 职（职、国、翼、食、力、墨、直、棘），二十六 缉（汲、习），二十七 合（合、沓），二十九 葉（葉、聶），三十四 乏（法）。"五音覆姓"：宫音（公孙、长孙、叔孙、仲孙、王孙、士孙、申屠、主父、豆盧、仲长、哥舒、司空、達奚、公西、由吾），商音（万俟、東方、司馬、歐陽、贺拔、拓拔、公羊、穀梁、公儀、公冶、闻人、老萊、邴曼、相里），角音（澹臺、慕容、樗里、成公、胡母、高堂），微音（諸葛、鐘離、屈突、尉遲、上官、獨孤、百里、息夫、西門、漆雕），羽音（皇甫、宇文、夏侯、令狐、贺若、太史、第五、淳于、南宫、黑齿、羊舍、鮮于、乞伏、斛律、贺婁、斛斯、濮固、庫狄、秃髪、沙陀、梁丘、毋将、若干、摩訶、顓孫、端木、瑕丘、公沙）。

按，入声部分，姓氏"竺"，在《目录》中属于"一屋"类，而内容中属于"二沃";姓氏"蔚",在《目录》中属于"八勿"类,而内容中属于"五质",显然内容错误,《目录》正确;《目录》二十陌之姓氏"籍",内容未收;内容二十陌之姓氏"易",《目录》未收;《目录》"三十三锡",查通行本《广韵》,应为"二十三",明显标错。

卷三、四、五、六为"姓氏源流",类似于"姓氏门",单姓先按四声即上平声、下平声、上声、去声、入声分为五类,末附"覆姓"。四声每类中依次按照《广韵》的韵部罗列姓氏,在板框上方处相应标注韵部,姓氏对应的板框上方处也标注音调,即五音的宫、商、角、徵、羽,姓氏以黑丁白文显示,姓氏下方为郡望,加框,下为得姓缘由,再下列举相关人物、词语典故及简要的文献出处;覆姓按五音分为五类罗列,也以黑丁白文显示姓氏,姓氏下方为郡望,加框,下为得姓缘由,再下列举相关人物、词语典故及简要的文献出处。

卷七翰墨新书。"书":收苏东坡《代滕甫辨谤书》1篇;"表":收韩昌黎《论捕贼行赏表》1篇;"劄":收刘光祖《论程氏道学劄子》1篇:"状":收韩昌黎《论钱重物轻状》等3篇。分4类共计6篇。

按,"书"为苏东坡撰,"劄"为刘光祖撰,其余4篇均为韩昌黎所撰。

卷八翰墨新书。"诗":收《上贾秋壑》等17首,包括同题者;"启":收《因在丘上太守启》等4篇。

按,史千《上丹阳宰乞米》,同题2首,《目录》未标注"二首",《目录》其余同题2首诗均在诗题下方小字标注"二首"。

又,《目录》卷七标"翰墨新书上",卷八标"翰墨新书下",内容卷目均为"翰墨新书",未标"上,下"。

卷九应用新书。"祝文":收《谒夫子文》等4篇;"祭文":收《祭勾芒神文》等2篇;"祈祷":收《舜庙祈晴文》等2篇;"祢赞":收史丞相浩《夜香文》1篇;"劝谕":收刘告院《劝农文》1篇;"檄文":收《淮东总所军粮司檄文》等2篇。共计12篇。

按,内容"祭文"类,收文《祭勾芒神文》、《祭社稷文》2篇,《目录》未标"祭文"类目,将此2文归入"祝文",且题目《祭勾芒神文》,《目录》作"桑勾芒文",明显"祭"误作"桑";内容"祢赞"类收史浩所作《夜香文》1篇,"劝谕"类收刘告院所作《劝农文》1篇,而《目录》未标这两个类目，将此 2 文归入"祈祷"类；内容"檄文"类所收《淮东总所军粮司檄文》，《目录》标为《淮东总领军粮司檄文》，明显《目录》正确，内容题目"所"字有误。

卷十应用新书。"抄题"：收《建孔子庙疏》、《建云谷书院疏》等 7 篇；"祈禳"：收《朝南岳祈嗣疏》等 3 篇；"醵贺"：收《醵贺人造屋疏》、《醵贺起楼》等 10 篇。共收文 20 篇。

按，《目录》卷八标"应用新书上"，卷九标"应用新书下"，内容卷目均为"翰墨新书"，未标"上，下"。

卷十一公私必用。"事产"：典买田地契式、当何田地约式、典买房屋契式、当何房屋约式、判山木榜式、占墓山榜式、生钞批式、生穀批式；"人口"：觅子书式、弃子书式、雇女子书式、雇小厮契式、雇脚夫契式、雇船雙契式；"頭疋"：买马契式、买牛契式。3 类收文共 16 篇。

按，本卷为典当、买卖、雇佣等契约范文，便于按类直接套用。

小结：内容及编纂特征

与《新编事文类聚翰墨全书》的内容相比，《新编事文类要启劄青钱》收录的事类较为简单；文类的诗文较少，尤其是署有作者名姓的诗文更少；但其内容与《新编事文类聚翰墨全书》多有相同者。其书所分门类与《新编事文类聚启劄云锦》相对更为接近。尽管与《新编事文类聚翰墨全书》、《新编事文类聚启劄云锦》相比部头要小，但书写交际应酬启劄涉及到的事类、文类内容包罗齐备，且事类和文类编排特别齐整，上下对应，各级类目标识明显，内容简而精，极其方便查找使用，这是该书最为显著的特点。由于内容实用性极强，可以直接抄袭套用，故而一时能重刊流行。

第四章 《新编事文类聚翰墨全书》

第一节　书籍概况

《新编事文类聚翰墨全书》（亦称《新编事文类聚翰墨大全》，简称《翰墨全书》或《翰墨大全》，以下简称为"《翰墨全书》"）是元代前期福建建阳知名学者刘应李编纂、当地书坊刊行的一部民间交际应用类书，同时也是宋元民间交际应用类书中部头最大、影响最大、传世版本最多者。据笔者研究，此书传世版本有三种版本系统、两种内容系统。成为现存宋元民间交际应用类书的最重要代表。

一　《翰墨全书》有三种版本系统[①]

《翰墨全书》传世版本有大德本、泰定本、明初本三种系统，三种版本系统内容及编排体例略有差异。

（一）大德本

《翰墨全书》的原编者刘应李，初名荣，后改应李，字希秘，号省轩，宋末元初建阳崇泰里（今福建省建阳市）人，生于宋代福建建阳著名的儒学世家、雕版印刷世家，六世祖刘勉之为宋代大儒朱熹的老师兼岳父，祖母为宋代宗室宰相赵汝愚之女。南宋末年咸淳十年（1274），刘应李中进士，官授建阳主簿，入元后遁隐，与名士熊禾、胡庭芳等讲道洪源山，居十二年。至元二十四年（1287）六月在崇泰里西山之麓莒潭建成化龙书院，立师道，聚英材，传道授业，学者云集。所著有《翰墨全书》、《易经精义》、《传道精语》，后两种已经亡佚。清初建阳义学将其列

---

① 仝建平：《略谈〈翰墨全书〉利用的几个问题》，《史学集刊》，2014 年第 2 期。

为大儒祭祀。

《翰墨全书》由刘应李主持、其弟子曾参与编纂而成。该书由平碉伯氏首次付梓刊行，卷首有刘应李同乡好友熊禾序，作于大德十一年（1307）正月初一。说明《翰墨全书》编纂完成定在 1307 年正月之前。"平碉伯氏"可能是建阳当地的一家书坊。《翰墨全书》初编本即为大德本，包括前集（甲、乙、丙、丁、戊、己、庚、辛、壬、癸）十集和后集（后甲、后乙、后丙、后丁、后戊）五集共十五集，208 卷，分为诸式、活套、冠礼、婚礼、庆诞、庆寿、丧礼、祭礼、官职、吏道、仕进、儒学、人品、释教、道教、神祠（祠庙）、天时（天文、天时、天文时令、时令）、地理（州郡）、人伦、人事、姓氏、第宅、器物（器用）、服饰、饮食、花木、禽兽、杂题等 28 门。先列"事类"，后是"文类"。此后元明清《翰墨全书》的各种版本都是以大德本为祖本，或翻刻，或改编。

（二）泰定本

《翰墨全书》首次印行十余年后，詹友谅对其进行改编，建安文学名士毛直方作序，改编完成后不久，就于泰定元年（1324）由建阳麻沙书坊吴氏友于堂刊行，是为泰定本。泰定本以天干分为甲、乙、丙、丁、戊、己、庚、辛、壬、癸甲、乙、丙、丁、戊、己、庚、辛、壬、癸共十集，无后集，134 卷。至于泰定本的门数，由于未见到全本，尚不知确切数目，但结合前此的大德本和后此的明初本来看，应该有 28 门左右。对比泰定本《翰墨全书》残本，发现泰定本对大德本的编排体例略作变更，如不分前后集，卷数减少为 134 卷；内容多有压缩减少，亦有少量增加，但主要表现为压缩大德本。泰定本的内容基本为其后元明两代多次印行的《翰墨全书》所承袭。

詹友谅，生平事迹不详，署名"建安后学"，不能排除书坊假托的可能。改编本刊行时，原编者刘应李肯定已经作古。

（三）明初本

约在元末明初，建阳书坊刊行了《翰墨全书》的又一种改编本，分前集（甲、乙、丙、丁、戊、己、庚、辛、壬、癸）十集和后集（后甲、后乙、后丙、后丁、后戊）五集共十五集，134 卷，共分为诸式、活套、冠礼、婚礼、庆诞、庆寿、丧礼、荐悼、祭礼、祈禳、诏诰、表牋

（笺）、官职、吏道、仕进、儒学、科举、人伦、人品、人事、释教、道教、神祠、天时（天文、天文时令）、地理（州郡）、氏族（姓氏）、第宅、器物（器用）、服饰、饮食、花木、禽兽、杂题 33 门。此种版本的《翰墨全书》，国内多有收藏。比对此本与泰定本残本，发现仅作了卷目变更和内容编排的次序调整，内容直接承袭泰定本，照录承用，卷目与内容编排参照了大德本，编者署为"刘应李"。

通过比对传世的明初覆大德本、泰定本残本、明初本所收内容，发现明初本沿用泰定本的内容，此两种属于同一内容系统，可知传世的《翰墨全书》有大德本和泰定本两种内容系统，泰定本系压缩改编大德本而成。

《翰墨全书》传世的三种版本系统，以大德本编纂年代最早、内容最多，应优先利用，但国内现存的元大德本仅有几种残本，全本都是明代覆刻本，如中科院图书馆所藏，目前未予影印。泰定本国内所藏都是残本，以上海图书馆所藏 33 卷为最多。明初本《翰墨全书》，《四库全书存目丛书》、《续修四库全书》以及《明代通俗日用类书集刊》均以国家图书馆所藏完本影印，利用较为方便①。故而以下所述《翰墨全书》，选择国家图书馆藏明初本《新编事文类聚翰墨全书》为底本，以中科院藏明初覆刻大德本《新编事文类聚翰墨大全》为参照本适当比对。

二　明初本《翰墨全书》的版本特征

国家图书馆藏明初本《翰墨全书》（编号 2334）为建阳刊巾箱本。分前、后集，各以天干为次细分：前集（甲、乙、丙、丁、戊、己、庚、辛、壬、癸）十集 100 卷，后集（甲、乙、丙、丁、戊）五集 34 卷，共计 134 卷。十五集每集之首均有该集卷目，详列门类名、卷次、篇名，之后为该集正文。版式为四周双边；少许页码有书耳，书耳署有门类名；细黑口；双顺鱼尾，版心书"启×集"，下鱼尾之下书页码，草体字；卷首门类名上方标有一花鱼尾。卷首卷尾一般均书书名及卷次，其下有黑丁白文标识的集名；卷首书名用全称，如"新编事文类聚翰墨全书卷之×"，而卷尾书名多省"新编"二字，作"事文类聚翰墨全书卷之×"。

---

① 仝建平：《〈翰墨全书〉编纂及其版本考略》，《图书情报工作》，2010 年第 21 期。

总目录所见内容共分为 25 门，依次为：诸式、活套、冠礼、婚礼、庆诞、庆寿、丧礼、祭礼、官职、儒学、人品、释教、道教、天时、地理、人伦、人事、姓氏、第宅、器物、衣服、饮食、花木、鸟兽、杂题。除诸式、活套、州郡、姓氏、杂题五门外其余各门之下均分为"事实"（或"事类"）与"文类"两类。"事类"半页 12 行、行 22 字；"文类"半页 14 行、行 24 字。目录加内容共计 2297 页。

"事实"之下再分类罗列相关的"事实"类目，"事实"类目之下包括相关的语词、典故（多以 2—4 字为名）及其文献出处（小字双行注文形式，或有书名、作者名、诗名，或无，注文或全录或节录相应的引文内容，且注文中引用该语词、典故皆以竖线代替，一条竖线对应为一个字）；或"事实"之下不再分类，直接罗列相关的"事实"类目，"事实"类目之下内容同上。"文类"之下再分类罗列相关的诗词文章，包括诗、词曲及其余各种文体（如表笺、书简、启劄、记、铭、赋、序跋、疏状、青词、祭文、上梁文等）；内容排列大致是先文章再诗，最后列词。同类诗词文，往往第一首（篇）列题名，之后者题名多以"又"表示，或再加副题以示区别，或再无副标题。"文类"中附录有图式、活套、散联警语等，以活套（如小简活套、四六活套、疏语活套等）为多，图式亦不少。有的门类之首或小类之首有编者所加的题记，叙述该门、该类的主要内容及其编集缘由。

"事类"与"文类"罗列事文时，大致官员按官位高低、庶民按班辈排列，以体现敬重尊者、长者的传统观念。文中凡出现"皇帝"二字，多用"○○"来代替。使用俗体字较多。

大德本与明初本《翰墨全书》分集卷目对照表

大德本（208 卷）		明初本（134 卷）	
集名	卷次卷目	集名	卷次卷目
甲 集	1. 诸式门事类 2. 诸式门文类 3. 诸式门文类 4. 诸式门文类 5. 诸式门文类	甲 集	1. 诸式门事类 2. 诸式门文类 3. 诸式门文类 4. 诸式门文类 5. 诸式门文类

大德本（208卷）		明初本（134卷）	
集名	卷次卷目	集名	卷次卷目
甲 集	6. 诸式门文类	甲 集	6. 诸式门文类
	7. 活套门事类		7. 活套门事实
	8. 活套门文类		8. 活套门文类
	9. 活套门文类		9. 活套门文类
	10. 活套门文类		10. 活套门文类
	11. 活套门文类		11. 活套门文类
	12. 活套门文类		12. 活套门文类
乙 集	1. 冠礼门事类	乙 集	1. 冠礼门事文类
	2. 冠礼门文类		2. 冠礼门文类
	3. 冠礼门文类		3. 婚礼门事类
	4. 婚礼门事类		4. 婚礼门事类
	5. 婚礼门事类		5. 婚礼门文类
	6. 婚礼门事类		6. 婚礼门文类
	7. 婚礼门文类		7. 婚礼门文类
	8. 婚礼门文类		8. 婚礼门文类
	9. 婚礼门文类		9. 婚礼门文类
	10. 婚礼门文类		
	11. 婚礼门文类		
	12. 婚礼门文类		
	13. 婚礼门文类		
	14. 婚礼门文类		
	15. 婚礼门文类		
	16. 婚礼门文类		
	17. 婚礼门文类		
	18. 婚礼门文类		
丙 集	1. 庆诞门事类	丙 集	1. 庆诞门事实
	2. 庆诞门文类		2. 庆诞门文类
	3. 庆诞门文类		3. 庆诞门文类
	4. 庆寿门事实		4. 庆寿门事实

大德本（208 卷）		明初本（134 卷）	
集名	卷次卷目	集名	卷次卷目
丙 集	5. 庆寿门事实 6. 庆寿门事实 7. 庆寿门事实 8. 庆寿门文类 9. 庆寿门文类 10. 庆寿门文类 11. 庆寿门文类 12. 庆寿门文类 13. 庆寿门文类 14. 庆寿门文类	丙 集	5. 庆寿门文类
丁 集	1. 庆寿门文类 2. 庆寿门文类 3. 庆寿门文类 4. 庆寿门文类 5. 庆寿门文类 6. 丧礼门事类 7. 丧礼门事类 8. 丧礼门事类 9. 丧礼门文类 10. 丧礼门文类 11. 丧礼门文类	丁 集	1. 庆寿门文类 2. 庆寿门文类 3. 庆寿门文类 4. 庆寿门文类 5. 庆寿门文类
戊 集	1. 丧礼门文类 2. 丧礼门文类 3. 丧礼门文类 4. 丧礼门文类 5. 丧礼门文类 6. 丧礼门文类 7. 祭礼门事类	戊 集	1. 丧礼门事实 2. 丧礼门事实 3. 丧礼门文类 4. 丧礼门文类 5. 丧礼门文类

大德本（208 卷）		明初本（134 卷）	
集名	卷次卷目	集名	卷次卷目
戊 集	8. 祭礼门事类 9. 祭礼门事类 10. 祭礼门文类 11. 祭礼门文类 12. 祭礼门文类 13. 祭礼门文类		
己 集	1. 官职门事类 2. 官职门事类 3. 官职门事类 4. 官职门事类 5. 官职门事类 6. 官职门事类 7. 官职门事类 8. 官职门事类 9. 吏道门事类 10. 仕进门事类 11. 官职门文类 12. 官职门文类	己 集	1. 荐悼门文类 2. 荐悼门文类 3. 祭礼门事类 4. 祭礼门文类 5. 祭礼门文类 6. 祈禳门文类 7. 祈禳门文类
庚 集	1. 官职门文类 2. 官职门文类 3. 官职门文类 4. 官职门文类 5. 官职门文类 6. 官职门文类 7. 官职门文类 8. 官职门文类 9. 官职门文类 10. 官职门文类	庚 集	1. 诏诰门事实 2. 诏诰门文类 3. 表笺门事实 4. 表笺门文类 5. 表笺门文类 6. 表笺门文类 7. 官职门事实 8. 官职门事实 9. 官职门事实 10. 官职门事实

大德本（208 卷）		明初本（134 卷）	
集名	卷次卷目	集名	卷次卷目
庚 集	11. 官职门文类 12. 官职门文类 13. 官职门文类 14. 官职门文类 15. 官职门文类	庚 集	11. 官职门事实 12. 官职门事实 13. 官职门事实 14. 官职门事实 15. 吏道门事类 16. 仕进门事类 17. 官职门文类 18. 官职门文类 19. 官职门文类 20. 官职门文类 21. 官职门文类 22. 官职门文类 23. 官职门文类 24. 官职门文类
辛 集	1. 儒学门事类 2. 儒学门事类 3. 儒学门文类 4. 儒学门文类 5. 儒学门文类 6. 儒学门文类 7. 儒学门文类 8. 儒学门文类 9. 儒学门文类 10. 儒学门文类 11. 儒学门文类 12. 儒学门文类 13. 儒学门文类 14. 儒学门文类 15. 儒学门文类 16. 儒学门文类	辛 集	1. 儒学门事类 2. 儒学门文类 3. 儒学门文类 4. 儒学门文类 5. 儒学门文类 6. 儒学门文类 7. 儒学门文类 8. 儒学门文类 9. 科举门事实 10. 科举门文类

大德本（208 卷）		明初本（134 卷）	
集名	卷次卷目	集名	卷次卷目
壬 集	1. 儒学门文类	壬 集	1. 人伦门事类
	2. 儒学门文类		2. 人伦门文类
	3. 儒学门文类		3. 人伦门文类
	4. 儒学门文类		4. 人品门事类
	5. 儒学门文类		5. 人品门文类
	6. 儒学门文类		6. 人品门文类
	7. 儒学门文类		7. 人品门文类
	8. 儒学门文类		8. 人品门文类
	9. 人品门事类		9. 人品门文类
	10. 人品门文类		10. 人事门事实
	11. 人品门文类		11. 人事门文类
	12. 人品门文类		12. 人事门文类
	13. 人品门文类		
	14. 人品门文类		
	15. 人品门文类		
	16. 人品门文类		
	17. 人品门文类		
癸 集	1. 释教门事类	癸 集	1. 释教门事类
	2. 释教门文类		2. 释教门文类
	3. 释教门文类		3. 释教门文类
	4. 释教门文类		4. 释教门文类
	5. 释教门文类		5. 释教门文类
	6. 释教门文类		6. 释教门文类
	7. 释教门文类		7. 道教门事实
	8. 释教门文类		8. 道教门文类
	9. 释教门文类		9. 道教门文类
	10. 道教门事类		10. 道教门文类
	11. 道教门文类		11. 神祠门文类
	12. 道教门文类		

大德本（208 卷）		明初本（134 卷）	
集名	卷次卷目	集名	卷次卷目
癸 集	13. 道教门文类 14. 道教门文类 15. 道教门文类 16. 神祠门文类 17. 祠庙门文类		
后 甲 集	1. 天文门事类 2. 天时门事类 3. 天文时令门文类 4. 天文时令门文类 5. 时令门文类 6. 天文时令门文类 7. 天文门文类 8. 时令门文类 9. 时令门文类 10. 时令门文类 11. 地理门事类 12. 地理门事类 13. 地理门事类 14. 地理门事类 15. 地理门事类	后 甲 集	1. 天文门天时门事实 2. 天文时令门文类 3. 天文时令门文类 4. 天文时令门文类 5. 天时门文类 6. 地理门事类 7. 地理门文类 8. 地理州郡门文类
后 乙 集	1. 地理门事类 2. 地理门事类 3. 地理门事类 4. 地理门事类 5. 地理门事类 6. 地理门事类 7. 地理门事类 8. 地理门文类 9. 地理州郡门文类	后 乙 集	上、圣朝混一方舆 　　胜览 中、圣朝混一方舆 　　胜览 下、圣朝混一方舆 　　胜览

大德本（208 卷）		明初本（134 卷）	
集名	卷次卷目	集名	卷次卷目
后乙集	10. 地理门文类 11. 地理门文类 12. 地理门文类 13. 地理门文类		
后丙集	1. 人伦门人事门事类 2. 人伦门文类 3. 人伦门文类 4. 人伦门文类 5. 人事门文类 6. 人事门文类 7. 姓氏门事类 8. 姓氏门事类 9. 姓氏门事类 10. 姓氏门事类 11. 姓氏门文类 12. 姓氏门文类	后丙集	1. 氏族门事类 2. 姓氏门事类 3. 氏族门事类 4. 氏族门事类 5. 氏族门事类 6. 氏族门事类
后丁集	1. 第宅门事类 2. 第宅门文类 3. 第宅门文类 4. 第宅门文类 5. 第宅门文类 6. 第宅门文类 7. 器物门事类 8. 器用门文类 9. 器用门文类 10. 服饰门事类 11. 服饰门文类 12. 饮食门事类 13. 饮食门文类 14. 饮食门文类	后丁集	1. 第宅门事实 2. 第宅门文类 3. 第宅门文类 4. 器物门事类 5. 器用门文类 6. 器用门文类 7. 服饰门事类 8. 服饰门文类

大德本（208 卷）		明初本（134 卷）	
集名	卷次卷目	集名	卷次卷目
后 戊 集	1. 花木门事类	后 戊 集	1. 饮食门事实
	2. 花木门文类		2. 饮食门文类
	3. 花木门文类		3. 饮食门文类
	4. 花木门文类		4. 花木门事实
	5. 花木门文类		5. 花木门文类
	6. 禽兽门事类		6. 花木门文类
	7. 禽兽门文类		7. 禽兽门事实
	8. 禽兽门文类		8. 禽兽门文类
	9. 杂题门文类		9. 杂题门文类

第二节 明初本《翰墨全书》内容及编排体例

明初本《新编事文类聚翰墨全书》全书之首为熊禾序，草书上版。

文公尝言："制诰是君谀其臣，表笺是臣谀其君。"然则近世士大夫以启劄相尚，无乃交相谀者乎？书坊之书，遍行天下，凡平日交际应用之书，例以启劄名，其亦文体之变乎？省轩刘君应李为此编，命曰《新编事文类聚翰墨全书》，凡儒者操翰墨之文皆具，非但启劄而已也。其所选之文，大略变俗归雅，返浇从厚，去浮华，尚质实，多是先哲大家数，而时贤之作亦在所不遗，斯亦可谓之全书矣。盖尝因是而论之，文之体，莫善于《书》、《诗》。君之于臣，诰命而已，即后世书、疏之体也。纪述之体，如《尧典》、《禹贡》等作，后世纪志、碑记、叙事之文始于此。问答之体，如《微子》、《君奭》等篇，后世论辨、往复之文始于此。若后世诗词一类，则自虞夏《赓歌》而下，备见于《三百篇》之风、雅、颂，舍是之外，亦未见有能易者。至制诰、笺表、启札，胥为骈俪，而后文始尽变矣。甚者纪事、实录之文、亦为四六之体，吟咏性情，且尚对偶之工。至于末流，连篇累牍，虽百千万言，而辞不足，果何日而可复返于雅厚质实之归乎？且刘君此编，自冠婚以至丧祭，近自人伦日用，远而至于天地万物，凡可以寓之文者，莫不毕备，其亦异乎世之所谓启劄者矣。其间俚俗之言、异怪之说，虽不能悉去，亦必为之订其谬误，而究其指归。刘君之用志，亦可尚矣。刘君力学善文，与余讲学武夷洪源山中者十有二年，所造甚深，此特其游艺之末耳。平礀伯氏，为刊是书。君之可传于后世者，固不止是也。辄书编端，以诒观者。岁在丁未月正元日，是为大德之十有一年，前进士、考亭熊禾去非父序。

按，此序作于大德十一年（1307）正月初一日，"岁在丁未月正元日，是为大德之十有一年"。大意为：近世以来士大夫以启札相尚，影响到民间日常交际应用多行启劄，此为文体之变化；刘应李所编《新编事文类聚翰墨全书》收录儒者应用翰墨之文，内容较为全面，并非仅收启札，实用性较强，并对所收的俗言异说尽力订误，所选之文大致变俗归雅、去浮尚实，所选之人多先哲大家，也有时贤；诸种应用文体的渊源递嬗关系；刘应李的学识造诣以及与熊禾的交情；书坊平礀伯氏刊行此书。基本概括了《新编事文类聚翰墨全书》的内容、性质、功用、编纂特点，诸种应用文体源流及其编者的学识水平。熊禾序说客观中允。

熊序之后为《事文类聚翰墨全书总目》，即全书总目，内容包括所分25门之名目，依次为诸式、活套、冠礼、婚礼、庆诞、庆寿、丧礼、祭礼、官职、儒学、人品、释教、道教、天时、地理、人伦、人事、姓氏、第宅、器物、衣服、饮食、花木、鸟兽、杂题。

《总目》之后为地图14幅，依次为混一诸道之图、腹里2幅、辽阳、陕西、四川、汴梁、江浙、福建、江西、湖广、左右江溪洞、云南、甘肃，每图一页。

按，对照现存明初覆大德本《新编事文类聚翰墨大全》，大德本原未绘制地图，郭声波教授认为系詹友谅改编时加绘[①]；泰定本《新编事文类聚翰墨全书》的地图本来在乙集地理附州郡部分，明初本将地图移置于书首序后。《新编事文类聚翰墨全书》改编于元代中期，久已实现天下一统，附图首列"混一诸道之图"、次列"腹里"，再次排列各行省，比较

----

① 郭声波整理：《大元混一方舆胜览》"整理者弁言"，四川大学出版社，第17页。

合理。但从明初本《新编事文类聚翰墨全书》书首地图来看，编制者水平一般，所绘地方路级区划及长城、河流川泽走势较为齐整，不太精细；郭声波教授指出地图所示屡有错误，尤其是北方地区，他推测是编者不熟悉北方地形的缘故。

又，十五集内容所分门类实际依次为诸式、活套、冠礼、婚礼、庆诞、庆寿、丧礼、荐悼、祭礼、祈禳、诏诰、表牋（笺）、官职、吏道、仕进、儒学、科举、人伦、人品、人事、释教、道教、神祠、天时（天文、天文时令）、地理（州郡）、氏族（姓氏）、第宅、器物（器用）、服饰、饮食、花木、禽兽、杂题，细算有 38 门之多，至少应为 33 门，比《总目》所标 25 门更多更细，有的类目名称略作变更，如"衣服"与"服饰"、"鸟兽"与"禽兽"，尽管有所差异，但大致仍能对应。

甲　集

甲集包括诸式门、活套门，每门 6 卷共计 12 卷。集首为该集目录，依卷次排列门类及内容，卷一为诸式门事类，卷二至六为诸式门文类，卷七为活套门事类，卷八至十二为活套门文类；目录首尾均标《新编事文类聚翰墨全书甲集目录》

卷一诸式门事类。内容包括八大类，依次为"书奏式"：上书、封事、奏对、奏议、奏疏、奏劄、奏状；"表牋式"：表、牋；"书记式"：手书、长书、家书、小简；"启劄式"：启、劄式；"杂文诸式"：冠礼（祝辞、字说）、婚礼（制文、礼书、礼状）、丧礼（事实：慰疏、慰书、奠状、哀辞、挽歌、祭文、哀诔、谥议、墓铭；散事：挽歌、谥议）、交际（送序、赠说、题跋、论辩、致语、上梁文）；"诗赋诸式"：骚、诗（"风谣、雅颂"附）、行、歌（"谣"附）、吟、辞、引、曲、琴操、词令；"词科诸式"：诏令（"口宣、敕书"附）、制诰（"批荅"附）、檄书、露布、碑、记、序、传、颂、赞、箴、铭；"公牍诸式"：关牒、申状、文榜。八大类之下再分小类，小类内大致先分成"事实"与"散事"两类，再依次罗列相应的词句典故（正文，大字单行显示）及文献出处（注文，小字双行显示，为文献来源及其内容全录或节录）。如"奏疏"下分"事实"与"散事"两类，"事实"包括"贾谊陈政事疏、匡衡上政治书、魏徵十谏书、范镇十九疏、王吉言政治疏、薛宣言阴阳疏"，

"散事"包括"止辇受书、盥手读疏"①。事类"散事"的注文，如"盥手读疏"下注文为"《通监》唐太宗得大臣章疏必焚香 — — —之"，其中"通鑑"之"鑑"写作异体字"监"，三条竖线"— — —"代替事类正文之三个字"盥手读"。

按，本卷所分的"书奏式"、"表牋式"等八大类之首均有题记，大致简要叙说所包括的诸种文体之历史、现状、特征及本卷编排的缘由。如"书奏式"题记大致叙述包括的七种体式类目（上书、封事、奏对、奏议、奏疏、奏劄、奏状）的历史源流。

> 敷奏起于唐虞，自禹、皋陈谟之外，未有敷奏之文也。自伊尹有《伊训》、《太甲》、《一德》等篇，周公有《立政》、《无逸》等篇，则有其文矣，犹未有其式也。前汉文帝开广言之路，始有贾山《至言》、贾谊《政事疏》。自是而后以书、疏言事者不胜多矣，或称上书，或称奏疏，恐有宣泄则用封事，于是渐有体式矣。奏对者，上有问而我对之也；奏议者，上有谋而我议之也。昌言嘉谋，一问一答，载于《尚书》者皆此体也。至汉则此体尤多，登坛对、杖策对、和战议、盐铁议，此类盖不少矣。尝谓"君臣相遇，一二语而有余；上下未孚，千万言而无补"。此外有奏礼、奏状，臣僚有万言书，布衣有贤良策。又如进卷、进论，连篇累牍，其体式不一而足。此姑序其略云。②

又，《目录》"诸式门"类名后黑丁白文显示"诸式事实"，内容标注为"诸式门 事类"。内容"劄式"，注文标曰"见文类"，可见为互见，此简彼详，既不重复，亦不缺失；《目录》标为"劄"。内容"冠礼"之"字说"，祝文亦标作"见文类"。"杂文诸式"：内容"婚礼"事实之"制文"包括纳采制、问名制、纳吉制、纳征制、告庙制、亲迎制，内容"杂文诸式"之首所标下属类目未标，"婚礼"仅显示收有"礼书、礼状"两类，《目录》也未标"礼书"；内容之类目"丧礼"，内容"杂文

---

① 《新编事文类聚翰墨全书》甲集卷一，第15页。
② 《新编事文类聚翰墨全书》甲集卷一，第14页。

诸式"之首所标下属类目标为"丧祭",《目录》注文也作"以下系丧祭",内容"丧礼"事实包括慰疏、慰书、奠状、哀辞、挽歌、祭文、哀诔、行状、谥议、墓铭十类,而内容"杂文诸式"之首所标下属类目标为"慰疏、奠状、哀辞、祭文、哀诔、行状、谥议、碑铭"八类,少列两类,且有"墓铭"与"碑铭"之别,《目录》所标同于内容"杂文诸式"之首所标下属类目;内容之"交际"事实分为送序、赠说、题跋、论辩、致语、上梁文六类,而内容"杂文诸式"之首所标下属类目为"序说、题跋、辩论、致语、上梁文",与《目录》所标相同,但"辩论",《目录》作"辨论"。词科诸式:内容之类目"碑",内容"词科诸式"之首所标下属类目与《目录》均为"碑碣";内容"诏令"("口宣、敕书"附)之"敕书",《目录》似标作"功"。上述所列《目录》与内容,以及内容中所标,并非完全对应,或有省略、简化或缺失,足见编排不太严谨。

又,甲集"诸式门事类"的内容编排与全书其余事类部分不同,具体类目如"上书"、"奏疏"等之下大致再按"事实"与"散事"分两类,其下列举相关的词句、典故及其文献来源,而全书其余事类部分的具体类目之下不再分"事实"与"散事";覆大德本《新编事文类聚翰墨大全》事类部分的具体类目之下基本上都分为"事偶"和"散事"两类,可见此明初本《新编事文类聚翰墨全书》甲集卷一的内容编排模仿大德本。

卷二诸式门文类。内容包括诏诰、表牋、书奏三种文体。卷首为"文类"题记,叙述编纂翰墨之文的缘由以及所包括的诸种文体名目。

> 天叙天秩,待其人而后行;有典有则,不师古而何法。翰墨之编,通君臣、父子,上下交际、日用常行,所不能已者。而笼络之制诰,则上达下之词;表笺、书奏,则下达上之语;至若尊卑长幼通问往来,官员士夫贺谢辞让书记启劄备矣。元戎虎帐飞书奏捷、檄文露布,杂著附见。碑、铭、赞、记、诗、赋诸体,散见各类,有如公牍之行移解替之文,据亦各一一具述。体新旧而不遗,文简繁而兼取。参酌用之,存乎其人。①

---

① 《新编事文类聚翰墨全书》甲集卷二,第25页。

　　题记之后先列"诏诰",但仅有类目名,未有内容,注曰"见辛集"。再依次列"表牋":包括"上表笺首末式"(附用语说明);"书奏":包括"上书"(《诣阙上书首末式》万言书同、许鲁斋《上书论时务八事》新式、郑玠夫《上书陈太平策》)、"奏对"(许鲁斋《奏对论中书省事》新式)、"奏议"(许鲁斋《奏议论农桑学校》新式)、"奏劄"(《上殿奏对劄子首末式》、伊川先生《除崇政殿说书上殿乞经筵访问劄子》)、"奏状"(《奏状首末式》,程伊川先生《论开乐御宴奏状》,《宣问及赐物奏谢状首末式》,苏子瞻《谢赐对衣金带鞍马状》)、"陈言"新式(方招讨《择守令戢奸吏陈言》)。

　　按,本卷文类大致先分类列举该文体写作的具体格式,即书中所谓的"首末式",便于直接套用;其后讲述一些用词、称谓的用法及其它相关规定、解释说明;再后列举数篇该文体的范文(多为名家之作),便于模仿学习。如"书奏"类之"上书",先列"诣阙上书首末式",下注"万言书同",首末式内容为"某月吉日具位臣姓某谨昧死百拜上事于皇帝阙下臣云云臣言狂直甘俟诛夷臣下情无任戰慄恐懼之至臣昧死百拜",注文"应官员士民诣阙上书皆实封,有关则具衔位姓名,无官则云布衣臣姓名"①;其后附文"《上书论时务八事》新式",作者"许鲁斋",其文前详后略,后部分仅列举条目,下有注文曰"全文见遗书",可见为内容节录。

　　又,《目录》所列与内容略有不同。内容所含的三个类目"诏诰、表牋、书奏"仅有"书奏诸式"黑丁白文显示;内容"书奏"下分"上书、奏对、奏议、奏劄、奏状、陈言"6类,《目录》未标注;《目录》与内容所收8篇文章排列先后顺序不全相同,且《目录》所标文章题目有所省略。另外,底本所见,《目录》所列文章题目下有后人补写的作者名称。

　　卷三诸式门文类。内容为"书记诸式",下属类目包括"手书"(《手书记事常用首末式》、许鲁斋《与张仲谦左丞》、文公《荅蔡季通书》、张南轩《荅朱元晦》)、"长书"(《上官员长书首末式》、范文正公仲淹《上相府书》)、"禀事劄"(《禀事劄子首末式》、《乞庙堂保全禀

---

① 《新编事文类聚翰墨全书》甲集卷二,第26页。

劄》）、"小简"（《平交小简首末式》、《稍卑小简首末式》、欧阳公《与朱职方》、苏东坡《与姜唐佐》、许鲁斋《与孙谦甫》、前人《与文子贞》）、"简式"（手牋小柬常式、回手牋小柬式，手牋小柬变式、回手牋小柬式，〔附"小柬连封、小柬不封"及写作说明〕，手牋代劄常式、回手牋代劄式，手牋代劄变式、回手牋代劄式）、"家书"（首引"温公书仪"，再列"家书范式"，依次为《上父母姑舅书》附"内封、外封"、《上内外尊属书》附"内封、外封"、《上内外长属书》附"内封、外封"、《祖父与子孙书》附"内封、外封"、《与内外卑属书》附"内封、外封"、《与幼属书》附"内封、外封"、《与外甥女婿书》附"封皮"、《与妻书》附"内封、外封"、《妻与良人书》附"内封、外封"，卷末再引"温公书仪"，其中"家书"类所列文章题目下多有注文，为亲属类别及用语说明）。

按，《目录》所标"小简"之后为类目"简式"，内容没有标注，包括八幅图式，"手牋小柬常式"与"回手牋小柬式"、"手牋小柬变式"与"回手牋小柬式"、"手牋代劄常式"与"回手牋代劄式"、"手牋代劄变式"与"回手牋代劄式"，即写作的具体样式图，并有一些相应说明。此部分内容与《新编事文类聚新编事文类聚启劄云锦》甲集卷二"诸式备览"基本相同，而其中 4 幅图式（"手牋小柬变式"与"回手牋小柬式"、"手牋代劄常式"与"回手牋代劄式"）与《新编事文类要启劄青钱》前集卷九"诸式门"基本相同。

又，内容之"家书"类有"内封"、"外封"格式，首尾有题记和跋语，涉及写作家书的各类称谓、用语及纸张、书体等。如"家书"题记曰"《温公书仪》云凡人得家书喜惧相半，内外封平安字不可阙，使尊长见之则喜。凡上祖父母、父母书，须用好纸、楷书直述其事，不得使杂色纸。若叙时令，直言孟仲，不得用新春、首夏等语，皆为不谨。外封则直题某州某县，不得使异名，及不得用图书，惟用蜡封。只有批日月及信物处用一名字，图书亦不妨。"[1] 内容"家书"部分与《新编事文类聚启劄云锦》甲集卷一"家书式"基本相同。

又，此本《目录》所列文章题目下有后人补写的部分作者姓名。

卷四诸式门文类。内容包括"启劄"：分为"启事"（《上官员贺启

---

[1] 《新编事文类聚翰墨全书》甲集卷三，第 34 页。

首末式》，刘后村《贺范丞相》，《上官员谢启首末式》，黎所寄《谢临江李总管重建状元坊启》，《通官员启首末式》，后村《提刑礼上通经略》，《上官员干启首末式》，宋梅洞《干提举萧万崖》，《尊官回通谢干投启首末式》，赵承之《回郑通判投启》，《冬至元正贺启首末式》，《贺冬至元旦启》及《回启》并见时令门）、"小启"（《上尊官小启首末式》，《与平交小启首末式》，《与稍卑小启首末式》，黄西月《贺生日》，文山《谢朱约山贺生日》，黎所寄《通詹学士》，丹山《请饯别》，不署作者名《回方山长谢宴》）、"简劄"（书劄记事往复条目，包括前具礼、时令、称呼、燕居、神相、福复、间阔、詹仰、叙述、领书、叙贺、颂德、期望、托庇、自叙、人事、奉书、复书、恩幸、未见、问候、保重、颂祝、问眷、请委、草略、结跋、后具礼、月日等类目，每类下均有小字祝文略加解释说明）、"简子"（《三幅简首末式》）、"劄子"（《提头劄子首末式》，《贺徐参政七提头劄子》，《并幅劄子首末式》，《贺宪使并幅劄子》，《回监簿通贺并幅劄子》，《画一劄子首末式》，刘夷叔《上都运画一劄子》，《画一申禀劄子首末式》，《上通判画一申禀劄子》，《四六骈劄首末式》，《贺郡守再任四六劄》，《贺徐大参生日四六劄》，《贺尚书生日送物四六劄》，《回四六贺劄首末式》，《回贺得郡四六劄》，《回生日送物四六劄》；"状"："官俗诸式"（《先状首末式》、《太守入境与文太师先状》、《到关与侍从先状》、《远迎状首末式》、《迎太师入觐状》、《迎丞相到阙状》、《攀违状首末式》、《违帅臣监司状》、《谢攀违状首末式》、《谢吕观文出知郡远违状》、《贺官员冬至元正状首末式》），列图式（送物大状正式、送物大状变式、送物小帖正式、谢送物状正式、谢送物状变式、谢送物小帖式、再送物状通式、再送物受通式、再送物不受式，请召大状正式、谢请召状正式、请召小帖常式、再请筵会通式、再请答赴通式、再请不赴通式，请召团状体式、请召列状体式、谒候大状司马温公古式、写门状式俗用常式，写榜子式僧家、道士、术士，修名刺式〔分为：见官员、见县官、见乡贵、见尊官、见恩门、契家官员、亲戚乡贵、父祖同年、父祖朋友、乡居长上、乡居稍尊、亲族尊长、同姓尊长、见师长、见契家、见同年、见朋友、见常人、外郡人、见僧道、有官居丧、常人居丧、居父丧、居母丧、父母俱丧、居祖丧、居心丧、居禫服、祖父母丧、承重丧、居妻丧〕）

按，"启劄"大类之下分类列举诸种问题写作范文，其后随之附录写作使用说明文字。"启劄"之"简劄"类罗列"书札记事往复条目"29项，如"时令、称呼、保重、结跋"等，每项条目正下附相关说明，如"燕居"下曰"官员职任、士子德业之类"。"状"类分类列举范文，随后附"送物大状正式"、"谢送物状正式"、"写门状式"与"修名刺式"等21种图式，其中"写门状式"、"写榜子式"、"修名刺式"均附有写作、制作说明，如"写榜子式"附录说明曰"凡榜子用白纸，阔四寸许，就中心写一行，横卷之，平常见人添取覆两字，其余贺谢、辞违并临时于名下改之"。

又，本卷《目录》分为"启劄诸式"与"状帖诸式"两类，黑丁白文显示，底本所列文章题目下方有后人补写的作者姓名。本卷内容所引图式与《新编事文类聚启劄云锦》甲集卷二"公状式"及卷三"写门状式、写榜子式、修名刺式"大致相同，与《新编事文类要启劄青钱》前集卷九"诸式门"多有相同，仅是《新编事文类聚启劄云锦》甲集卷二"公状式"包括的图式更多。

卷五诸式门文类。内容包括杂文诸式、杂著与公牍诸式三类。先列"杂文诸式"，分为"冠礼"（《告祠堂祝文》文公家礼式）、"婚礼"（《男家纳采告文》文公家礼式，《纳采女家告庙祝文》，《亲迎男家告庙祝文》，《女家告庙祝文》，'常式'《男告庙祝文》、《女告庙祝文》、《妇见庙祝文》，再附图式12，依次为《男家草帖正式》、《女家草帖正式》，《男家定帖正式》、《女家定帖正式》，《婚启第一幅常式》、《变式》，《婚启第二幅常式》、《变式》，《婚启第三幅常式》、《答式》，《礼物状常式》、《变式》，再后附"员封"）、"丧礼"（'温公书仪式'：《讣告书》、《慰大官门状》、《慰平交门状》、《慰人名纸》，'文公家礼式'：《致賻奠状》附'封皮'、《谢状》、《慰人父母亡疏》附'封皮'、《父母亡答人疏》附'封皮'、《慰人祖父母亡启》、《祖父母亡答人启状》附'封皮'，'俗用常式'附图式10幅，依次为《代报亡状式》、《代报葬状式》、《通用香财状》、《谢送香财状》、《七朔香财状》、《赠人葬送状》、《请僧追修状》、《请道追修状》、《慰僧家财状》、《慰道家财状》，图式后附有相应的"状上"、"状谢"、"状请"），再列'祭文'，依次为《祭文首末式》、《遣奠祭文首末式》、《开墓域祠后土文》、《发引告辞》、《祖奠告辞》、《遣奠告辞》、《下馆祠后土文》、《题主祝文》、《虞祭祝文》、《卒哭祝文》、《附祭告文》、《小祥祝文》、《时祭祝文》、《祭始祖祝文》、《祭祢祝文》、《忌日祝文》、《祭墓祝文》、《墓祭祝后土文》，末附注"挽诗、哀辞、墓志铭并见后丧礼门，祭礼诸式并见后祭礼门）；再列"杂著"，包括"檄"（吕东莱《代汉左丞相谕燕檄文》）、"露布"（王元之《拟李靖破颉利可汗露布》），附注"碑碣、赞颂、铭、序、诗、赋诸体散见各类"；再列"公牍诸式"（包括《行移往复体例》，图式《平关首末式》、《平牒首末式》、《今故牒首末式》、《牒呈首末式》、《呈子首末式》、《解子首末式》6 幅，《求仕解由体式》）。

按，本卷内容编排多有互见，达到各部分既内容完整又不相重复的目的，如"杂文诸式"之"冠礼"标有"其余祝文字说见后冠礼门"，"婚礼常式"标有"其余诸体并见后婚礼门"，"祭文"之"挽诗、哀辞、墓志铭并见后丧礼门，祭礼诸式并见后祭礼门"，"杂著"分檄、露布、碑碣、赞颂、铭、序、诗、赋等文体，仅"檄"与"露布"各附范文一篇，其余诸体从省，内容显示为"碑碣、赞颂、铭、序、诗、赋诸体散见各类"。

又，"婚礼常式"与"丧礼俗用常式"所附图式，分别与《新编事文类聚启劄云锦》甲集卷二之"婚姻诸式"、卷三"丧纪诸式"大致相同，仅是《新编事文类聚启劄云锦》所附图式更多。

卷六诸式门文类。 内容包括诗赋诸式、词科诸式、公牍诸式三部分。先列"诗赋诸式"，分为"骚赋"（收赋 2 篇）、诗（古诗 3 首、五言律 2 首、七言律 2 首、五言绝 3 首、七言律同题 2 首）、歌（1 首）、谣（2 首）、行（2 首）、吟（1 首）、词（同题 2 首）、引（2 首）、曲（1 首）、琴操（1 首）、词令（6 首）。再列"词科诸式"，包括"诏"（1 篇）、制诰（3 篇）、檄（1 篇）、露布（1 篇）、记（1 篇）、传（1 篇）、序（1 篇）、赞（5 篇）、颂（1 篇）、箴（1 篇）、铭（1 篇）。最后列"公牍诸式"，包括：《行移往复体例》，图式《平关首末式》、《平牒首末式》、《今故牒首末式》、《牒呈首末式》、《呈子首末式》、《解子首末式》6 幅，《求仕解由体式》。

按，本卷《目录》只列"诗赋诸式"1 类，未标"词科诸式"和"公牍诸式"。而内容却有 3 类，且内容之"词科诸式"达 8 页之多；内容之"公牍诸式"与本集卷五末尾之"公牍诸式"内容全部相同，显然系重出之衍文。比对覆大德本《新编事文类聚翰墨大全》甲集卷六，与此本卷六内容全同，而覆大德本《新编事文类聚翰墨大全》甲集卷五为"杂文诸式"，无"公牍诸式"内容，可见此本改编时内容与《目录》未能统一对应（亦可能泰定本改编大德本时就致误）。此外，内容"词科诸式"所收"檄"（吕东莱《代汉左丞相谕燕檄文》）和"露布"（王元之《拟李靖破颉利可汗露布》）各1篇，与本集卷五"杂著"所录相同。另外，内容"诗赋诸式"和"词科诸式"所录文章多数标有作者名。

又，本卷《目录》所标部分文章题目下方署有作者，似为书版原有，非后人补写，姑且存疑，留待核对原书确定。

又，甲集《目录》卷二、三、四的部分"篇名"下有后人补写的作者名号，非原书版所刻。查覆大德本《新编事文类聚翰墨大全》相应部分，《目录》所标的文章篇名之下也有作者名号，但为书版原刻，而非后人补写。另外，《目录》所标个别卷目与其后内容并非一致，前已述及。

卷七活套门事类。罗列"换易事实"类目：具礼、称呼、间阔、起居、神相、台候、时令（孟春、仲春、季春、孟夏、仲夏、季夏、孟秋、仲秋、季秋、孟冬、仲冬、季冬、闰月）、託庇、感德、自叙、言谈、谒见、承接、乘访、承出、失接、报谢、欸留、书翰、瞻仰、颂德、咨禀、会晤、祝颂、问眷、请委、焰察27种。

按，类目之下罗列相关语词、典故及其文献来源，内容或少或多，并非均等。如"具礼"类包括皇恐、顿首、拜首、端肃、端拜、百拜、再拜、肃拜、扣首、稽颡、和南、稽首、三熏心、九顿首[1]等类目，其中"稽首"注文曰"《礼》太祝一曰——（竖线）拜头至地，今道家（黑丁白文标注）用"[2]。小字双行的注文为语词的文献来源，其中有的文字黑丁白文标注，以示着重，如"文候士人可用"。

又，本卷"换易事实"所列事类，与《新编事类聚启劄云锦》甲集卷四活套门换易事实基本相同。

卷八活套门文类。分为具礼类、起居类、间阔瞻仰类、拜见类、承访类5类。卷首有题记，略记编集缘由。

---

[1] 《新编事文类聚翰墨全书》甲集卷七，第66页。
[2] 同上。

末俗弥文，书翰往复，巧令足恭，交上则诏，交下则谀。魏晋隋唐虽复远引，今取近代韩、范、欧、苏诸名公尺牍，撷其菁华，类分套聚，别以为尊卑，便观者约古参今，庶矣文质便胜之失。①

"具礼类"：具礼称呼套（官员、尊长、平交、卑下、僧道、孝服）。"起居类"：即日起居套（尊长、平交、卑下、孝服、僧道）；即日起居不审套（官员、平交、卑下、孝服、僧道）；得书审起居套（尊长、平交、卑下、孝服、僧道）。"间阔詹仰类"：乍别詹仰套（尊长、平交、卑、僧道）；近别詹仰套（尊长、平交、卑下、僧道）；久别瞻仰套（尊长、卑下、僧道）；未识詹仰套（通用）；初相识瞻仰套（通用、僧道）；常问动静套（官员、通用、僧道）。"拜见类"：拜见承接套（通用）；拜见承待套（通用）；拜见承出套（平交、通用）；解后不欵套（平交）；不及拜见套（通用）。"承访类"：承访套（通用、僧道）；报谒承待套（通用、僧道）；承饯送套（通用）；承访失接套（通用）；承访不及谢套（通用）；未识承访套（平交）。

按，本卷分为具礼、起居、间阔詹仰、拜见、承访5大类，每类中又列举数量不等的几个活套，每个活套内再大致按照官员、尊长、平交、卑下、僧道、孝服、通用等类别（有的还按照春、夏、秋、冬、眷等继续分类）列举相应的套语文句，文句或多或少，多为节录，多数以小字祝文标注篇名。如"具礼类"之"具礼称呼套"，先按"官员、尊长、平交、卑下、僧道、孝服"6类列举相关文句，其中"尊长"类文句之一为"月日某顿首十八丈退之使者"，其下注文曰"柳与韩愈"②，可见选自柳宗元《与韩愈》文。

又，《目录》标注类目名为"书翰活套"。《目录》之类名"詹仰类"，内容标作"间阔詹仰类"。《目录》及内容类目名中"瞻仰"与"詹仰"混用。

卷九活套门文类。包括拜书类、赐书类、诗文类3大类。"拜书类"：拜书想达套（尊长、平交、卑下、僧道）；拜书承荅套（官员、平交）；

---

① 《新编事文类聚翰墨全书》甲集卷八，第70页。

② 同上书，第71页。

不及拜书套（官员、平交、通用）。"赐书类"：承赐书套（尊长、平交、卑下、僧道）；未识承赐书套（官员）；不及书承书套（通用）；承书不及荅套（尊长、平交、卑下、僧道）；得书谢推奖套（通用）。"诗文类"：承惠诗文套（尊长、平交、卑下、僧道）；诗文求教套（平交）；谢诗文求教套（平交）；谢褒美诗文套（平交）；求诗文套（尊长）；承求诗文套（尊长、平交）。

卷十活套门文类。 包括招呼类、馈送类、经从类、叙契类、自叙类、论事类 6 大类。"招呼类"：扳屈套（通用）；扳屈承不赴套（平交）；承招不及赴套（通用、僧道）。"馈送类"：送物套（通用、僧道）；谢送物套（通用、僧道）；承惠无报套（通用）。"经从类"：经从过访套（通用）；经从拜见承接套（平交）；经从承访不及谢套（平交）；经从承歉套（平交）；经从不及见套（平交、通用、僧道）；经从失谒套（尊长、通用、僧道）；经从荷幹济套（平交）。"叙契类"：叙世契套（平交）；叙亲契套（平交）……。（"自叙类"）：叙在官套（官员）；叙履历套（官员）；叙自己套（平交）；叙人物套（官员）。"论事类"：论得失套（官员）；论为学套（卑下）；论作文套（卑下）；论书字套（卑下）。

按，与内容相对照，《目录》未黑丁白文标注"论事类"。《目录》"叙契类"所列"叙族套"、"曾识子弟套"、"子弟辱知套"、"幸托邻邦套" 5 种，内容未列。内容第七页所列大部分文句系"自叙类"所列第 1 类"叙近况远居套"，而内容缺失类名"叙近况远居套"，且"叙近况远居套"类内容不完整，缺少前面部分；查看底本，不缺页，说明改编时不严谨，以致《目录》所列而内容不收，无法对应。

卷十一活套门文类。 包括奉书类、问眷类、胥会类、保重类 4 大类。"奉书类"：因便奉书套（通用）；人还荅书套（通用）；奉书草率套（通用）；荅书草率套（通用）；临书恩仰套（通用）；再得奉书套（通用）；便风幸惠书（通用）；便风幸教导套（尊长）；便风幸寄所作套（通用）；因书寄诗文套（通用）。"问眷类"：问眷套（通用）；不敢问眷套（官员）；托传示套（通用）；附谢流问套（通用）；"胥会类"：未由会面套（尊长、平交）；即得会面套（通用）；尚容面尽套（通用）。"保重类"：即日起居保重套（尊长、平交、卑下、孝服）；乍远保重套（尊长、平交、卑下）；未会面保重套（尊长、平交、卑下、僧道、孝服）；未会保

重倾仰套（尊长、平交、卑下）；会间更保重套（尊长）；祝愿保重套
（尊长、平交）；保重祝愿套（尊长、平交、卑下、僧道）；伏乞保重套
（尊长、平交、卑下）；不备不宣套（尊长、通用、卑下、孝服）。

　　按，卷八、九、十、十一大致按照卷七"换易事实"所含类目分类
列举相应的"活套"① 诸式，每类（如具礼类、拜书类、招呼类、奉书类
等）诸式再分若干类活套，活套类下又大致按照"官员"、"尊长"、"平
交"、"卑下"、"孝服"、"僧道"、"通用" 等再分类罗列相关文句（覆大
德本《新编事文类聚翰墨大全》对应部分则按"尊"、"长"、"平"、
"卑"、"僧道"、"孝服"分类，无"通用"类，其"尊"、"长"、"平"、
"卑"与明初本的"官员"、"尊长"、"平交"、"卑下"分别对应），部分
类下还按照"春"、"夏"、"秋"、"冬"次序分类排列。所录文句多为选
编单句至二、三句文章，以大字正文形式显示；注文小字，多为单行，多
为作者名号与对方名姓，作者多称字号，如"山谷"、"东坡"，亦有省称
一字者，如"坡"、"谷"、"欧"、"柳"。

　　卷十二活套门文类。包括称呼类、叙致类、通用字类3 类。

　　"称呼类"：先分族类，族内又分若干小类。'父本族'（祖父母、伯
祖父母、父母、伯叔父母、兄、兄之妻、弟、弟之妻、子、子之妇、从
子、孙、孙妇）；'姑姊妹女子适人之族'（祖姑、姑、姑之夫、姑之子、
姑之舅姑、姊、妹、姊之夫、妹之夫、姊妹之舅、姊妹之子、女、女之
夫、女之子、女之舅）；'母族'（母之父母、母之兄弟、母之姊妹、母兄
弟之子、母姊妹之子、母兄弟之孙）；'妻之父族'（妻之父母、妻之叔伯
父母、妻之兄弟、妻之姊妹、妻姊妹之夫、妻兄弟姊妹之子）。每小类之
内均大致按辈分大小罗列诸种"本身称呼"、"自称"、"称人"、"答称"
之称谓，以小字祝文双行标注。其后为"宦庶称呼类"，包括'丞相、朝
官、路官、县官、学官、军官、僧官、道官、站官、务官、医官、坑冶、
巡检、公吏、官员子弟、儒人、通用、僧人、道士、妇女、恩家、匠人、
商贾、铺户、梯己人、祗候人、军士、乐人、舟人、师座、尼姑、女冠、
日者、地理、斋人、同姓、同庚、朋友、宗姻、自称、宠妾、自称、奴
仆、自称'等小类，小类先罗列各种官吏（按级别大小）、僧道、妇女、

---

　　① 活套：《汉语大辞典》解"习用的格式；俗语常谈"。

工商业者的诸种称呼，如"丞相"称呼有"太师、太保、太傅、平章、右丞相、左丞相、参相、枢相并称国公"①，"宠妾"称呼有"宠姬、盛宠、侍儿、后院、侧室、如夫人"②。再后列"称人书劄、自称书劄、称人治封、称人职守、称人乡里、自称乡里、称人居处、自称居处、称人才干、自称疎讷、称呼美谈、自称愚蒙、称人出行、自称出行、称人归家、自称归家、称人不快、自称不快、称人病安、自称病安、称人文章、称人语言、称人颜色、称人恩光、称人福祉、称人车马、称人赴官、称人美替、自称瞻仰、自称诚衷、自称鄙怀、自称欢尉、自称悒怏、诸称岁时、诸称伊人、诸称送纳、诸称惠遗、诸称受纳、诸称不受、诸称请人、诸称见召、诸称趋赴、诸称不赴、诸称访及、诸称间别、诸称会见、诸称若时、诸称寝食、诸称珍爱、诸称赐念、诸称冗扰、诸称恳求、诸称许诺、自称感谢、自称怀慰、诸称容恕、诸称责谴、诸称冒渎、诸称赞助、诸称测度、诸称甚劇、诸称丰富、诸称等待、诸称再三、诸称何故、诸称如旧"，大致按"称人"、"自称"与"诸称"3类列举写作交际应酬文书时的诸种称呼，如"称人乡里"包括"仙府、贵府、仙郡、贵郡、贵县、仙县、仙邑、仙乡、郑乡、仙里、梓里、锦里、珂里、郑邦"，"自称乡里"包括"乡州、山州、乡邦、乡邑、山县、弊乡、寒乡、互乡、弊里、下里、贱里、乡里、乡间、里间"③。

["叙致类"]，依次分为"贺叙通式"：贺冬通用（官员、尊长、士人、妇女），贺正通用（官员、尊长、士人、妇女），贺人生日、荅，贺人聘亲、荅，贺人受聘、荅，贺人新娶、荅，贺人纳妇、荅，贺人嫁女、荅，贺人纳婿、荅，贺人生男、荅，贺人生女、荅，贺人生孙、荅，贺人抱子、荅，贺人男冠、荅，贺人女笄、荅，贺人置宠、荅，贺人起造、荅，贺人迁居、荅，贺人开肆、荅，贺作商归、荅，贺人讼胜、荅，贺人病安、荅，贺人开讲、荅，贺人领举、荅，贺中省试、荅，贺人试归、荅，贺人注差、荅，贺受文荫、荅，贺得举剡、荅，贺得官归、荅，贺人赴任、荅，贺任□□、荅，贺人□召、荅，贺人致仕、荅，贺人追赠、

① 《新编事文类聚翰墨全书》甲集卷十二，第102页。
② 同上。
③ 同上书，第103页。

荅，贺妇人受命、荅，贺军功出官、荅，贺公吏出职、荅，贺人改服、荅。每类均有贺语及相应答语。"候谢通叙"：谢人教子、荅，谢人推荐、荅，谢人筵待、荅，谢人惠物、荅，谢人幹事、荅，谢人保明、荅，谢人和讼、荅，谢人濯足、荅，谢人献寿、荅，谢人賻礼、荅，谢人斋会、荅，谢人临慰、荅，谢人媒妁、荅，谢人假借、荅，谢人医脉、荅，谢人舍施、荅，谢僧缘事、荅，谢道缘事、荅。每类均有谢语及相应答语。"参谒通叙"：叙初相识、荅，叙再相会、荅，叙託亲契、荅，谒见新官、荅，谒见先生、荅，谒新亲戚、荅，谒见妻女、荅，谒新邻居、荅，谒见高士、荅，谒见禅僧、荅，谒见檀越、荅。每类均有参谒致语与相应答语。"迎送通叙"：迎受官归、荅，迎任满归、荅，迎送嫁人、荅，送人赴任、荅，送人赴省、荅，送人为商、荅，送道住观、荅，送僧云游、荅。每类均有迎送致语及相应答语。"慰问通叙"：慰被闲扰、荅，慰人遭盗、荅，慰人失火、荅，慰人病患、荅，慰丧父母、荅，慰丧伯叔、荅，慰丧兄弟、荅，慰人丧妻、荅，慰丧子女、荅，慰丧亲属、荅，慰扶丧归、荅，慰人治葬、荅。每类均有慰问致语及相应答语。"辞别通叙"：辞人远出、荅，辞别先生、荅，亲戚相别、荅，同行相别、荅，同舟相别、荅，同邸相别、荅。每类均有辞别致语及相应答语。

"通用字类"包括"同训字理"与"双字连珠"2类。"同训字理"按"上平声"、"下平声"、"上声"、"去声"、"入声"5类罗列读音接近或相同、可以相互通假的字，类似于今天人们所说的通假字，如"上平声"之"恭共龚、才财裁、祈祁蕲"①；"双字连珠"罗列一些联绵词/字，每词之下或有词义训诂、或有文献来源，如"跋涉"，注文曰"左——山川"②，可见出自《左传》；又如"坎坷"，注文曰"见杜诗"③，可见来自杜甫诗。

按，"叙致类"包括"贺叙通式"、"候谢通叙"、"参谒通叙"、"慰问通叙"和"辞别通叙"5类，分类列举写作叙致文书所使用的往复语句，前句为"致书别人"，后句为"答复别人致书"，如"贺叙通式"之

① 《新编事文类聚翰墨全书》甲集卷十二，第109页。
② 同上书，第110页。
③ 同上。

"贺中省试"，列举文句曰"兹承名题雁塔稳步蟾宫共惟欢庆"，"答"曰"兹以小才滥中南宫之选端出望外何足言嘉"①。

又，本卷"称呼类"所列内容与《新编事文类要启劄青词》前集卷十"亲属称呼类"略有相同；本卷"叙致类"所包括"贺叙通式"、"候谢通叙"、"参谒通叙"、"慰问通叙"和"辞别通叙"5类，内容与《新编事文类要启劄青词》前集卷十"通叙门"多有相同。

按，《翰墨全书》作为一部交际应酬文书资料汇编，甲集（诸式门、活套门）带有全书内容总纲的性质，全书之首，开门见山，先分类列举诸种应用文体及其写作格式、用词、范文例句、图式，之后的乙集、丙集、丁集、戊集、己集为上述各种文体的分类叙述与具体展开，其余庚集、辛集、壬集、癸集、后甲集、后乙集、后丙集、后丁集、后戊集为写作应酬交际文书相关事文的补充罗列，十五集内容共同组成一部分类的翰墨应用文书写作格式、用语、范文的资料汇编。

乙 集

乙集包括冠礼门、婚礼门，共计9卷。集首为该集目录，依卷次排列门类及内容，卷一为冠礼门事文类，卷二冠礼门文类，卷三为婚礼门事类，卷四至九为婚礼门文类；目录首尾均标《新编事文类聚翰墨全书乙集目录》。

卷一冠礼门事文类。卷首有题记，草书上版，叙述首先编纂冠礼的缘由。

> 首服之加容体，以正敦孝悌、慎威仪，成人之德由是而著，为礼至重。近世士大夫家鲜克举之，何哉。是编首刻文公冠礼，与夫明师良友询为考义，冠而家口〔之〕说，启劄诗词以次而见方策，在而政可举饩羊，存而礼又复扶植风化，岂云小补。②

"事实"包括冠、笄、文公冠礼、文公笄礼。"冠"类列有多种相关

---

① 《新编事文类聚翰墨全书》甲集卷十二，第106页。
② 《新编事文类聚翰墨全书》乙集卷一，第113页。

语词及文献来源；"笄"类极为简略，注曰"并见后文公笄礼"；"文公冠礼"及"文公笄礼"为节录。"文类"先标注"字说"，列23篇文章，绝大多数有作者姓名；此为"诗词"，收诗6首（包括同题3首、同题2首）、词3首。

按，内容"文类"之"诗词"，《目录》作"庆贺诗词"。

又，《翰墨全书》的具体内容首先列冠礼，冠礼之首又先列"文公冠礼、文公笄礼"，大概反映出宋元之际朱熹礼学思想在民间强大的影响力。

卷二冠礼门文类。包括启劄、诗词与小简活套。"启劄"：《请冠宾》、《荅》，《请冠赞》、《荅》，《贺冠劄》、《荅》，《贺笄劄》、《荅贺笄劄》，罗列冠礼类往复启劄8篇，一一对应。"诗词"：收诗3首（同题2首）、词1首。"小简活套"：'请召小简'（新冠请人、孙冠请人、新笄请人、孙女笄请）、荅赴（荅新冠请人、荅孙冠请人、荅新笄请人、荅孙女笄请、荅孙女笄请）、荅不赴（荅新冠请人、荅孙冠请人、荅新笄请人、荅新笄请人、荅孙女笄请）；'馈送小简'（送物贺人冠礼、送物贺孙冠礼、送物贺人新笄、送物贺人新笄、送物贺孙女笄）、荅受（荅送物贺人冠、荅送物贺孙冠、荅送物贺新笄、荅送物贺新笄、荅送物贺孙女笄）、不受（荅送物贺新冠、荅送物贺孙冠、荅送物贺新笄、荅送物贺新笄、荅送贺孙女笄）；馈谢小简'（送物谢冠宾、送物谢冠赞、送物谢笄宾、送谢孙笄宾）、荅受（荅送物谢冠宾、荅送物谢冠赞、荅送谢孙冠赞、荅送谢孙笄宾）、不受（荅送物谢冠宾、荅送物谢笄宾、再送、再谢）。分类罗列诸种往复"请召小简"、"馈送小简"、"馈谢小简"。

按，小简活套，《目录》与内容所列文章名称基本对应。但编排方式不同，《目录》列分类的小简名称，其下列"荅受、不受"，而内容先以"小简、荅受、不受"分3类，类下再分别列四五种往复冠笄小简名目及内容节录；内容中，有的小简列有同名2篇，而《目录》只标1篇名称，因而造成《目录》4篇与内容5篇。《目录》"启劄"类《请冠宾启》下方未黑丁白文标注"荅"字。本卷《目录》所标启劄、诗词、小简名称与内容并非完全对应，《目录》略有简化。

卷三婚礼门事类。卷首有婚礼门题记，楷体，叙述婚姻六礼及编排特点。

婚姻古有六礼，文公家礼务从简便，自议昏而下首曰纳采，问名附焉；次曰纳币，请期附焉；次曰亲迎。纳采即今求亲，问名即今系臂，纳币即今定聘，请期即今惧粧，至亲迎则婚礼成矣。今事类文类一是以此为目，以存礼也。今世俗反是其事，亦存之为戒云尔。①

按，从题记可见编者主张婚制应遵从文公礼制，反对世俗违反礼制的行为。

"事类"：包括议婚、纳采问名、纳币请期、亲迎、反事等类目，类目之下还有细目。议婚（嫁娶、媒妁附自媒、尚主、门阀、士人附师友、门士、科第、富室、世婚、姑舅附两姨、嫁妹附嫁侄女、兄弟联姻、姊妹续亲、农夫、工商、贫婚、疾婚、幼婚附腹婚、晚婚、再婚、入赘附招婿、寅缘附知遇）；纳币请期（聘礼附富聘、贫聘、请期附催粧）；纳采问名（纳采、择妇附女德、择婿附女自择、男德、问名、卜婚、求婚、辞婚）；亲迎（迎妇附拦门、铺房、成亲附见姑舅、见庙）；"反事"（娶同姓、娶孀妇、娶妾、娶娼、私婚、悔婚、丧娶、夫嫌附妻嫌）。

按，内容所分的"议婚、纳采问名、纳币请期、亲迎、反事"等类目，《目录》未标注，仅是标注婚礼类事实。内容"议婚"类事实之"农夫"，《目录》标为"农家"，本类之首也标作"农家"。内容"纳币请期"之"请期"所附事实"催粧"，本类之首作"催装"，《目录》标作"促装"。

卷四婚礼门事类。卷首有题记，草书上版，述元至元八年（1271）官方制定的婚礼规制定式，使四民有所依凭

《易》重咸恒，《诗》始关雎，婚姻之道其来尚矣。国朝以礼防民，至元八年礼部颁降礼制，自议婚至婚见妇之父母，凡七条，并斟酌文公婚聘，立为定式，以□天下后世。今具卷首，俾四方士庶举行嘉礼者有所据依焉。②

---

① 《新编事文类聚翰墨全书》乙集卷三，第125页。
② 《新编事文类聚翰墨全书》乙集卷四，第132页。

　　内容详列"至元婚礼（议婚、纳采、纳币、亲迎、妇见舅姑、庙见、婿见妇之父母）"、"至元聘礼"、"大德聘礼"，后附"文公婚礼（议婚、纳采、纳币、亲迎、妇见舅姑、庙见、婿见妇之父母）"。

　　卷五婚礼门文类。包括"请媒"：《请媒书》、《又》、《荅启》、《又》；"纳采启"：《求亲启》、《许亲启》、《又》、《荅未许》、《又》、《再荅许》、《又》、《又》）；"问名"：《系臂启》、《又》、《回启》、《又》；"启劄"：《并幅求亲劄子》、《许亲劄子》、《又》、《并幅定聘劄子》、《又》、《回聘劄子》、《又》、《又》、《又》、《又》、《又》、《又》、《并幅请期劄子》；"纳币叠幅启^{开书启附}"：常式第一幅、次幅，正月（第一幅、次幅），二月（第一幅、次幅），三月（第一幅、次幅），四月（第一幅、次幅），五月（第一幅、次幅），六月（第一幅、次幅），七月（第一幅、次幅），八月（第一幅、次幅），九月（第一幅、次幅），十月（第一幅、次幅），十一月（第一幅、次幅），十二月（第一幅、次幅），闰月（第一幅、次幅）；"开书"：《请开书启》、《又》、《回开书启》、《又》。

　　按，本卷先列数种请媒、纳采、问名启及相应的回启、答启；后列数种（求亲、许亲、定聘、回聘、请期）启劄；最后列（一月至十二月、闰月）纳币叠幅启，均分"第一幅"与"次幅"。"纳币叠幅启"有题记，述纳币叠幅启新旧式之变化及编排情况。

　　　　按启有三幅，一寒暄、二启事、三祝颂，今人系臂定聘启皆用之，除启事正幅外，寒暄、祝颂俗称十二行，启每幅止六行，旧式体制简质可法，然式变用骈俪，今人多用之，又谓之行启，今逐行列具于后。①

　　又，内容所标类名"启劄"，《目录》标作"婚礼并幅劄"。《目录》与内容所收启劄基本能对应，但内容与《目录》所列名称有的略有简化、加工，并非完全一致，比如《目录》所标一类启劄名称，而内容实际收录数篇该类启劄；"纳币叠幅启"，内容按一月至十二月、闰月依次排列，均分"第一幅"与"次幅"，但《目录》标注较为简单，"月启一幅十三

────────────

① 《新编事文类聚翰墨全书》乙集卷五，第142页。

次幅十三月"。内容"婚礼并幅劄"多数署有作者。

卷六婚礼门文类。卷首有纳币（即聘书）文题记，述前代写作聘书特点及本卷编排原则。

> 婚礼自纳采至请期，惟交币为重，故古者币必诚辞，无不腆。前辈聘书简重得体，不矜阀阅名宦，不论世族大姓。故是编首以前辈之文谓之通用，自是或阀阅或族姓或契家或姻家，自士人以至工商杂伎，各以类次焉。虽不免骈俪旧习，大抵主于诚腆而夸鄙之辞多在所削云。

"通用"：《聘定启》、《又》、《又》、《又》、《又》、《聘启》、《回启》；"宗女"：《聘定启》、《又》、《回启》；"阀阅"：《聘定启》、《又》、《又》、《又》、《又》、《又》、《又》、《又》、《回启》、《又》、《又》；"族姓"：《回启》、《又》、《聘定启》、《又》、《又》、《又》、《又》、《回启》、《又》、《又》、《又》、《又》、《又》、《又》；"世婚"：《聘定启》、《又》、《又》、《回定启》、《又》、《又》、《又》；"世契"：《聘定启》、《又》、《又》、《又》；"姑舅"：《聘定启》、《又》、《又》、《又》、《又》、《又》、《又》、《回启》、《又》、《又》、《又》；"两姨"：《聘定启》、《又》、《又》、《回启》、《又》、《又》；"嫁妹"：《聘定启》、《回启》、《聘启》；"兄弟"：《又》、《又》；"姪女"：《聘启》、《回启》；"乡隣"：《聘启》、《又》、《又》、《又》、《又》、《又》、《聘启》、《回》、《回启》、《又》、《又》；"异乡"：《聘启》、《又》、《回启》、《又》；"立嗣"：《聘启》、《回》。

按，本卷按"通用、宗女、阀阅、族姓、世婚、世契、姑舅、两姨、嫁妹、兄弟、侄女、乡邻、异乡、立嗣"等类罗列婚礼聘书，均包括数种"聘定启"与"回启"。内容中，同类"聘定启"与"回启"仅在第一篇启劄标注题目《聘定启》、《回启》，其余均以《又》标注，但部分启劄在标题《又》下有小字注文予以区分，以示内容不同，如《又舅女荅姑》、《又姑女荅》。部分启劄署有作者。

又，《目录》未将内容所分的类目标注。

卷七婚礼门文类。分为婚礼启劄与婚姻活套警语。

　　"婚礼启劄"分为如下几类。"师友"：《聘启》、《又》、《又》、《又》、《回启》、《又》、《又》、《又》、《又》；"科第"：《聘启》、《又》、《又》、《回启》、《又》、《又》、《又》；"农人"：《聘启》、《又》、《又》、《又》、《又》、《又》、《又》、《又》、《回启》、《又》、《又》；"工匠"：《聘启》、《回启》、《聘启》、《回启》、《聘启》、《又》、《聘启》、《聘启》；"艺术"：《聘启》、《聘启》、《回启》、《又》、《聘启》、《聘启》、《聘启》、《聘启》、《聘启》、《回启》；"商贾"：《聘启》、《又》、《回启》、《聘启》、《回启》、《又》、《聘启》、《又》、《回启》；"医丞"：《聘启》、《聘启》；"斋人"：《聘启》；"幼婚"：《聘启》、《聘定启》、《又》、《又》、《又》、《回定启》、《又》、《又》、《又》、《又》、《又》；"晚婚"：《聘定启》、《又》、《回启》、《又》；"再婚"：《聘定启》、《又》、《回聘启》、《又》、《又》、《又》、《又》；"续婚"：《聘定启》、《又》、《回定启》、《又》、《又》；"交婚"：《聘定启》、《又》、《又》、《回聘启》、《聘启》、《回》；"入赘"：《聘定启》、《又》、《又》、《回启》、《又》；"娶妾"：《聘定启》、《回启》、《又》；"娶娼妇"：《聘定启》、《又》、《回启》；"醜婚"：《聘启》；"不信谗"：《聘定启》、《又》、《回启》。

　　"婚姻活套警语"包括如下几类。"聘启通用起联"：16 对；就姓用事起联 24 句；借意说事起联（世婚 4 对，姑舅 2 对，乡邻 4 对，异乡 3 对，师友 2 对，科第 2 对，医人 2 对，日者 1 对，卜者 1 对，僧家 2 对，道士 2 对，师尼 1 对，公吏 2 对，军人 2 对，农？2 对，园户 1 对，匠人 6 对，机匠 1 对，笔匠 1 对，扇匠 2 对，舁匠 2 对，画匠 1 对，商人 1 对，幹人 2 对，梢公 1 对，渔人 3 对，面店 1 对，米行 1 对，饭店 1 对，茶店 1 对，酒店 4 对，果行 2 对，牙行 1 对，屠行 1 对，厨子 2 对，船户 1 对，赌博 1 对，立嗣 1 对，继孙 1 对，早婚 1 对，晚婚 2 对，再婚 1 对，早醮 1 对）。"回启起联"：22 对。"通用接联"：16 对；"聘启接联"：14 对；"回启接联"：世婚 1 对，科第 1 对，幼婚 1 对，晚婚 1 对，农人 1 对，通用 24 对。"聘启叙年德中联"：14 对；"回启叙年德中联"：12 对。"聘启结联"：8 对；"回启结联"：12 对。

　　按，本卷婚礼"启劄"分为师友、科第、农人、工匠、艺术、商贾、医丞、斋人、幼婚、晚婚、再婚、续婚、交婚、入赘、娶妾、娶娼妇、醜婚、不信谗等类，每类均包括数种"聘定启"与"回启"，编排体例同卷六，往复启劄题目一般略称，而其下的小字注文标注具体内容及属性。"婚姻活套警语"包括聘启通用起联、就姓用事起联、借意说事起联、回启起联、通用接联、聘启接联、回启接联、聘启叙年德中联、回启叙年德中联、聘启接联、回启接联，均有数幅。如"聘启通用起联"类列"丈夫而愿有室欲警戒以相成，女子谓嫁曰归以敬顺而为正"①。部分联语下方祝文标注类属，如"酒家娶商人"、"姑女荅舅男"等。"就姓用事起联"中，每句联语下方标注一个姓氏，有的姓列有数句，如李、王、刘、陈②等。

又，《目录》未将内容所分的类目"启劄"、"婚姻活套警语"及下属类目标注，而"婚姻活套警语"类只标有"聘启活套首末警联 回启活套首末警联"，没有具体类目。

卷八婚礼门文类。包括婚礼启状和小简活套。

"启状"。分为"请期启"：《正月请期启》、《回启》，《二月请期启》、《回启》，《三月请期启》、《回启》，《四月请期启》、《回启》，《五月请期启》、《回启》，《六月请期启》、《回启》，《七月请期启》、《回启》，《八月请期启》、《回启》，《九月请期启》、《回启》，《十月请期启》、《回启》，《十一月请期启》、《回启》，《十二月请期启》、《回启》、《回启》、《又》。"亲迎状"：《亲迎状》、《又》、《回亲迎状》、《又》。"谢亲启"：《谢亲启》、《又》。"谢媒启"：《谢媒启》、《又》、《谢媒小简》、《媒荅启》、《又》。"请送鸾状"：《请送鸾状》、《又》、《又》、《又》、《又》、《又》，《请送鸾女客状》、《又》、《又》、《又》、《又》、《又》，《送鸾谢礼启》、《又谢启》、《又》、《又》、《回启》、《又》、《又》、《荅》。《送亲家折俎启》、《荅》、《送折俎小简》、《荅》。《送满月启》、《荅》、《送满月小简》、《荅》。"庆贺启劄"：收《贺官员婚姻启》、《回启》等18篇。"送贺"：收《送贺新娶启》、《荅》等启劄18篇，《送贺为子童婚小简》、《荅》等22篇。

"小简活套"：庆贺（贺人遣聘、贺人纳聘、贺人新娶、贺人遣女、贺人纳婿、贺人入赘、贺人幼婚、贺人登龙、贺人妻归、贺人再娶、贺人

---

① 《新编事文类聚翰墨全书》乙集卷七，第162页。
② 同上书，第163页。

置宠），苔（苔贺遣聘、苔贺纳聘、苔贺新娶、苔贺遣女、苔贺纳婿、苔贺入赘、苔贺幼婚、苔贺登龙、苔贺妻归、苔贺再娶、苔贺置宠）；送物小简活套（送物贺新娶、送物贺遣女、送物贺入赘、送物贺赘归、送物贺纳婿、送物贺娶妇、送物贺幼婚、送物贺登龙、送贺叶妻归、送物贺再娶、送物贺置宠），苔受（苔受新娶物、苔受遣女物、苔受入赘物、苔送物赘归、苔受纳婿物、苔受娶妇物、苔受幼婚物、苔受登门物、苔受妻归物、苔受再娶物、苔受置宠物），不受（不受新娶送物、不受遣女送物、不受入赘送物、不送赘归送物、不受纳婿送物、不受娶妇送物、不受幼婚送物、不受登门送物、不受妻归送物、不受再娶送物、不受置宠妾物）；请召小简活套（遣聘请人、纳聘请人、新娶请人、遣奉请人、纳婿请人、入赘请人、幼婚请人、登龙请人、赘归请人、再娶请人、置妾请人），苔赴（苔赴遣聘请人、苔赴纳聘请人、苔赴娶妇请人、苔赴遣女请人、苔赴纳婿请人、苔赴入赘请人、苔赴幼婚请人、苔赴登龙请人、苔赴赘归请人、苔赴再娶请人、苔赴置宠请人），不赴（不赴遣聘请人、不赴纳聘请人、不赴娶妇请人、不赴遣女请人、不赴纳婿请人、不赴入赘请人、不赴幼婚请人、不赴登龙请人、不赴赘归请人、不赴再娶请人、不赴置妾请人）。

　　按，本卷"启状"包括（一月至十二月）往复"请期启"、往复"亲迎状"、"谢亲启"与"谢媒启"、"请送鸾状"与"送鸾谢状"、往复"庆贺启劄"与"送贺简劄"等，往复（庆贺、送物、请召）小简活套。《目录》所标启劄、小简活套名称与内容基本对应，但编排方式有所不同，如内容之"请期启"按一至十二月依次罗列《请期启》与《回启》，而《目录》合并标注为"请期启分十二月 回启"；内容标为《又》的启劄，是与其前的启劄属于同类，仅以《又》下小字注文加以区分说明，而《目录》仅标注一个名称，其余不再罗列；"小简活套"先按庆贺、送物、请召分3大类，每类中又分庆贺/送物/请召、苔受/赴、（不受/赴）2/3小类，基本对应，小类下再分别分十余类，每类列举相应小简活套数句，而《目录》所标为同类小简活套名称及对应的苔/苔受/苔赴、不受/不赴，如"新娶送物 苔受 不受"。另外，《目录》所标类名"庆贺简劄"，内容标为"送贺"，参照内容，应标为"送贺简劄"更妥。《目录》及内容中，"置宠"与"娶妾"、"置妾"似混用；"送物小简活套"中，

"登龙"与"登门"似混用。"请召小简活套"之"遣奉请人",有误,应为"遣女"。

又,本卷所引启劄、小简活套均是分类,编排原则是每大类首尾列有该类启劄、小简活套的行文开头及结尾文句,中间内容按小类依次相应列举数句,如"请送鸾状"类,第一篇文题为《请送鸾状》,新式完整,第二篇为《又首末如前》,"首末如前"可知只列举中间部分内容,首末同于第一篇文章。

再者,《请送鸾状》文题下有注文"次行合低二字位写",其后有题记"按女子之嫁,父命之,母送之,门必无父母尊长往送之礼,今文有《请送鸾状》及《送鸾谢状》,非古也,此宜在所省云。"① 述写作规范及编纂原则。

又,本卷正月至十二月"请期启"及"回启",与《新编事文类聚用启劄云锦》丁集卷五"请期"所列多数相同。

卷九婚礼门文类。包括婚礼类致语(吉席致语、拜堂致语)、佳期绮席诗(撒帐致语附)、女家奁具状、贺诗、贺词。

卷首有致语题记,草书上版,书致语种类、特征及编纂原则,"姻家相见,有吉席致语,过于文矣,宜在所省。妇三日而后庙见,今于昏夕即以拜堂之礼,凡奁房衣物悉以铺示,有拜堂致语及撒帐致语,皆鄙亵不经,宜在所削,姑存一二示戒耳",从中可以看出编者主张和提倡既非"过于文"又非"鄙亵不经"的婚礼致语。

"致语诸杂附"。包括方秋崖《吉席致语》,未署作者《拜堂致语》、未署作者《又拜堂致语集曲名》,"佳期绮席诗并撒帐致语"(收《拦门诗》、《荅拦门诗》、《请傧相诗》、《傧相受职》、《索男利市》、《索女利市》、《傧相插花》、《寻请新郎》、《请寿带花》、《簪寿带花》、《新郎拜席》、《新郎入席》、《初劝新郎》、《再劝新郎》、《三劝新郎》、《请引新郎》、《新郎辟席》、《请开门诗》、《开门后诗》、《请捲幔诗》、《请揭帐诗》、《请下床诗》、《请交拜诗》、《请合卺诗》、《请拔花诗》、《请开襟诗》各2首),《撒帐致语》、《撒帐致语集曲名》,"女家奁具状"(包括首尾格式,主要组成内容郎衣、首饰、女衣、贺遗、堂局、来仪等及其注

---

① 《新编事文类聚翰墨全书》乙集卷八,第170页。

文标注的解释说明）。"贺诗"：《古诗贺同庚友人新娶》等 8 首；"贺词"：26 首。

《拜堂致语》有题记，述拜堂致语内容及编纂原则，提倡遵从礼制。

> 旧启有新人拜堂致语，先拜东王公西王母之类，于礼最为不经，今削去。《文公家礼》次日见姑舅，三日见庙。今世俗于妇入门便拜祖祢公姑，流失已久，知礼君子自当鉴择。

"佳期绮席诗并撒帐致语"有题记，述选编原则及提倡遵从现行礼制。

> 按娶妇之家亲迎入门，妇下车，婿揖以入，行交拜合卺之礼，如是而已。虽曰酒食以召乡党僚友，安得塞路填门厚要钱物以为利市者乎。唐人拥车有禁，今世俗拦门自当罢去。摈相固亦古者相礼之意，交拜合卺脱服当以妇女替之，闺房之间男女喧杂，开门揭幔坐床撒帐开襟拔花以为戏乐，果何理耶。知礼君子自当一正其失。世俗有拦门撒帐等诗，姑存一二以示戒也。

"女家奁具状"有题记，述编纂原则，提倡婚姻力戒索财之理念。

> 嫁娶论财，夷虏之道。今世俗未聘之先，议亲定帖已先具奁房礼物大数，田亩若干、妾使若干、綵段金银匹两若干，谓之细数定帖。其归也，又具列铺房细数，谓之奁具状。今附于末，以为婚姻以利相接者之戒云。

按，本卷内容之类目《致语诸杂附》、《贺诗》、《贺词》，《目录》分别标注为《杂著》、《诗章》、《词曲》。《目录》"诗章"下标注 3 个题目，即"古诗、律诗、绝句"，内容收《古诗》1 首、《律诗》4 首、《绝句》3 首，其中《律诗》、《绝句》第一首后均以《又》为题目，小字注文略加内容说明。

又，本卷"佳期绮席诗"，与《新编事文类聚用启劄云锦》丁集卷六

"诗章"之"佳期绮席诗"所列多有相同。

丙　集

丙集包括庆诞门、庆寿门，共计5卷。集首为该集目录，依卷次排列门类及内容，卷一为庆诞门事类，卷二、三为庆诞门文类，卷四为庆寿门事类，卷五为庆寿门文类；目录首尾均标《新编事文类聚翰墨全书丙集目录》

卷一庆诞门事类。卷首有题记，草书上版，叙述首先编纂冠礼的缘由。有婚姻然后就有后嗣续继，于是在婚礼门随后编排庆诞门，收"庆贺启劄、诗词，并采新语雅制"①。

> 有夫妇，然后有父子，婚姻之后嗣续继之虹流电浇。帝王瑞世，首出庶物，普天称庆。表牋一类另见辛集。至于官员士庶得子浴孙螟蛉保养庆贺启劄诗词并采新语雅制，于是而见焉。

庆诞事实，分为生子、双生、遗腹、晚生子、妾生子、三朝、晬日、生女、生孙、外孙、祈嗣、立嗣。

按，内容之事实"生子、双生、遗腹、外孙"，《目录》分别标为"诞子、双生子、遗腹子、生外孙"。《目录》所列庆诞事实名称与明初覆大德本《新编事文类聚翰墨大全》丙级卷一相同，可见明初本改编时径直沿袭了大德本《新编事文类聚翰墨大全》的目录内容，所编内容略作变更，是为不严谨之处。

卷二庆诞门文类。"启劄"：收往复庆贺启劄《贺太守生孙启》等31篇；"送物贺劄"：收往复送物贺劄《送贺生男》等18篇。"小简"：庆贺（贺人生子、贺人生子、贺人子晬、贺妾生子、贺妾生子、贺遗腹子、贺人生女、贺人生女、贺人生孙、贺生孙女），荅式（荅贺生子、荅贺生子、荅贺子晬、荅妾生子、荅妾生子、荅贺遗腹、荅贺生女、荅贺生女、荅贺生孙、荅生孙女）；庆贺（贺生外甥、贺生甥女、贺人螟子、贺人螟子、贺抱族子、贺抱异姓、贺人抱甥、贺人立孙、贺人出继、贺人归

---

① 《新编事文类聚翰墨全书》丙集卷一，第188页。

宗）、苔式（苔贺生甥、苔得甥女、苔贺螟子、苔贺螟子、苔抱族子、苔抱异姓、苔抱外甥、苔贺立孙、苔贺出继、苔贺归宗）；馈送手简（送贺生子、送贺生子、送贺满月、送贺满月、送贺螟子、送贺生孙、送贺生孙、送贺孙女、送贺孙女、送贺生甥、送贺生甥）、苔受（苔送生子、苔送生子、苔送满月、苔送满月、苔送生女、苔送螟子、苔送生孙、苔送生孙、苔送孙女、苔送生甥、苔送生甥）、苔不受（苔送生子、苔送生子、苔送满月、苔送满月、苔送生女、苔送生女、苔送螟子、苔送生孙、苔送生孙、苔送生甥、苔送生甥）；请召简劄（生子请人、生子请人、生女请人、生女请人、立嗣请人、立嗣请人、生孙请人、生孙请人、生甥请人、生甥请人）、苔赴（苔生子请人、苔生子请人、苔生女请人、苔生女请人、苔立嗣请人、苔立嗣请人、苔生孙请人、苔生孙请人、苔生甥请人、苔生甥请人）、苔不受（苔生子请人、苔生子请人、苔生女请人、苔生女请人、苔立嗣请人、苔立嗣请人、苔生孙请人、苔生孙请人、苔生甥请人、苔生甥请人）。

按，内容之"庆贺小简"及对应的"苔式"编有两组，而《目录》合并标注，不再分开。内容中，部分往复"启劄"、"小简"列有同题 2 篇，《目录》只标注 1 次题目。内容之类目"馈送"，《目录》标为"馈送"。

卷三庆诞门文类。"诗词"：收"静得"《绵颂贺抱孙》等贺诗 29 首、"节斋"《水调歌头括坡诗》等贺词 34 首。

按，《目录》标类名为"诗章、词曲"，内容标为"诗词、贺词"。内容中同名诗词，连续排列，第一首标题目，之后标《又》，以副标题加以区分，而《目录》只标注题目名称 1 次。

卷四庆寿门事类。"事实"：贤人寿、耆寿、父母寿、女人寿、神仙寿、佛释、寿物、服食；庆寿年申事实（一岁、二岁、三岁、四岁、五岁、六岁、七岁、八岁、九岁、十岁，十一岁、十二岁、十三岁、十四岁、十五岁、十六岁、十七岁、十八岁、十九岁、二十，二十一岁、二十二岁、二十三岁、二十四岁、二十五岁、二十六岁、二十七岁、二十八岁、二十九岁、三十岁，三十一岁、三十二岁、三十三岁、三十四岁、三十五岁、三十六岁、三十七岁、三十八岁、三十九岁、四十岁，四一岁、四二岁、四三岁、四四岁、四五岁、四六岁、四七岁、四八岁、四九岁、五十岁，五一岁、五二岁、五三岁、五四岁、五五岁、五六岁、五七岁、五八岁、五九岁、六十岁，六一岁、六二岁、六三岁、六四岁、六五岁、六六岁、六七岁、六八岁、六九岁、七十岁、七十余，七一岁、七二岁、七三岁、七四岁、七五岁、七六岁、七七岁、七八岁、七九岁、八十岁、八十余，八一岁、八二岁、八三岁、八四岁、八五岁、八六岁、八七岁、八八岁、八九岁、九十岁，九一岁、九二岁、九三岁、九四岁、九五岁、六九岁、九七岁、九八岁、九九岁、一百岁）；排日事实（正月：初一日、初二日、初三日、初四日、初五日、初六日、初七日、初八日、初九日、初十日、十一日、十二日、十三日、十四日、十五日、十六日、十七日、十八日、十九日、二十日、廿一日、廿二日、廿三日、廿四日、廿五日、廿六日、廿七日、廿八日、廿九日、三十日；二月：初一日、初二日、初三日、初四日、初五日、初六日、初七日、初八日、初九日、初十日、十一日、十三日、十四日、十五日、十六日、十七日、十九日、二十日、廿三日、廿五日、廿六日、廿七日、廿九日、三十日；三月：初一日、初二日、初三日、初五日、初八日、初九日、十三日、十五日、十八日、十九日、廿三日、廿六日、廿八日；四月：初一日、初二日、初三日、初四日、初六日、初七日、初八日、初十日、十二日、十三日、十四日、十五日、十七日、十八日、十九日、廿一日、廿八日；五月：初一日、初三日、初四日、初五日、十二日、十三日、十四日、十五日、十六日、十七日、十八日、二十日、廿二日、廿五日、廿九日、三十日；六月：初一日、初四日、初六日、初八日、初九日、初十日、十三日、十四日、十五日、十六日、十七日、廿二日、廿三日、廿四日、廿五日、廿六日、廿九日；七月：初一日、初三日、初六日、初七日、十三日、十四日、十五日、十六日、十八日、十九日、廿一日、廿二日、廿四日、廿五日、廿八日、廿九日、三十日；八月：初一日、初五日、初八日、初九日、初十日、十二日、十三日、十五日、十六日、十七日、十八日、十九日、廿一日、廿二日、廿四日、廿六日、廿七日、廿八日、廿九日；九月：初一日、初二日、初三日、初八日、初九日、初十日、十一日、十五日、十七日、十八日、十九日、二十日、廿五日、廿六日、廿七日、廿八日；十月：初一日、初二日、初三日、初四日、初五日、初六日、初九日、十三日、十四日、十五日、十八日、廿三日、廿四日、廿五日、廿七日；十一月：初一日、初三日、初五日、初八日、初九日、初十日、十二日、十三日、十五日、十七日、十九日、廿三日、廿四日、廿五日、廿六日、廿七日、廿八日；十二月：初一日、初二日、初三日、初四日、初八日、初十日、十二日、十三日、十五日、十六日、十七日、十八日、十九日、廿一日、廿二日、廿三日、廿四日、廿五日、廿七日、廿八日、廿九日、三十日）。

卷首有庆寿门题记，述内容编选情况：

> 鬻用福，五贤为之，先达尊，有三齿居其一，馈遗称庆，俗礼所重。是编诞圣贺典另见辛集。至若官员士庶耆年宿德逐岁排日事实、赞颂词章、庆贺简牍并取日近各笔刊行，以为翰墨之士秤式云。①

按，内容之类目"庆寿年申事实、排日事实"，《目录》分别标作"排年事实、排日事实"。《目录》"排日事实 正月初一至十二月三十日"，实际上内容并非正月至十二月间的十二个月每月三十日均列有相关语词典故，正月的三十日均有，其余十一个月份大部分日子都有。事类所列词句或多或少，如"庆寿年申事实"之"正岁"包括"兴吾门者此儿、生百日始能啼、七月能展书、真英物"②等事类；"排日事实"之"二月初一日"包括"中和节、天正节、王郭真君飞升、翊圣真君下降"③等事类。

又，内容"庆寿门"题记后之类目"事实"之下黑丁白文标注"互见庆诞门"；类目"排日事实"之下黑丁白文标注"互见时令门"，"二月"之下黑丁白文标注"逐日通用故事并见正月，后仿此"，是为编纂各门内容相互关照且不相重复。

卷五庆寿门文类。均为往复庆寿类"启劄"，分为 宰相（收《贺宰相生日启》等7篇）、省官（收《贺枢密生日》等2篇）、宗室（方乌山《贺宗臣生日启》1篇）、朝官（方乌山《贺朝官生日启》1篇）、帅府（方乌山《贺帅府启》1篇）、宪台（《贺宪使生日启》1篇）、路县官

---

① 《新编事文类聚翰墨全书》丙集卷四，第206页。

② 同上书，第208页。

③ 同上书，第219页。

（收《贺路官生日启》、《贺县尹生日启》等6篇）、夫人（收《贺枢密太夫人生日》等2篇）；谢官员送礼物或诗词（《生日谢送物启》、《生日谢送诗词启》等7篇）；送物劄子附谢送物（《送省官兽仪劄》等4篇）；送州县官寿仪劄附投诗词（"路官"：《送府尹》等3篇；"县官"：《送县尹》、《送县丞》2篇）；通用送贺生日启（收《送贺生日》、《荅》等往复启劄12篇）；排年贺启（《庆六十》、《荅》、《庆七十》、《荅》、《庆八十》、《荅》、《庆九十》）；谢送寿仪附送诗词（"寿仪"：《谢官员送寿仪劄》等2篇；"诗词"：《谢魏帅鹤山》等3篇；"士人"：《谢学职五十七岁》等6篇；"僧道"：《谢道士》、《谢僧》2篇；"代谢"：《父母生日谢人》等3篇）；不受（《不受寿仪》、《不受寿词》等3篇）。

按，内容所列与《目录》基本对应，但《目录》标列类目为"贺谢荅劄、餽谢启劄、送贺通用、排年贺启、谢送寿仪附诗词、不受寿仪"，不再标列内容中的下一级类目。《目录》之"贺谢荅劄"对应内容之卷首分类的启劄及"谢官员送礼物或诗词"内容；"餽谢启劄"对应内容之"送物劄子附谢送物、送州县官寿仪劄附投诗词"；"送贺通用"对应内容之"通用送贺生日启"；"排年贺启、谢送寿仪附诗词、不受寿仪等类目《目录》与内容相同。

丁 集

丁集为庆寿门，共计5卷。集首为该集目录，依卷次排列门类及内容，5卷均为庆寿文类，目录之首标《新编事文类聚翰墨全书丁集目录》，之尾标《事文类聚翰墨全书丁集目录》。

卷一庆寿门文类。全为贺诗，分为如下几类。"皇太子"：曾丰《贺太子生日诗》1首；"宰相"：《贺宰相生日古诗》、《小律寿太师》等古诗、律诗10首，同题者居多；"省官"：翁丹山《贺参政生日古风》2首；"宗臣"：吴雨岩《古诗寿宗室》1首；"朝官"：《绵颂叔尤侍郎》等5首；"诸使者"：《视师颂魏鹤山以枢密视师江淮》等12首、"路官"：《十月诗集毛诗句》等30首；"幕官"：刘须溪《律诗寿段知事》1首；"兵官"：刘改之《律诗》4首；"学官"：张蒲磵《律诗寿欧阳教授》1首；"县官"：《古诗三首寿程宰》等7首；"闲逸"：《古诗寿东　先生》等5首；"通用"：《乔松歌寿经干》1首；"自寿"：文天祥《律诗》2首。

按，《目录》所标寿诗题目与内容所列基本对应，但同名题目《目录》大致只标一次，而实际上内容对应列举数首。本卷《目录》标为"寿诗"，内容标作"庆寿门 文类 贺诗"；"兵官"，《目录》之类名"绝诗"，内容标作"律诗"；《目录》之类名"太子"，内容标作"皇太子"。

卷二庆寿门文类。全为寿词，分为如下几类。"宰相"：《沁园春》等5首；"省官"：《贺新郎寿蔡久轩参政癸丑生》等4首；"朝官"：《念奴娇寿韩尚书》等11首；"诸使者"：《鱼游春水寿卫郎》等8首；"路官"：《霜天晓角》等9首；"幕官"：《临江仙寿帅幕》等5首；"学官"：《氏州第一寿刘府教》等2首；"武官"：《促拍丑奴儿寿孟万户》等3首；"县官"：《水调歌头寿建阳刘宰》等6首；"闲退"：《感皇恩寿韩总管》等15首；"丧夫人"：《木兰花慢》等15首；"寿亲族"：《酹江月戊戌寿父》等21首；"自寿"：《贺新郎》等11首；"借物为寿"：《沁园春借竹为寿》等6首。

按，"县官"类，《目录》标"水调歌头二"，即收《水调歌头》词2首，而内容只收1首，查明初覆大德本《新编事文类聚翰墨大全》丙集卷十三，"县官"类之首先后列《水调歌头》、《又》2首。内容之类目"丧妇人"，实为"寿妇人"之误，本卷均收寿词，从内容所列词也可得知，实为明显错误，《目录》标作"妇人"。

又，《目录》所标词牌不统一。有的同一词牌只标注1次，如内容"省官"类，先后收王庚《贺新郎寿蔡久轩参政癸丑生》、翁丹山《又寿蔡参政》，即先后收有《贺新郎》2首，而《目录》此处只标"贺新郎"1次；而"自寿"类，《目录》标有"贺新郎三"、"念奴娇二"，查内容对应部分，确实先后收有《贺新郎》词3首、《念奴娇》词2首。

卷三庆寿门文类。均为排年诗词，分为如下几类。"五十岁"：《贺新郎寿吕道山四十九岁》等寿词4首、《律诗寿刘直阁四十九岁》寿诗1首；"六十岁"：《鹧鸪天弟寿兄六十》等寿词11首、《古诗寿北山叔六十三　九月初三日生》等寿诗5首；"七十岁"：《暗香》等寿词9首、《律诗寿人七十四》等寿诗4首；"八十岁"：《沁园春寿白侍从八十》等寿词7首、熊竹谷《古诗寿静斋黄知府八十》寿诗1首；"九十岁"：退斋《古风》寿诗1首；"一百岁"：真西山《古风寿一百单一岁》寿诗1首。

按，本卷分为六类（五十岁、六十岁、七十岁、八十岁、九十岁、一百岁）排年诗词，实际上所收庆寿诗词并非均为整十岁数，而是分布于"五十岁"至"一百岁"年龄段之间及超出此年龄段（如四十九岁、一百零一岁）的年龄庆寿诗词；除"九十岁、一百岁"仅各收 1 首寿诗外，其余 4 类所收年龄多在此类年龄段，如"六十岁"类收"六十、六十一、六十二、六十三、六十四、六十五、六十六、六十七、六十九"，甚至比类名年龄小一岁，如"五十岁"类中收有"四十九岁"。

卷四庆寿门文类。为排日诗词撷英。包括"正月"：初一日、初二日、初三日、初四日、初五日、初六日、初七日、初八日、初九日、初十日、十二日、十三日、十四日、十五日、十六日、十七日、十八日、十九日、二十日、廿一日、廿二日、廿四日、廿五日、廿六日、廿七日、廿八日、廿九日、三十日；"二月"：初一日、初二日、初三日、初四日、初五日、初六日、初七日、初八日、初九日、初十日、十一日、十二日、十三日、十四日、十五日、十六日、十七日、十八日、十九日、二十日、廿一日、廿二日、廿三日、廿四日、廿五日、廿六日、廿七日、廿八日、廿九日、三十日；"三月"：初一日、初二日、初三日、初四日、初五日、初六日、初七日、初八日、初九日、初十日、十一日、十二日、十三日、十四日、十五日、十六日、十七日、十八日、十九日、二十日、廿一日、廿二日、廿三日、廿四日、廿五日、廿六日、廿七日、廿八日；"四月"：初一日、初二日、初三日、初四日、初五日、初六日、初七日、初八日、初九日、初十日、十一日、十二日、十三日、十四日、十五日、十七日、十八日、十九日、廿一日、廿二日、廿三日、廿四日、廿五日、廿六日、廿七日、廿九日、三十日；"五月"：初一日、初二日、初三日、初四日、初五日、初六日、初七日、初八日、初九日、初十日、十一日、十二日、十三日、十四日、十五日、十六日、十七日、十八日、十九日、二十日、廿一日、廿二日、廿三日、廿五日、廿六日、廿七日、廿八日、廿九日、三十日；"六月"：初一日、初二日、初四日、初五日、初六日、初七日、初八日、初九日、初十日、十一日、十二日、十三日、十四日、十五日、十六日、十七日、十八日、十九日、二十日、廿一日、廿二日、廿三日、廿四日、廿六日、廿七日、廿八日、廿九日、三十日；"七月"：初一日、初二日、初三日、初四日、初五日、初六日、初七日、初八日、初九日、初十日、十一日、十二日、十三日、十四日、十五日、十六日、十七日、十八日、十九日、二十日、廿一日、廿二日、廿四日、廿五日、廿六日、廿七日、廿八日、廿九日、三十日；"八月"：初一日、初二日、初三日、初五日、初六日、初七日、初九日、初十日、十一日、十二日、十三日、十四日、十五日、十六日、十八日、十九日、二十日、廿一日、廿二日、廿三日、廿五日、廿六日、廿七日、廿八日、廿九日、三十日；"九月"：初一日、初二日、初三日、初四日、初六日、初七日、初八日、初九日、初十日、十二日、十三日、十四日、十五日、十六日、十七日、十八日、十九日、二十日、廿一日、廿三日、廿四日、廿五日、廿六日、廿七日、廿九日、三十日；"十月"：初一日、初二日、初三日、初四日、初五日、初八日、初九日、初十日、十一日、十二日、十三日、十四日、十五日、十六日、十七日、十八日、十九日、二十日、廿一日、廿三日、廿四日、廿五日、廿六日、廿七日、廿八日、廿九日、三十日；"十一月"：初一日、初二日、初三日、初四日、初五日、初六日、初七日、初八日、初九日、初十日、十一日、十二日、十三日、十四日、十五日、十六日、十七日、十九日、二十日、廿一日、廿二日、廿三日、廿四日、廿五日、廿六日、廿七日、廿八日、廿九日、三十日；"十二月"：初一日、初二日、初三日、初四日、初五日、初六日、初七日、初八日、初九日、初十日、十二日、十三日、十四日、十五日、十六日、十八日、十九日、二十日、廿一日、廿二日、廿三日、廿四日、廿五日、廿六日、廿七日、廿八日、廿九日、三十日。

　　按，本卷内容分"正月"至"十二月"12个月12大类，每月基本大致包括"初一日"至"三十日"，但多数月份缺少一两日，每日摘录"排日诗词"数句，多为数句，如"正月廿八日"引诗句"初春只欠两辰全，天降蓬莱第一仙"①，有的摘录诗词句子下小字注文标注原本诗词的题目或类别，如"庆太守母、庆女人"②等。《目录》标作"正月初一至十二月三十日终"。

　　又，此卷内容名"撷英"，经查，系摘录自明初覆大德本《新编事类聚翰墨大全》丁集卷一至四之"排日诗词"，本卷合覆大德本4卷为1卷。明初覆大德本《新编事类聚翰墨大全》所录为完整的"排日诗

---

①　《新编事类聚翰墨全书》丁集卷四，第257页。
②　同上。

词"，此明初本《新编事文类聚翰墨全书》为摘编。

卷五庆寿门文类。为庆寿杂著，包括赋（收《梅花赋寿丞相》等5篇）、记（叶实夫《寿乡记寿赵宰》1篇）、圣节致语（吴雨岩《望阙致语》、《当筵致语》各1篇）。

按，《目录》标"寿乡记二、当筵致语二"，而内容所收《寿乡记》、《当筵致语》各1篇，查明初覆大德本《新编事文类聚翰墨大全》丁集卷五，收《寿乡记》、《当筵致语》均为2篇。可见明初本改编时不严谨，内容与《目录》未能一一对应，也可能是泰定本已有这种错误，明初本沿袭。

戊　集

戊集为丧礼门，共计5卷。集首为该集目录，依卷次排列门类及内容，卷一、二为丧礼门事类，卷三、四、五为丧礼门文类；目录首尾均标《新编事文类聚翰墨全书戊集目录》。

卷一丧礼门事类。"丧礼事实"包括：亡兆、死丧、父母丧、忧制、起复、叔伯父母（丧）、姑姊妹兄弟丧、夫丧、妻丧、子丧、师弟子（丧）、朋友（丧）、吊慰、祭奠、赙赠、助葬、奔丧、治葬、殡葬、俭葬、厚葬、送葬、寿穴、坟墓、祖载、铭旌、器用、卒哭、祥禫、除服、讳日、哀哭、挽歌（挽妇人附）、铭志等34种。

按，《目录》之类目"伯叔父母丧、师弟子丧、朋友丧"，内容分别标为"叔伯父母、师弟子、朋友"。

卷二丧礼门事类。

卷首题记，述元朝制定的丧葬格例及所附文公丧礼应为士民遵守。

> 三年之丧，天下之通制。夫居官不奔丧，乘凶行嫁娶，饮食酒肉，不服衰麻。圣有明训，国有禁条。今将陆续颁降丧葬格例及文公丧礼刊行，庶士夫知所遵守。[1]

事类包括："国朝颁降丧葬格例纲目"，附"墓地禁步之图"；"文公

---

[1]　《新编事文类聚翰墨全书》戊集卷二，第257页。

丧礼（初终、沐浴袭奠为位饭食、灵座魂帛铭旌、小敛祖 括 发 免 髺 奠
代哭、大敛、成服 五服三殇年月制度在内、朝夕哭奠 上食、吊奠赗、
闻丧 奔丧、治葬、迁枢 朝祖 奠缚 陈器 祖奠、遣奠、发引、及墓下棺 祠
后土 题木主成坟、反哭、虞祭、卒哭、祔、小祥、大祥、禫）"及附
"文公家礼服制图"（包括"本族三殇服图"、"本宗五服图"、"妻为夫党
服图"、"外族母党妻党服图"四幅图式并相关说明；"诸母服图"的解释
说明）。

按，"诸母服图"包括嫡母、继母、庶母、慈母、出母、嫁母等及继
父，如"嫡母"其下注为"妾子谓父正室曰嫡母，正服齐衰三年。庶子
为嫡母之父母兄弟姊妹小功，嫡母死，则不服"。

卷三丧礼门文类。分为"表牋"：收《慰太后上仙表》等10篇；"疏
状"：收《慰人丧父疏》、《荅》等往复疏状5篇；"劄子"：收《慰人丧
父七提头劄子》等往复吊慰劄子27篇；"小简"：《慰人丧父》等5篇。

按，内容之类目"劄子、小简"，《目录》标作"吊慰劄子、慰人小
简"。内容中，同题目者以《又》标识，同一题目在《目录》中只标注一
次。因此，内容所收文章与《目录》所标基本对应。

卷四丧礼门文类。全为祭文，分为"亲族"：收《祭父文太师革斋先
生文》等32篇，其中未署作者《女祭母文》后附"警段"；"姻戚"：收
《祭亲家文朱时发》等13篇；"师友交游故旧"：收《祭延平李先生文》等
13篇；"达官"：收《祭韩魏公文谥忠献》等12篇；"名贤"：《祭谢叠山
文》2篇。

按，本卷内容之首"祭文"下注文标有"亲族姻戚 师友 交游故旧
达官名贤"，内容之类目"师友"下附有"交游故旧"，而《目录》类目
"师友"下未标"交游故旧"。

卷五丧礼门文类。依次分为挽诗、哀辞、墓志铭3大类。"挽诗"又
分为"国恤"（收《仁宗挽诗三首》等10首）、"名贤达官"（收《挽韩
魏公》等31首）、"哭父母亲族"（收《哭父太守二首》等19首）、"挽
师友"（收《挽南丰曾先生二首》等11首）、"乡党故旧"（收《挽胡致
政二首》等26首）、"挽妇女"（收《挽李尚书母夫人二首》等6首）、
"挽僧道"（收《挽天师》等10首）；"哀辞"：收《拜文公墓哀辞》等7
篇；"墓志铭"：收谢叠山《平山先生母制机墓铭》、刘屏山《熊氏令人陆

氏孺人墓表》2 篇。

　　按，内容"挽诗"之类目"名贤达官"，《目录》标为"达官名贤"；此部分所收挽诗，内容与《目录》所标略有不同，一是编排次序稍有不同，如《目录》所标《挽朱总领》、《挽忠烈侯》、《挽刘知州》，与内容排列明显不同，二是题目有异文，如《目录》所标《挽刘府尹》、《挽谢县尹》，内容却先后标为《挽刘府君》、《悼谢县尹》。内容"挽诗"之类目"哭父母亲族"，此部分所收挽诗，内容与《目录》所标略有不同，一是编排次序稍有不同，如《目录》所标《哭幼子诗》、《哭存畊姪》、《哭夫亡诗》，与内容排列明显不同，二是与内容所标题目相比，《目录》多略作简化，如《目录》所标《哭母两国夫人小祥》、《挽兄嫂诗》，内容分别标为《哭母小祥》、《挽嫂》。内容"挽诗"之类目"乡故"，内容与《目录》所标略有不同，一是所标题目编排次序稍有不同，如《目录》之《挽罗碉谷》、《挽东园诗》，与内容排列明显不同，二是题目有异文，如内容之《哭王宗可》，《题目》作《挽王宗可》，三是《目录》所标题目略作简化。内容"挽诗"之类目"挽妇女"，《目录》所标《挽杨氏母》，内容未收。内容"挽诗"之类目"挽僧道"，内容与《目录》所标略有不同，一是所标题目编排次序稍有不同，如《目录》之《悼僧天目》、《挽僧无闷》，二是题目有异文，如内容之《挽礼上人》，《目录》作《挽李上人》。"哀辞"部分，内容与《目录》编排次序也有不同，如内容《廖节妇哀辞》（《目录》作《哀廖节妇》）。"墓志铭"部分，内容所收谢叠山《平山先生母制机墓铭》，《目录》标为《母平山墓志》简化题目容易产生混淆，似标作《平山母墓志》为妥。

己　集

　　己集为荐悼门、祭礼门、祁禳门，共计 7 卷。集首为该集目录，依卷次排列门类及内容，卷一、二为荐悼门文类，卷三为祭礼门事类，卷四、五为祭礼门文类，卷六、七为祁禳门文类；目录之首标《新编翰墨全书己集目录》，之尾标《新编事文类聚翰墨全书己集目录》。

　　卷一荐悼门文类。包括"道家青词"和"道家青词四六活套"。"道家青词"分为如下几类，依次为"荐父"：《子荐父》、《荐父青词》、《荐父首七青词》、《荐父二七》、《荐父三七》、《荐父四七》、《荐父五七》、

《荐父六七》、《荐父终七还愿》等 12 篇；"荐母"：《荐母代刘平野》、《荐母初七》、《荐母终七》、《荐母小祥》等 8 篇；"荐妻"：《荐妻青词》2篇；"荐夫"：《荐夫》1 篇；"荐子"：《荐子设醮》2 篇；《荐女》、《荐兄》、《荐弟》、《荐姊》、《荐妻父》、《荐妻母》、《荐母舅》；"孤魂"：《荐孤魂》、《荐阵亡》2 篇；"通例"：《九朝黄箓告盟荐父十三词》、《宿启》、《第一日早朝》、《午朝》、《晚朝》、《次日早朝》、《午朝》、《晚朝》、《三日早朝》、《午朝》、《晚朝》、《解坛》、《谢恩》、《九朝黄箓宿启为父还愿》、《建坛》、《一日早朝》、《午朝》、《晚朝》、《二日早朝》、《午朝》、《晚朝》、《三日早朝》、《午朝》、《晚朝》、《解坛》、《寄库纳财》、《还受生》、《谢恩正醮》、《三朝黄箓宿启》、《次日三朝》、《奏表》、《谢表》。"道家青词四六活套"包括：起联警语（"荐祖父"1 对、"荐祖母"1 对、"荐父"2 对、"荐母"4 对、"伯叔"2 对、"伯叔母"1 对、"荐兄弟"1 对、"姊妹"1 对、"荐夫"1 对、"荐妻"1 对、"幼男"1对、"女"1 对、"妻父"1 对、"妻母"1 对、"女婿"1 对、"主佃"1对）；[接联警句]（"荐女"2 段、"妻父"2 段、"妻母"2 段、"女婿"2 段、"姪"1 对、"儿妇"1 对、"主佃"1 段）；散联警句（"通用"9对）；叙旬七接联警语（"初七"3 对、"二七"3 对、"三七"2 对、"四七"2 对、"五七"3 对、"六七"3 对、"七七"3 对、"百日"3 对、"小祥"2 对、"大祥"3 对）；叙崇奉警语（"通用"23 对）；伏愿接联警语（"通用"18 对、"女人"3 对、"妻"1 对）。

　　按，内容"道家青词"中，所收前 12 篇文章应为"荐父"类，内容未黑丁白文标注类名"荐父"；《荐女》、《荐兄》、《荐弟》、《荐姊》、《荐妻父》、《荐妻母》、《荐母舅》7 篇文章也为标注类名；《目录》的"道家青词"之下未再标注小类名。内容"道家青词四六活套"之"散联警句"所收"荐女"2 段、"妻父"2 段、"妻母"2 段、"女婿"2 段、"姪"1对、"儿妇"1 对、"主佃"1 段，似不应归入前类"起联警语"中，因为前类已有"女、妻父、妻母、女婿、主佃"等小类类目，本书同一类中一般不会重复编排数种相同小类类目，加之此部分内容之前留有三行空白，因此结合本书其他部分警联内容，可能漏刻了类目名，可能是"接联警语"。

　　又，内容之类名"道家青词四六活套"，《目录》标作"青词活套警联"。内容的类目"道家青词四六活套"上方刻有花鱼尾。内容之"道家青词四六活套",明初覆大德本《新编事文类聚翰墨大全》对应部分未收。内容"荐悼门"下方刻"道家荐拔 散联警语"。《目录》之"青词活套警联"不标其它文字。

卷二荐悼门文类。包括"僧家荐拔疏语"和"僧家荐拔疏语活套"。首为"功德疏":《太上升遐道场疏》、《高宗小祥功德疏》等6篇;次为"疏语",分为"祖父母"(熊平溪《荐祖父父母道场疏》1篇)、"荐父"(《荐父道场疏》、《荐父首七疏》、《二七》、《三七水陆》、《四七水陆》、《五七诵经》、《六七》、《七七设斋》、《百日诵华严经 死于非命》、《小祥》、《大祥》11篇)、"荐母"(《荐母礼盂兰盆》、《首七》、《二七建灯》、《三七建水陆疏》、《四七》、《五七》、《七七》、《百日　般若灯》、《小祥》、《大祥》10篇)、"族亲"(《荐兄 转轮》、《荐弟》等4篇)、"忌日"(《祖父忌辰道场疏》、《祖母忌辰道场疏》等4篇)、"师友"(《追荐东坡先生疏》等4篇)、"阵亡"(刘克庄《荐阵亡水陆疏》1篇)、"狱亡"(刘克庄《荐囚亡疏》1篇);再为"僧家荐拔疏语活套",分为"起联警语"("祖父"2对、"祖母"2对、"荐父"6对、"荐母"4对、"夫妇"2对、"夫"2对、"妻"4对、"伯叔"4对、"伯叔母"3对、"兄弟"5对、"姊妹"3对、"妹"1对、"荐男"3对、"幼子"1对、"荐女"4对、"荐孙"2对、"妻父"4对、"妻母"5对、"女婿"4对、"妹夫"1对、"母舅"1对)、"接联警语"("通用"15对)、"伏念自叙警语"("荐祖"1对、"祖母"2对、"父母"2段、"荐父"2段、"荐母"2段、"荐伯"1段、"伯叔"1对、"伯叔母"1对、"娣妹"1对、"娣"1对、"妹"1对、"荐夫"2对、"荐妻"2段、"妻父"1段、"妻母"1对、"荐男"2段、"荐女"2段、"荐孙"2对、"荐姪"1对、"女婿"1段)、"散联警语"("通用"9段)、"叙旬七"("初七"2对、"二七"3对、"三七"2对、"四七"3对、"五七"2对、"六七"2对、"七七"4对、"百日"2对、"小祥"2对、"大祥"3对)、"叙佛事警语"("通用"12对、"冥场"4对、"□轮灯"2对、"药师灯"5对、"四大部斋"1对、"道场经"1对、"宝积经"1对、"大藏经"2对、"华严经"2对、"盂兰盆"1对、"涅槃经"1对、"推藏"2对、"设供"2对)、"伏愿结联警语"("男人"9段、"女人"10段)。

按，《目录》标类目为"僧家疏语"和"荐拔疏语活套警联"，其下不再标注小类类目；而内容之首标"僧家荐拔 散联警语"，实际分作"僧家荐拔疏语"和"僧家荐拔疏语活套"2 类。内容"疏语"之"荐母"所收《荐母礼盂兰盆》，《目录》标作《荐母礼血盆》。内容"僧家荐拔疏语活套"之"伏念自叙警语"所收下属类目"娣妹"、"娣"，似应为"姊妹"、"姊"。《目录》之"荐拔疏语活套警联"不标其它文字。

又，内容的类目"僧家荐拔疏语活套"上方刻有花鱼尾。内容之"僧家荐拔疏语活套"，明初覆大德本《新编事文类聚翰墨大全》对应部分未收。

卷三祭礼门事类。

卷首有该门题记，草书上版，述编纂原则。

> 夫祭，古之大典也。后世亵渎不经，淫祠谄祠，何可胜数。是编博考古今，必以上下所当然之祀而次第之。若非鬼之祭，流俗所不免者，别类为附录，寘于卷末。幸鉴。①

"祭礼事实"包括：祭祀、郊丘、宗庙、明堂、社稷（并"祈谷"）、雩荣（并"祷旱"）、群祀、释奠、杂记、先贤、功臣、粢牲（并"宗庙礼"、"宗庙祀"）。"文公文庙释奠仪：时日、斋戒、陈设、省馔、行事、奠币、初献、亚献、终献、分献、饮福受胙、望瘗；"朱文公释菜仪"；"文公社稷祭仪"（州县社坛方及高、四出陛、社主、四门同一壝、坛饰、瘗坎、燎坛、植木、尺）；"文公祭礼"：祠堂、四时祭、初祖、祢祭、忌日、墓祭。

按，内容之类目"群祀"，《目录》作"群祀附日月星辰山川"，查明初覆大德本《新编事文类聚翰墨大全》戊集卷七对应部分，"群祀附日月星辰山川　雩祀　五祀蜡祭　杂祀"；内容之类目"文公文庙释奠仪"，《目录》作"文公释奠仪"。

卷四祭礼门文类。全为祭文，分为"祭告"：《祭昊天上帝册文》等 10 篇；"修造"：《修太庙祭告祝文》等 5 篇；"祈祷"：《日食》等 22 篇；

---

① 《新编事文类聚翰墨全书》己集卷三，第341页。

"庙祭"：《元旦》等10篇；"墓祭"：《冬至省墓文》等6篇。

按，内容与《目录》所标基本对应，内容中同一题目的祭文，《目录》只标注一次。《目录》标的题目比内容略作简化，也有少数内容比《目录》简化的，如内容"墓祭"之青山《祭墓文》，《目录》作《春秋祭墓文》；内容"祈祷"之苏子瞻《日食》，《目录》作《日食祈祷文》。内容"祭告"之"前人"《祭太庙册文》，《目录》作《祭太庙祝文》。

又，内容"祭告"所收第3篇署名"前人"《祭太庙册文》，其前即该类第2篇《祭皇地祇册文》未署作者，而第1篇收汪彦章《祭昊天上帝册文》。查明初覆大德本《新编事文类聚翰墨大全》戊集卷十对应部分，《祭皇地祇册文》也署"前人"，排在汪彦章《祭昊天上帝册文》之后。可见，此本编排时遗漏《祭皇地祇册文》署名"前人"。

卷五祭礼门文类。全为祝文，分为"祭先圣"：《祀先圣祝文》等11篇；"致仕"：《谒宣圣》等5篇；"祭社稷"：《祭社祝文》等7篇；"祭山川"：《祭五岳》等8篇；"祭土地"：《运司土地》等5篇；"祭先贤"：《周濂溪祠》等10篇；"祭诸庙"：《郊赦祭诸庙》等4篇；"谒庙"：《登东岳》等8篇。

按，《目录》显示本卷祝文分为"先圣、致仕、社稷、山川、土地、先贤、诸庙"等类，内容却未标"先圣"类目，有5篇文章，置于卷首，是为内容遗漏类目"祭先圣"；内容之尾又增加"谒庙"类目，收8篇文章，《目录》未标"谒庙"，致使《目录》所标文章与"诸庙"合为一类，是为《目录》遗漏类目。可见明初本或泰定本改编时存在不严谨。

又，查国家图书馆藏著录为元刻《新编事文类聚翰墨全书》（编号17824，残本，存戊集卷七至十三；如果此本确为元刊本，是为元大德本系统）戊集卷十一，内容显示该卷为"祭礼门 文类·祭文"，分为"祭先圣、致仕、祭社稷、祭山川、祭土地、祭先贤、祭诸庙、谒庙"[1] 等类。可见该卷与元刻本有差异：元刻本内容标为"祭文"，明初本内容与《目录》均标为"祝文"，当然具体内容区别尚多，比如元刻本收录文章比此明初本要多。

卷六祈禳门文类。包括"道家青词"和"警语活套"。"道家青词"

---

① 国家图书馆藏元刻本《新编事文类聚翰墨全书》（17824）戊集卷十一。

分为"圣节"（《圣节启建》、《满散》2 篇）、"祈年"（《春祈》、《秋报》2 篇）、"祈雨"（《春祈》等 6 篇）、"祈晴"（《祈晴》、《谢晴》2 篇）、"祈雪"（《祈雪》、《谢雪》2 篇）、"保安"（《上元愿保安》等 20 篇）、"疾病"（《为父保安》等 8 篇）、"求男"（刘镇《祈嗣》1 篇）、"保产"（《娠育保安》、《产后得子保安》2 篇）、"还愿"（《禳灾建醮》等 7 篇）、"禳水"（《禳水建醮》、《水后还醮》2 篇）、"禳火"（《禳火建醮》、《火后还醮》2 篇）、"禳风"（熊子复《大风建醮》1 篇）、"禳蝗"（《禳蝗虫设醮》、《禳麦虫建醮又民疫》）。"道家青词四六活套"，分为"起联警语"（"祈雨"7 对、"谢雨"4 对，"祈晴"4 对、"谢晴"3 对、"保父"2 对、"还愿"2 对，"保母"2 对、"还愿"1 对、"保夫"1 对、"还愿"1 对，"保妻"2 对，"兄弟"3 对，"保男"2 对、"保女"1 对、"还愿"1 对、"祈男"2 对、"保产"2 对、"还愿"2 对、"风病"2 对、"还愿"1 对、"眼病"2 对、"还愿"1 对，"生日"2 对，"足病"2 对，"疟疾"2 对、"还愿"1 对，"为商"2 对、"还愿"3 对、"遇风"2 对）、"中联伏念警语"（"祈雨"4 段、"谢雨"2 段，"祈晴"5 段、"谢晴"3 段，"祈嗣"2 对，"父母"3 段，"保妻"2 段，"保产"1 对、"还愿"1 对，"保子"1 对，"通用"2 段，"生日"2 对 1 段，"商旅"1 段、"还愿"1 段，"风浪"2 段）、"结联伏愿警语"（"祈雨"4 段、"谢雨"2 段，"祈晴"2 段，"疾病"6 段，"保母"1 对，"保夫"1 对，"保妻"1 对，"自疾"1 对，"保子"3 段，"祈嗣"1 对，"商旅"3 对，"保寇"1 对）。如"起联警语"之"祈雨"引"六月不雨农民望岁以深忧，三日为霖吏率民而哀请"①。

　　按，本卷《目录》所列类目为"道家青词"、"青词活套警联"，内容为"道家青词"与"道家青词四六活套"。《目录》中，"道家青词"之下不再标注下属类目，只列举相关文章，"青词活套警联"只有此类目名，此外不标其它文字。内容中，"道家青词"、"道家青词四六活套"均有下属类目，黑丁白文显示，其中"道家青词四六活套"之下还有两级类目，其下分别列举相应文章及警语活套。内容的类目"道家青词四六活套"上方刻有花鱼尾。内容之"道家青词四六活套"，明初覆大德本

---

① 《新编事文类聚翰墨全书》己集卷六，第 365 页。

《新编事文类聚翰墨大全》对应部分未收。

又，"道家青词"，内容与《目录》所标的收录文章题目基本对应，但并非一致，大体而言，《目录》的文章题目编排较为统一，内容的文章题目与所属类目呼应。如内容"祈雨"之《春祈》、《夏祈》、《秋祈》，《目录》分别作《春旱祈雨》、《夏旱祈雨》、《秋旱祈雨》；内容"祈年"之《春祈》，《目录》作《祈年青词》。

卷七祁禳门文类。包括"僧家疏语"和"僧家疏语活套"。"僧家疏语"依次分为"功德疏"（《圣节启建道场功德疏》、《满散疏》、《放生疏》3篇）、"祈雨"（《祈雨疏》、《迎水疏》等12篇）、"祈晴"（《祈晴疏》、《谢晴疏》等4篇）、"祈雪"（《祈雪疏》、《谢雪疏》2篇）、"祈水"（《部纲祈水疏》、《谢水疏》2篇）、"祈子"（《祈嗣疏》、《谢嗣谢疏》2篇）、"保安"（《保安道场疏》、《上元保安道场水陆疏》等6篇）、"保病"（《父病保安水陆疏》、《父病保安还愿疏》等11篇）、"禳星"（《禳星辰疏》1篇）、"禳水"（《禳水疏》、《水后谢疏》2篇）、"禳火"（《禳火疏》、《火后谢疏》2篇）、"刑狱"（熊子复《狱空道场疏》1篇）、"蝗虫"（《看蝗虫经》1篇）、"蚕畜"（《保蚕疏》、《又》、《保六畜小疏》3篇）。"僧家疏语活套"：分为"起联警语"（"祈雨"4对、"谢雨"3对，"祈晴"2对、"谢晴"2对，"祈雪"2对、"谢雪"1对，"保苗"1对，"生日"1对，"祈男"2对、"还愿"2对，"父病"3对，"母病"1对、"还愿"1对，"夫病"2对，"妻病"2对，"兄弟"2对，"子病"2对、"女病"2对，"保产"1对，"产后"1对，"疫病"1对，"商人"1对）、"中联警语"（"祈雨"4段、"谢雨"4段，"祈晴"2段、"谢晴"1段，"祈雪"2段、"谢雪"1对，"保苗"2段，"祈男"2段、"还愿"1对，"祖母"1段，"父病"1段、"还愿"1段，"保母"1段、"还愿"1对，"还愿"1对，"保妻"1段、"还愿"1对，"保兄弟"1对，"保子"1段、"还愿"1对，"足疾"1对，"眼疾"1段）、"结联警语"（"祈雨"3段、"谢雨"2段，"祈晴"1对、"谢晴"1对，"祈雪"1对、"谢雪"1对，"保苗"1对，"生日"1段，"祈男"1对，"保胎"1对，"父病"1对、"母病"1对、"还愿"1对，"保夫"1对、"保妻"1对、"还愿"1对，"保兄弟"1对，"保子"3段，"保女"1对，"眼病"2段，"通用"2段，"商人"2段）。如"起联警语"之

"祈雨"引"大旱望云徒有西郊之密，历时不雨将为南亩之枯"①。

按，本卷《目录》所列类目为"僧家疏语"、"疏语活套警联"，内容为"僧家疏语"与"僧家俗语活套"。《目录》中，"僧家疏语"之下不再标注下属类目，只列举相关文章，"疏语活套警联"只有此类目名，此外不标其它文字。内容中，"僧家疏语"、"僧家疏语活套"均有下属类目，黑丁白文显示，其中"僧家疏语活套"之下还有两级类目，其下分别列举相应文章及警语活套。内容的类目"僧家疏语活套"上方刻有花鱼尾。内容之"僧家疏语活套"，明初覆大德本《新编事文类聚翰墨大全》对应部分未收。

又，内容"僧家俗语活套"之"中联警语"所收"保母"、"还愿"、"还愿"，连续编排两类"还愿"，与本书其余内容编排一类中同一类目不会连续出现明显不符，从第 2 个"还愿"所收警联内容"齐眉之虑至诚无息许陈焦面之斋"，大致推知为夫妻关系，不应列于"保母"之后，因其后列有"保妻"、"还愿"，可能第 2 个"还愿"前本应有"保夫"类目，不知泰定本有无，或是编纂或雕版时遗漏"保夫"类。

又，"僧家疏语"，内容与《目录》所标的收录文章题目基本对应，但并非一致，大体而言，《目录》的文章题目编排较为统一，内容的文章题目与所属类目对应。

庚　集

庚集包括诏诰门、表牋（笺）门、官职门、吏道门、仕进门，共计24 卷。集首为该集目录，依卷次排列门类及内容，卷一为诏诰门事类，卷二为诏诰门文类，卷三为表牋门事类，卷四、五、六为表牋门文类，卷七、八、九、十、十一、十二、十三、十四为官职门事类，卷十五为吏道门事类，卷十六为仕进门事类，卷十七、十八、十九、二十、二十一、二十二、二十三、二十四为官职门文类。目录首尾均标《新编事文类聚翰墨全书庚集目录》。

卷一诏诰门事类。

卷首有该门题记，草书上版，述内容选编原则，目的是为学者提供示范

---

① 《新编事文类聚翰墨全书》己集卷七，第 373 页。

诏诰者，朝廷发号施令、颁禄赐爵，乃上达下之辞也。当今宾人兴贤能试业所尚。是编选前代名笔、本朝新制以为学者矜式，复熟求成由，□荐而入禁苑，擒鸾笔而演絲纶，必于是而有得焉。①

"诏诰事实"：诏令（附口宣、敕书）、制诰（附批荅）。

卷二诏诰门文类。"诏"：《立国号诏》、《加封孔子诏大德十一年十二月二十六日》、《皇庆制科取士诏节文》3 篇；"制诰"：《赠中书左丞诰词　新式》、《除翰林院诰词》、《除吕公著制　旧式》等31 篇。

按，本卷内容按"诏"、"制诰"分为 2 类，分别收录相应文章，而《目录》仅标"诏诰"类目，所列文章不再分类编排。

卷三表牋门事类。

卷首有题记，草书上版，述选编理由及原则

巍巍当宁，万国倾心。为臣子者畏敬不暇，何敢模写天地、绘画日月。然君臣交际礼有不可废者，如天寿圣节、立后、建储、冠婚、岁节、祥瑞、庆谢表牋之类。今各引之，以冠编首，用见尊君亲上之意云。②

"表牋事实"：圣德、后德、圣寿、诞圣、诞皇子、诞皇孙；表章定制体式新定（附"表章回避例延祐元年、延祐三年"）；延祐元年省监颁下今行贡举例合回避。

按，"表章定制体式"述表章书体、写作格式、字数及贴黄、押印、制作材料等

诸上表并为楷书，每幅六行或七行，后一幅或三行或五行，每行不限字数。第一幅前用贴黄，押下边用印，末后年月日上及背缝亦用印。上牋者准此，封皮上帖黄，押下边用印，其在下；上进，谨封字，上用印。上表者，表以红罗夹絨，笺以梅红罗，单絨封裹，外路

---

① 《新编事文类聚翰墨全书》庚集卷一，第 382 页。
② 《新编事文类聚翰墨全书》庚集卷三，第 388 页。

仍盛以锁钥。全表，匣饰以龙，笺，匣饰以螭。①

又，"延祐元年省监颁下今行贡举例合回避"，列表如下

庙讳	御名
太祖应天启运圣武皇帝	铁木真
太宗英文皇帝	窝阔台
睿宗仁圣景襄皇帝	拖雷
定宗简平皇帝	贵由
宪宗桓肃皇帝	蒙哥
世祖圣德神功文物皇帝	忽必烈
裕宗文惠明孝皇帝	真金
顺宗昭圣衍孝皇帝	答剌麻八剌
成宗钦明广孝皇帝	铁穆耳
武宗仁惠宣孝皇帝	海止（山）
仁宗皇帝	爱育黎拔力八达
英宗皇帝	硕德八剌
今上皇帝	

上表所列内容，本为延祐元年（1314）中书省颁布的贡举要回避使用本朝历任皇帝名字及庙号的法令。延祐为元仁宗爱育黎拔力八达使用的第二个年号，共计 7 年（1314—1320），延祐元年即 1314 年。此令 1314年由中书省颁布实行。而上表所示"仁宗皇帝"之后尚有"英宗皇帝"、"今上皇帝"两位，超出延祐元年。列于"延祐元年"之后的"今上皇帝"系泰定帝也孙铁木耳（1323—1328 年在位），既然称"今上皇帝"，说明这部分内容编纂于泰定帝在位时期，明显系在延祐元年令基础上扩充，已非延祐元年令原本内容。（延祐元年令回避御名、庙讳至多只能到武宗仁惠宣孝皇帝海山，御名、庙讳全有，而当时在位的皇帝爱育黎拔力八达，即后来的仁宗皇帝，尚无庙号）。由上述"今上皇帝"可知明初本

---

① 《新编事文类聚翰墨全书》庚集卷三，第 389 页。

《新编事文类聚翰墨全书》所记此部分内容编纂于泰定年间，编纂时在照录延祐元年令的基础上增加了其后直至编纂时代的内容（仁宗皇帝爱育黎拔力八达、英宗皇帝硕德八剌、今上皇帝），而该法令颁布的年份"延祐元年"却照录，可见内容编排存在不严密之处，当然可能是泰定本改编时之误，明初本沿袭。

卷四表牋门文类。分为"贺表"：《圣节贺表》、《贺会庆节表》、《皇太后圣节贺皇帝表》等22篇；"贺牋"：《贺皇后受册笺》、《册后贺太后牋》等8篇。

按，本卷内容分为"贺表"、"贺牋"2类，类目黑丁白文显示，而《目录》只标作"庆贺表牋"，然后列举相应文章，不再标识小类类目而后分类列举相应文章。《目录》与内容所列文章题目中，"牋"与"笺"混用。

又，本书内容中所收的诗词文章，同一题目标注基本是第一首（篇）列出全名，其后的以《又》标识，有的还有小字祝文的副标题，而与此对应的《目录》只标识全名题目一次。但《目录》所标"皇子纳聘表又"，查内容对应部分，收《皇子纳聘贺皇帝表颖王纳聘》、方登孙《又忠王纳聘》共2篇文章，可能《目录》所标"皇子纳聘表又"之"又"系衍文；上引内容之方登孙《又忠王纳聘》，作者"方登孙"系"方澄孙"之误，方澄孙即方蒙仲，南宋末年福建人，进士出身。

卷五表笺门文类。为节序贺表，分为"正旦"：《中书省贺正表》、《廉访司贺正表》等8篇；"冬节"：《贺冬表》4篇；"朔旦"：《贺朔旦表正月》、《又二月》、《又三月》、《又四月》、《又五月》、《又六月》、《又七月》、《又八月》、《又九月》、《又十月》、《又十一月》、《又十二月》12篇；"贺雪"：《贺雪表》2篇；"贺雨"：王禹偁《贺雨表》、葛侍郎《贺太阳不朽表》、赵承之《贺甘露表》共3篇。

按，本卷内容标"表笺门 贺表"，下分"正旦、冬节、朔旦、贺雪、贺雨"5类；《目录》标"节序贺表"，不再标识下属类目。内容"正旦"所收王翰林介甫《中书省贺正表新式》，其中的文字"新式"不妥，应为小字祝文，应标作《中书省贺正表》新式，"新式"不应与《中书省贺正表》文字同等大小标识；同类所收赵德庄《贺正表》下方处黑丁白文标注"以下后旧式"也可证明上述"新式"应系注文。

卷六表牋门文类。均为"谢表"，依次排列为《谢受宣表》、《谢改州表》；"谢第"：《状元谢皇帝表》、《谢除左相表》等 19 篇；"谢赐礼物"：《生日谢礼物表》、《谢赐衣表》等 7 篇；"辞表"：《辞免左丞相》、《辞免参政表》等 5 篇。

按，《目录》标为"官职表谢"，其下列举相关文章题目，不再标识下属类目；内容标为"表牋门　谢表"，所收文章前 2 篇《谢受宣表》、《谢改州表》未标类目名，其余文章分为"谢第、谢赐礼物、辞表"3类。内容第 1 篇文章即杜傅良《谢受宣表》之下有小字注文"以下新式"，可见所收谢表均为新式。

又，内容所收文章中屡见"〇〇陛下"，大概体现对尊者讳之意。

卷七官职门事类。分为"三师"：太师、太傅、太保；"三公总事"：三公、太尉、司徒、司空；"省官"：尚书省、尚书令、中书令、中书省、行省；"宰相"：左右丞相、平章事、左右丞、参政；"省属"：左右司郎中员外郎、都事；"台官"：御史、御史大夫、中丞、侍御史、治书侍御史、殿中侍御史、监察御史。

按，本卷官职事实分为"三师、三公总事、省官、宰相、省属、台官"等 6 类，其下再分类列举事实。如"台官"类分为"御史、御史大夫、中丞、侍御史、治书侍御史、殿中侍御史、监察御史"[①] 7 类；"三师"类下之"太师"包括"帝师、国均、冠二公首、为百辟师、道之教训、为之墙垣、父师、灵寿杖、正色在朝、全德始终、赐玺书、历公孤"[②] 等 12 项，其中的"为百辟师"注文曰"韩愈贺裴度诗居 — — — —"，可见事类"为百辟师"为韩愈所作诗；检《韩昌黎全集》，此诗题为《奉和仆射裴相公感恩言志》，内容为"文武成功后，居为百辟师。林园穷胜事，钟鼓乐清时。摆落遗高论，雕镌出小诗。自然无不可，范蠡尔其谁"。

又，内容"三公总事"分为"三公、太尉、司徒、司空"4 类，《目录》标作"三公"分"太尉、司徒、司空"3 类。《目录》"三师"类名之上黑丁白文标注"随朝官员"。

---

① 《新编事文类聚翰墨全书》庚集卷七，第 405 页。
② 同上。

又，卷首有小字注文曰"太师、太傅、太保，中古三公名。汉袭秦，以丞相、御史大夫、太尉为三公，后以大司马、大司徒、大司空为三公，复置师、傅、保在三公上。大元新制，太傅、太保、太师为三师，太尉、司徒、司空为三公。百寮、庶尹多仍旧，贯新制并随各类，以见览者计焉"①。述选编原则。其中"大元新制"字样，可见编纂应在元代。

又，内容"省属 左右司郎中员外郎 都事"小字注文曰"新制，右司掌总察兵、刑、工三部受事付事，左司掌总察吏、户、礼三部受事付事，各置郎中、员外郎、都事，其属有祇候郎君管勾官、架阁库管勾、祠管勾"②。

卷八官职门事类。诸院事实，分为"枢密院"：枢密、枢密副使、签书同签、都事；"集贤院"：集贤；"宣徽院"：宣徽使；"翰林院"：翰林、承旨、学士、侍讲、侍读；"国史院"：史官、起居注、编修、修撰；"太史院"：太史、太史令、同知、五官正、保章大夫、灵台郎。

按，内容"枢密院"之"枢密、签书同签"，《目录》分别标为"枢密使、签书同签书"。

又，查"宣徽院"之"宣徽使"下辖的"置副使、管横班、以节度充、以枢密权、径入朝"等事实，均为五代和宋代的宣徽使制度，并非元制，其记述与《宋会要辑稿》、《文献通考》、《宋史》所记基本相同，只是有所节录，可见编纂时选取的材料尚真实可靠。

卷九官职门事类。六部事实，依次为总尚书、总侍郎、总郎中、总员外；"吏部"：吏部、尚书、侍郎、郎中、员外、附（封科、勋科、选科）；"户部"：户部、尚书、侍郎、郎中、员外、附（金科、仓科、内外度科）；"礼部"：礼部、尚书、侍郎、郎中、员外、附（祠祭〔旧为祠部〕）、四方使客〔旧为四方主客〕）；"兵部"：兵部、尚书、侍郎、郎中、员外、仪仗、车辂；"刑部"：刑部、尚书、侍郎、郎中、员外；"工部"：工部、尚书、侍郎、郎中、员外郎、山林之禁（旧为"虞部"）、都水监（旧为"水部"）。

按，《目录》之"员外郎"，内容在小类名（即六部名称）之下亦小

---

① 《新编事文类聚翰墨全书》庚集卷七，第405页。
② 同上书，第409页。

字注文标作"员外郎",而在内容黑丁白文标注的事实类目中大多省称为"员外"。内容"礼部"所附的"四方使客",《目录》作"四方主客"。

卷十官职门事类。诸寺、诸监事实。诸寺分为"太常寺":卿、少卿、丞、博士、太祝、协律郎、太庙署、太乐署;"光禄寺":卿;"太仆寺":卿;"司农寺":卿、少卿、寺丞;"大理寺":卿、少卿、丞。诸监分为"太府监":卿、少卿、寺丞;"国子监":祭酒、司业、丞、博士、太学博士、国子正禄、太学正禄、太学助教;"秘书监":监、少监、丞、著作郎、佐郎、秘书郎、校书郎;"少府监":监、少监、尚方署、织染署、甄官署;"军器监":监、少监。

按,内容"国子监"之"太学助教",《目录》标为"助教",位居"太学正禄"之后;内容"秘书监"之"校书郎",《目录》标作"佼书郎"。

卷十一官职门事类。"东宫官":太子詹事、宾客、家令;"王府官":总王府官、傅、尉、司马、文学、记室;"守卫官":元帅(都元帅、副元帅)、留守(留守、副留守)、左右亲军使(军卫);"农田官":劝农使(劝农)、屯田(屯田)、营田(营田);"诸司局":符宝郎(符宝郎)、尚衣局(尚衣)、尚辇局(尚辇)、尚厩局(尚厩)、尚食局(尚食)、茶酒司(茶、酒坊)、太医局(太医)、御药局(御药)、惠民局(惠民)、左右藏库(左右藏)、太仓库(大仓)、市易司(市易)、客省使(引进)、四方馆使(馆使)、阁门使(阁门)、通事舍人(舍人)、内侍(内侍)、武库署(武库)、打捕司(打捕)、教坊司(教坊)。

按,从内容编排看,先分为东宫官、王府官、守卫官、农田官、诸司局5类,其下再黑丁白文单行标注小类,小类下再分类,然后列举相应词句典故及文献来源并引文,实际形成三级类目,如"守卫官"之"元帅"又包括"都元帅、副元帅"2类。但《目录》只标大类名"东宫官、王府官、守卫官、农田官、诸司局"及下属一种类目名,形成二级类目。如内容"诸司局"之"客省使"下设"引进"类,而《目录》"诸司局"只列"客省使";尤其是内容"守卫官"之"左右亲军使"下设"军卫"类目,而《目录》"守卫官"下并列标识"左右亲军使 军卫",形成平行关系。经查,《目录》所标的二级类目与内容的二级或三级类目名对应。

按,以上5卷(卷七至十一)所列为京朝官,以下3卷(卷十二至十四）为地方官。

卷十二官职门事类。外任官，包括"行省官"；"御史行台官"；"诸使司"：宣慰使（宣慰、副使）、宣抚使（宣抚、副使）、安抚使（使）；"按劾官"：提刑（提刑）、肃政廉访使（使）；"管军出征官"：管军总管（总管、副总管）、将帅（将帅）、招讨使（使）、经略使（使）；"管军守卫官"：元帅、留守、各处镇守（镇守）；"财富官"：转运使（使、副使）、提举（提举、铁冶、市舶、仓场、库务、盐场、茶场、酒务、总税务）。

按，内容"行省官"下有 注文曰"见弟一卷"，"御史行台官"下注文曰"见弟一卷台官通用"，意思是这2类仅列出类目"行省官"与"御史行台官"，因本书其它部分列有相应内容，故此处不再详列，加以标注说明目的是为了保持内容的完整性，但此本庚集卷一为"诏诰门事类"而非"官职类事实"，查明初覆大德本《新编事文类聚翰墨大全》己集卷一官职门事类，确实收有"行省"和"台官"类，可能注文所谓的"弟一卷"是指大德本《新编事文类聚翰墨全书》，明初本或泰定本改编时未能一一改正。而内容"管军守卫官"之"元帅 留守"下有小字注文"见十一卷"，此明初本庚集卷十一"守卫官"类收有"元帅 留守"小类，而明初覆大德本《新编事文类聚翰墨大全》己集卷十一内容为官职门文类，可见此处所谓的"见十一卷"大概指的是本书，即明初本《新编事文类聚翰墨全书》；此处编排也是内容编排注文标明互现，但不重复。

又，内容"肃政廉访使"下有小字注文"汉分八使……宋诏诸路监司采访，名号虽殊……今 天朝置廉访使司，正三品，有副使、签书公事等员。汉使者、唐诸使事实备见于此。用者择焉"，简略叙述该制历代沿革及编纂目的。"各处镇守"下有小字注文"宋朝有路，分掌本路禁旅、屯戍、边防、训练之政令，以肃清所部。今 大元在处设立镇守军官之职，以戒不虞。此类旧无事实，今略采其意，可借用者编入"，也是简述选编理由。上述两处注文"天朝"、"大元"字眼均可见编于元代。"转运使"下小字注文"都转运使 都漕运使 副使通用。茶盐都转运使事，互见提举茶盐类"，亦是编纂内容互见。

又，内容所标为三级类目，《目录》有的列有三级，有的列有二级，未能统一。如《目录》"诸使司"之"宣慰使"下设"正使 副使"2类，形成三级类目，而"按劾官"下设"提刑 肃政廉访使"2类，这样只有二级类目，内容"按劾官"之"提刑"下辖"提刑"、"肃政廉访使"下辖"使"，是三级类目。

又，内容与《目录》所标类目名称，常有省略，如《目录》标"宣抚使"下设"正抚 副使"，内容标"宣抚使"下设"宣抚 副使"。《目录》"财赋官"所辖"都转运使 都漕运使"类目，内容对应为"使"1类。但总体而言，《目录》和内容基本是对应的。

卷十三官职门事类。路官事实，分为"总管府"：总管府；"刺史"：刺史；"治中"：治中；"府判"：府判（包括"泛言幕职"）；"推官"：推官；"司狱"：司狱；"录事"：录事；"路学教授"：教授；"书院教授"：教授。

按，"总管府"下有小字注文"达鲁花赤、府尹、知州事并同刺史，亦有通用者。今又别为一类。览者自详之。""书院教授"下有小字注文"宋初止有四书院，曰白鹿洞，曰岳麓，曰嵩阳，曰睢阳，后仿此例？有石鼓、茅山、宗濂、东湖、延平、和静、安定、紫阳、建安、考亭、武夷等处。今于四书院特详，以著开端之意云。"上述两段注文均略述编纂用意。内容类目"路学教授"下有小字注文"州教同"。

又，《目录》"路学教授 书院教授"之上标注类目"学官"，内容未标。

卷十四官职门事类。包括"县官、巡捕官、站官事实"。"县官"分为：县尹、县丞（县丞）、主簿（主簿）、县尉（县尉）、教谕（教谕）。"巡捕官"：巡检（巡检）。"站官"：马站官（马站）；船站；车站；籛站。

按，《目录》先分县官、巡捕官、站官3类，类下列举相应的官职事实。内容官职事实"巡检"其上未标"巡捕官"类目；内容官职事实"马站、船站、车站、籛站"其上标注"马站官 附船站、车站、籛站"。

又，设置"站官"类下辖马站、船站、车站、籛站等官职事实，大概是由于元代地域辽阔，驿站交通发达，是社会现实的反映与表达，该部分内容应编纂于元代。

卷十五吏道门事类。分为：吏、省吏、台吏、部吏、路吏（路吏）、县吏、狱吏。

按，内容事实"路史"其前有类目"路史"，《目录》不标。

卷十六仕进门事类。分为"保举 附 举亲 自陈"：保举、举亲、自陈；"入仕 附 为亲仕"：入仕、为亲仕；"被召"：被召；"朝京"：朝京；"赐封"：赐封；"受恩命"：受恩；"迁注 附 部拟 省差 剳付"：迁注、部拟 省差 剳差；"之任"：之任；"礼上"：礼上；"考满"：考满；"举留"；"交代"：交代；"权摄"：权摄；"两易"：两易；"同官"：同官；"章服"：章服；"承袭"：承袭；"让官"：让官；"去官"：去官；"致仕"：致仕。

按，内容"举留"类下标文字曰"留鞭截 、攀辕卧辙等字，及请留李允则、乞复耿君、邓侯挽不来等事，并见郡守县令事类"。

卷十七官职门文类。往复书翰。

卷首有题记，草书上版，述编纂原则先书翰后启剳

> 仕途交际，古人不过以书记德，后初未尝谀词佞语，若近代骈谯之文也。故是编以书翰为先，启剳次之。其书翰不拘古道体，或论出处，或论时事，出于衷情，有所裨益，光方在兹选，或其辞藻又观分间附三云。[1]

"书一"：收《与中书耶律》、《上宰相》等往复书翰17篇。

按，《目录》所标之文题《与游宣抚》、《与游子明》，内容编排对应文章先后为窦太师《与游宣抚子明》、无名氏《与游宣抚》，可能两篇文章说的游宣抚就是游子明。《目录》标类目"往复书翰"，内容标"书一"，下卷《目录》未标类目，内容标"书二"，此两卷均收"往复书翰"，各为一卷。

卷十八官职门文类。往复书翰。

卷首有题记，述选编特点及目的

> 自韩文公三上宰相书循习至今，率多道古今、誉盛德之语，而所以自道则祈哀乞怜无所不至，竿牍俪语则尤甚。是编以诸先正达公信书为一类，自庙堂至州县，或论事，或出处，各所节焉，亦足为谄事

---

① 《新编事文类聚翰墨全书》庚集卷十七，第463页。

上官者之戒矣。①

　　"书二"，收《上宰相书 时为浙东宪》、《答梁丞相书》等往复书翰
11 篇。

　　按，所收书信有节略，非全录内容。如内容收第 1 篇即文公《上宰
相书　时为浙东宪》就省略最后部分文字，查四库本《晦庵集》卷二十六
所收《上宰相书》，不收注文"时为浙东宪"，不知此本注文为谁所加。

　　卷十九官职门文类。贺启。分为"宰相"：《贺韩丞相启》等 3 篇；
"枢密"：汪彦章《贺吴枢密》1 篇；"参政"：张文饶《贺翟参政启》1
篇；"右丞"：刘子驹《贺吴右丞启》1 篇；"左丞"：龚实之《贺李左丞
启》1 篇；"御史"：《贺单御史启》等 2 篇；"察院"：刘后村《贺刘察院
启》1 篇；"吏部"：赵德庄《贺蔡吏书》、周子充《贺林吏侍》2 篇；
"礼部"：陈君举《贺王礼书》、翟公巽《贺赵公侍》2 篇；"刑部"：晁子
西《贺韩刑书》、范至能《贺史刑侍》2 篇；"兵部"：张子韶《贺王兵
书》、翟公巽《贺周兵侍》2 篇；"户部"：陆务观《贺韩户书》、侯彦嘉
《贺钱户侍》2 篇；"工部"：何子固《贺廖工书》、张钦夫《贺钱工侍》2
篇；"内翰"：熊子复《贺洪翰林启》；"国学"：《贺路祭酒启》等 2 篇；
"帅司"：李成季《贺范师启》1 篇；"宪司"：张安国《贺任宪使启》1
篇；"府尹"：《贺蒋守启》等 2 篇；"治中"：《贺王倅启》、《贺杨推官
启》；"路教"：《回陈教授启》等 2 篇；"县尹"：《贺张宰启》等 2 篇；
"县丞"：熊子复《回戴丞启》1 篇；"主簿"：元子俊《贺张主簿启》1
篇；"县尉"：赵德庄《贺沈县尉启》1 篇。

　　按，本卷内容与《目录》均标"贺启"，《目录》与内容所列文章均
能对应。内容大致按照官员从中央到地方、级别由高到低的原则分为宰
相、枢密、吏部、帅司、府尹、县尹等 24 类，依次排列，每类之下列举
1—3 篇不等的贺启，也包括回启，除 2 篇即《贺路祭酒启》、《贺杨推官
启》外均署有作者；而《目录》只标列文章题目，不再标注小类即内容
的宰相、枢密、吏部、帅司、府尹、县尹等 24 类类目；可知内容为二级
类目，内容只有一级。内容卷首似标"启一"。

---

　　①　《新编事文类聚翰墨全书》庚集卷十八，第 472 页。

又，内容"帅司"所收李成季《贺范师启》，《目录》作《贺范帅启》，可见内容之"帅"字误作"师"。内容"吏部"所收赵德庄《贺蔡吏书》，《目录》作《贺察吏书》，似《目录》"察"字有误。

卷二十官职门文类。分谢启、干求、通启三类。"谢启"：《谢除中书启》、《除中书舍人谢丞相》等16篇；"干求"：《干宰相免追筹功赏钱粮》、《干丞相迁除启》等6篇；"通启"：贽见（收《贽见省官启》等5篇）、交代（收《通宪使交代启》等9篇）、赴任（收《贽见省官启》等11篇）。

按，《目录》黑丁白文标注"谢启、干求、通启"三个类目，类下列举相应文章；而内容只标注"干求、通启"两个，未标"谢启"，卷首所收的16篇文章属于"谢启"类，可见内容漏标"谢启"类目。内容的"通启"类下辖文章又分为"贽见、交代、赴任"3类，黑丁白文标注，而《目录》未标此三个下属类目。

又，内容与《目录》所标文章题目均能对应，但《目录》所标文字有所简化，如内容"干求"之叠山《干宰相免追筹功赏钱粮》，《目录》作"宰相免追"。内容"通启"之"赴任"类所收刘共父《赴任上安抚参政启》，《目录》作"赴任上参政"，作者刘共父即南宋前期官员、福建人刘珙（1122—1178），字共父，进士出身，那么该启说的应是南宋官制，"安抚"指安抚使，"参政"为参知政事，参政为朝官，安抚使为地方路级官员，属于差遣，此文所说"安抚参政"有可能指的是两人，因此《目录》理应标作《赴任上安抚参政》，而所标的题目简化后可能引起误解为只有一人，应予以注意。至于内容"通启"之"赴任"类所收《赴任与丞启》、《赴任与簿启》、《赴任与尉启》3篇，《目录》对应依次标为《赴任与县丞》、《赴任与主簿》、《赴任与县尉》，因这3篇在内容中排在高子美《赴任上知县启》之后，大致可以明白其意。

又，本卷内容前两篇文章为后村《谢除中书启》、平斋《除中书舍人谢丞相》，《目录》标为"谢除尚书、谢除中书"。查四库本《后村集》（刘克庄）卷二十六，题目为《谢余中书举自代启》，可见内容所标的题目是对的，《目录》标错，应简化为"谢除中书"；查四库本《平斋集》（洪咨夔）卷二十八，题目为《中书舍人谢丞相启》，可见此明初本《目录》所标应为《谢除中书舍人》。

又，本卷之首标"启"，对照上卷，如果上卷亦是标的一个"启"字，这样也是对应的；如果上卷标的是"启一"，此处似应标为"启二"；或黑丁白文标注为"谢启"。

卷二十一官职门文类。分为劄子、往复送贺（启劄）。"劄子"：《与菊圃陈尚书书劄》、《通王府尹劄》、《上宰相劄》等往复劄子18篇；"送贺（启劄）"：收《送贺朝京》、《荅》，《送贺被召》、《荅》，《送贺自京归》、《荅》，《送贺受官》、《荅》，《送贺赴任》、《荅》，《送贺礼任》、《荅》，《送贺得代》、《荅》，《送贺满任》、《荅》，《送贺官归》、《荅》等往复启劄9组18篇。

按，《目录》标类目"劄子"和"送贺启"，内容标为"劄子"贺"送贺"，尚不知内容"送贺"所列文章究竟为"启"还是"劄子"，《目录》标作"启"。内容与《目录》上标题目有文字混用，如"劄"与"劄"、"帰"与"歸"。

又，内容"送贺"部分，明初覆大德本《新编事文类聚翰墨大全》对应部分即庚集卷十不收。

卷二十二官职门文类。启劄，"四六劄子活套"。包括（"庆贺劄子活套"）：《贺除丞相》、《贺除丞相》、《贺除参政》、《贺除参政》、《贺除枢密》、《贺除枢密》、《贺除佥省》、《贺除台察》、《贺除尚书》、《贺除侍从》、《贺除郎官》、《贺除翰林》、《贺除太常》、《贺除司农》、《贺受省属掾》、《贺受枢属掾》、《贺受太守》、《贺受太守》、《贺受治中》、《贺受府判》、《贺受幕官》、《贺受狱官》、《贺受路教》、《贺受路教》、《贺受军官》、《贺受县尹》、《贺受县尹》、《贺受县丞》、《贺受主簿》、《贺受主簿》、《贺受县尉》、《贺受县尉》、《贺受学正》、《贺受教谕》、《贺受巡检》、《贺受务官》、《贺受舶官》、《贺受仓官》、《贺受库官》、《贺吏出官》、《贺受盬官》、《贺受盐官》，"荅庆贺劄子活套"：《省官荅贺》、《枢密荅贺》、《六部官荅贺》、《台官荅贺》、《翰林荅贺》、《帅臣荅贺》、《路官荅贺》、《治中荅贺》、《幕官荅贺》、《教官荅贺》、《县官荅贺》、《主簿荅贺》、《军官荅贺》、《钱谷官荅贺》；"仕宦庆贺通用活套"：《贺人受宣》、《贺人赴召》、《贺人注差》、《贺人转官》、《贺人礼任》、《贺人交割》、《贺人朝京》、《贺人美替》、《贺人再任》、《贺人复官》、《贺人致仕》、《贺人受荫》，"庆贺通用活套"：《受宣召贺》、《赴任荅贺》、《注差苔贺》、《礼任苔贺》、《交割苔贺》、《朝京苔贺》、《再任苔贺》、《复官苔贺》、《复官苔贺》、《致仕苔贺》、《致仕苔贺》；"仕宦馈送活套"：《送赴苔》、《送任满》、《归送物》、《送注差》、《送过官》，"苔受馈送活套"：《赴召苔受》、《任满苔受》、《注差苔受》、《过官苔受》、《到任苔受》，"苔不受馈送活套"：《赴召苔不受》、《任满苔不受》、《注差苔不受》、《过官苔不受》、《到任苔不受》；"宴召请人活套"：《礼任请人》、《任满请人》、《请人任满归》、《注差归请人》、《请人选部归》，"请宴召苔赴活套"：《苔礼任请人》、《苔受官请人》、《苔请礼任》、《苔任满请人》、《苔受荐请人》，"请宴召苔不赴活套"：《苔礼任请人》、《苔受官请人》、《苔任满请人》、《苔请任满归》。

按，《目录》标类目四种，依次是"庆贺启劄、庆贺小简、馈送小简、宴召小简"，对应的内容也应该包括此四部分；内容卷首标"启劄"，次标"四六劄子活套"。参照《目录》，内容第一部分为"往复庆贺劄子活套"，可见内容第一部分之首应补书类目"庆贺劄子活套"或更改"四六劄子活套"成"庆贺劄子活套"。内容第二部分标类名"仕宦庆贺通用活套"与"庆贺通用活套"，《目录》标"庆贺小简"，内容之"仕宦庆贺通用活套"与《目录》所标"庆贺小简"12篇均对应，按照《目录》所标"庆贺小简"12篇均黑丁白文标注"苔"，《目录》之"苔"与内容之"庆贺通用活套"有几篇不对应，如《目录》之《转官苔贺》、《美替苔贺》、《受荫苔贺》3篇，内容不收；内容收《复官苔贺》、《致仕苔贺》均为2篇，《目录》均只标1篇；内容之《贺人赴召》与《赴任苔贺》，《目录》标为《贺人赴召》与《苔》（即《赴召苔贺》）；内容之《贺人受宣》与《受宣召贺》，《目录》标为《贺人受宣》与《苔》（即《受宣苔贺》），参照内容之"庆贺通用活套"编排方式，《受宣召贺》似标为《受宣苔贺》。第三部分，内容标类目为"仕宦馈送活套"与对应的"苔受馈送活套"、"苔不受馈送活套"，《目录》标为"馈送小简"；《目录》所收小简依次为《送人赴召》、《送人任满》、《送人注差》、《送过官物》、《送人到任》，其下均标"苔受、不受"，而内容"仕宦馈送活套"所标活套依次为《送赴苔》、《送任满》、《归送物》、《送注差》、《送过官》，内容"苔受馈送活套"所标活套依次为《赴召苔受》、《任满苔受》、《注差苔受》、《过官苔受》、《到任苔受》，内容"苔不受馈送活套"所标活套依次为《赴召苔不受》、《任满苔不受》、《注差苔不受》、《过官苔不受》、《到任苔不受》，通过比对发现，内容之"苔受馈送活套"、"苔不受馈送活套"与《目录》之"苔受"、"苔不受"所列小简活套均能对应；而内容之"仕宦馈送活套"所列第一、二、四、五篇与《目录》之第一、二、三、四篇基本对应，《目录》之"送人到任"，内容未列，内容之《帰送物》，《目录》未列，对照内容之编排，内容第一篇《送赴苔》似应标为《送赴召》。第四部分，内容标类目为"宴召请人活套"与对应的"请宴召苔赴活套"、"请宴召苔不赴活套"，《目录》标为"宴召小简"；内容"宴召请人活套"所列小简活套为《礼任请人》、《任满请人》、《请人任满帰》、《注差帰请人》、《请人选部帰》与《目录》所列之《礼任请人》、《任满请人》、《请任满帰》、《注差请人》、《请选部帰》基本对应；《目录》所列5篇之下均标"苔赴、不赴"，理应《目录》之"苔受、不受"与内容之"请宴召苔赴活套"、"请宴召苔不赴活套"相互对应，但内容之"请宴召苔赴活套"所列为《苔礼任请人》、《苔受官请人》、《苔请礼任》、《苔任满请人》、《苔受荐请人》，内容之"请宴召苔不赴活套"所列《苔礼任请人》、《苔受官请人》、《苔任满请人》、《苔请任满帰》只有4篇，通过比对发现，内容"请宴召苔赴活套"之第一、四篇，内容"请宴召苔不赴活套"之第一、三、四篇与内容之"宴召请人活套"以及《目录》所列尚能对应，"请宴召苔赴活套"之《苔受官请人》、《苔受荐请人》与"请宴召苔不赴活套"之《苔受官请人》，内容之"请宴召苔赴活套"与《目录》均无，内容"请宴召苔赴活套"之第三篇《苔请礼任》与第一篇《苔礼任请人》题目基本相同，但从内容编排特征来看，《苔礼任请人》与内容上下类所列以及《目录》更能对应，尚不知此《苔请礼任》缘何编排于此处。

　　卷二十三官职门文类。分为"赠序"：《送史县尹朝京序》、《送方耕道序》等4篇；"德政碑"：刘须溪《江西行省丞相爱棠碑》1篇；"生祠记"：胡致堂《前知衡州向公生祠记》、刘后村《大参陈公生祠记》。

　　按，内容之首标"杂著 序跋"，黑丁白文依次标注三个类目"赠序、德政碑、生祠记"，《目录》黑丁白文标注三个类目为"官职序跋、德政碑、生祠记"，可见内容之类目"赠序"，《目录》标作"官职序跋"；内容与《目录》所列文章题目基本对应，所收的文章，《目录》标的题目多简化，但内容部分题目也有简化的，如将"主簿"简化为"簿"，内容"赠序"之南轩《送严簿序》，《目录》作"送严主簿"。

卷二十四官职门文类。官职诗词。"诗"分"贺谒"：《上右丞相贾公》等 11 首，"赠寄"：《送赵左丞之湖广省二首》等 16 首，"称颂"：《上高平章》等 7 首；"朝京"：书台《送文总管朝燕四首》、胡贯斋《送张治中朝京》共计 5 首，"赴任"：《送王宣慰复除参政》等 13 首；"送归"：叶礼《送右丞相杨明斋南归》1 首，"任满"：《送县尹任满古诗》16 首，"贺见"：《见王参政》等 49 首；"词"分"赴任"：《文总管之清江任贺新郎》等 10 首，"美任"：《李府尹美任摸鱼儿》等 11 首，"送归"：《送张监察出闽婆罗门引》等 8 首，"休退"：《陈抑斋乞致仕哨遍》等 4 首。

按，《目录》黑丁白文标注"官职诗章"、"官职词曲"2 大类，内容分"诗"、"词"2 大类，词部分之首有"词"类目，卷首有文字"诗词"大概是指本卷内容，应在其后补类目"诗"；诗部分，内容与《目录》均分小类，类目均相同，然后列举相应的诗歌；词部分，内容又下设"赴任、美任、送归、休退"4 个小类，然后列举相应的词，但《目录》只是列举词，不再标注小类类目。

又，内容与《目录》所列的诗词题目及编排次序基本是对应的，内容中有的诗词同题数首，《目录》在诗词题目下标注数字代指诗词数量，如"上张廉访三"指同题 3 首，但不知是此本刊印缘故抑或为何，有的同题诗词未标数量，如诗"增寄"所收静得《呈李书史》，同题四首，而《目录》标为"二"；诗"任满"连续收《送县尹任满古诗》、《又》、《律诗》、《又二首》，共计 5 首，而《目录》对应标作"送郭县尹六"；内容收去非《送税官仇副使诗十首》，《目录》只标"送仇副使"，未标数量；诗"贺见"所立雪《见率斋王廉使四首》与《和率斋王廉使三首》、退斋《上严廉访》（十首）、未属作者姓名《与孔经历二首》，《目录》均未标数量。内容"词"之"美任"类所收雪坡《许倅美任沁园春》，《目录》作"许尹美任"，因内容中《许倅美任沁园春》前有雪坡《张倅美任沁园春》，后有未属作者姓名《张县尹美任贺新郎》，故不能轻易判断内容与《目录》孰对孰错，查四库本《雪坡集》（姚勉）卷四十四，题目为《沁园春送权倅许张斡》，可见《目录》"许尹"应作"许倅"，内容标的是对的。

辛　集

辛集为儒学门、科举门，共计 10 卷。集首为该集目录，依卷次排列门类及内容，卷一为儒学门事类，卷二至八为儒学门文类，卷九为科举门事类，卷十为科举门文类；目录首标《新编事文类聚翰墨全书辛集目录》，尾标《事文类聚翰墨全书辛集目录》。

卷一儒学门事类。

卷首有题记，草书上版，述内容选编及编排原则

是编文武学校宥之前列，隆师亲友之目次之。云经奥学概举大端，文史之学、古赋、声诗亦各类见，缙绅之流游戏翰墨或于是存考焉。①

"儒学事类"分为"学校"：大学、监学、武学、路学、县学、书院、乡学；"师友"：师道、友义；"经学"：经学、易学、书学、诗学、礼记、春秋、史学、文学："古赋"：古赋；"诗律"：诗律。如"史学"事类列"纪传、劝惩、褒贬、直笔不避、实录尽窜、汗简、国史左氏、左史倚相、八书十志、后世佳传、不隐善不讳恶、诛奸谀于既死"②，其中的"不隐善不讳恶"其下注文曰"《郑明传》，故事，天子不观史，史——————"③。

按，内容先分"学校、师友、经学、古赋、诗律"5 类，以黑丁白文标注类目，其下再分小类，小类中列举相关语词典故及文献和引文，形成二级类目；《目录》标"儒学事类"，然后依次罗列内容中的二级类目名称，未标"学校、师友、经学、古赋、诗律"5 个一级类目。

又，内容"学校"之"书院"并无内容，其下标有"已见官职门辛集十三卷"，此明初本《新编事文类聚翰墨全书》辛集只有十卷，可见所谓的"官职门辛集十三卷"不是指此本；明初覆大德本《新编事文类聚

---

① 《新编事文类聚翰墨全书》辛集卷一，第 526 页。
② 同上书，第 529 页。
③ 同上。

翰墨大全》辛集为儒学门十六卷，卷十三为儒学门文类，内容收"启"（分"修造、祠像、经籍、坟墓、祀田、赠行"6 类）和"上梁文"，并非事类；泰定本《新编事文类聚翰墨全书》辛集同于明初本《新编事文类聚翰墨全书》庚集，卷十三为官职门事类，专列"路官事实"，设"书院教授"类目，其下列"教授"类，包括宋代诸多知名书院（白鹿洞、岳麓、石鼓、濂溪、和静、五峰、延平、紫阳、考亭、武夷、建安、象山、鹅湖、丽泽、城南、东湖、涵山），可见"已见官职门辛集十三卷"当指泰定本《新编事文类聚翰墨全书》；此处"书院"不列其他文字以免内容重复，但注文所指版本却不是此明初本，而是改编时所利用的泰定本，大概是改编此内容时直接抄录泰定本而未作内容的最后改定、统一，是为改编时一处较大失误。

又，内容"学校"类目之下小字注文标"太学"，而其后分类作"大学"，《目录》也作"大学"。

卷二儒学门文类。往复书翰。包括：《与李养吾书》、《与刘共父论学》、《荅胡籍溪论易》等往复书翰 36 篇。

按，内容先后列《荅友人书》、《又》2 篇，《目录》仅标"荅友人惠书"1 次；内容连续列《回魏鹤山书》、《回魏鹤山书》2 篇，《目录》仅标"回魏鹤山书"1 次；内容收《回秦足书》1 篇，《目录》标"回秦兄论学"，当以《目录》"秦兄"为是，内容错作"足"；内容最后 1 篇为《与友人书》，《目录》作"与友人论文"；可见内容与《目录》所标文章题目互有简化。内容卷首黑丁白文标注"书一"，《目录》标"往复书翰"。

卷三儒学门文类。往复书翰。包括：《上曾子固书》、《聘饶伯舆书》、《荅王子正书》等往复书翰 33 篇。

按，内容连续列《与邢邦用》、《又》2 篇，《目录》仅标"与邢邦用书"1 次。内容与《目录》所标文章题目互有简化。内容卷首黑丁白文标注"书二"，可见本卷与上卷均收"往复书翰"，分作两部分，各为一卷，故而标有"书一、书二"。

卷四儒学门文类。"启"：学官执事（收《吉州路学礼请讲书启》、《请元学宾启》等 9 篇）；"启"：题助馈赆（修造：收《吉水县学绘礼殿》等 3 篇；祠像：收《为陈随隐作其父藏一祠堂》等 2 篇；经籍：须溪《隆兴路学题书籍》1篇；祀田：熊去非《题考亭书院祠田》1篇；赠行：须溪《赠滕玉宵入燕京》等6篇）；"上梁文"：元遗山《南宫庙学大成殿上梁文》、冯梦得《考亭书院上梁文》2篇。

　　按，《目录》标类目"启事"、"题助馈赆"、"上梁文"3个，类下列相关文章名；内容标"启"（分学官执事、题助馈赆2类）和"上梁文"2类，其中的"题助馈赆"又分修造、祠像、经籍、祀田、赠行5类，黑丁白文显示；《目录》的"题助馈赆"类未标内容所分的"修造、祠像、经籍、祀田、赠行"类目。

　　又，内容与《目录》所列文章题目互有简化，如内容"启·学官执事"收刘玉渊《请先生启》，《目录》作"请先生开讲"。内容"启·学官执事"所收黎所寄《请元学宾启》，《目录》作"请充学宾启"，似《目录》所列正确，内容题目"充"误作"元"，加之内容中该文随后所收2篇文章依次为《谢请充校正启》、《谢请充掌膳启》。内容"启·学官执事"连续收《答请先生启》、《又》2篇，《目录》标《答请先生启》，仅1次。

　　卷五儒学门文类。包括"小柬"：《谢人寄文》、《又》、《谢人寄诗》等12篇；"请托小柬活套"：请人文会、邀人延师、托人延师、荐人馆客、请人入斋、请同㕓人、纳人束脩、请人论文、请人赋诗、请人书字、邀人结课、托人作文，"答从"：回请文会、回邀延师、回托延师、回荐馆客、回请入斋、同㕓入斋、回送束脩、回请论文、回请赋诗、回请书字、回请结课、回託作文，"答不从"：回请文会、回邀延师、回託延师、回荐先生、回请开讲、同请入斋、回邀束脩、回请论文、回请赋诗、回请书字、回邀结课、回托作文。

　　按，"小柬"部分，内容同题者，《目录》只标一次，且内容与《目录》所标题目互有省略，但基本能对应，如内容之《谢人寄文》，《目录》作"谢人寄文籍"；内容之《答求文集序》，《目录》作"答求文序"。"小柬活套"部分，内容分为"请托小柬活套"、"答从"、"答不从"3类，大致对应；《目录》标"请託小简"，然后列小简类目，类目下黑丁白文标"答"，其下均列"从 不从"，显然为合并标列；内容"请托小柬活套"所列小简活套类目，与《目录》所列类目名基本能对应，也有少数不对应者，如"请托小柬活套"之"请同㕓人"，《目录》作"请同斋人"；内容"请托小柬活套"、"荅从"、"荅不从"3 类所辖类目，也有少数不能对应者，如"请托小柬活套"所列"荐人馆客"，"荅不从"对应为"回荐先生"；依据内容3 大类中包括的小类对应原则，"荅不从"所列"回请入斋"似应置于"回请开讲"之前，两者编排时颠倒了次序，那么内容"请托小柬活套"所列"请同愵人"，"荅从"对应为"同愵入斋"，"荅不从"对应为"回请开讲"，而上述《目录》标为"请同斋人"。

又，内容与《目录》中异体字互用，如"小简"与"小柬"、"託"与"托"。

卷六儒学门文类。"学记"：张钦夫《静江府学记》，吕伯恭《白鹿洞书院记》，朱文公《江州濂溪先生书堂记》，朱文公《衢州江山县学记》，张钦夫《敬斋记》，徐进斋《静可书室记跋》，共6 篇。

卷七儒学门文类。序跋。分为"交友"：《送刘圭父之长沙序》、《送徐杨二友序》等5 篇；"序说"：徐进斋《进学图说》、刘光甫《敬堂学规》、陈梦吉《文公语要跋》3 篇；"书帖"：朱文公《跋家藏刘病翁遗帖》、李养吾《读叠山北行诗跋》、秋崖《跋项聘父道统图》、巽斋《题危素斋佩觿录后》、邓中斋《题立雪文稿》、恕斋《题月湖诗集》6 篇。

按，内容与《目录》之首均标"序跋"，内容又黑丁白文标注分为"交友"、"序说"2 类，类下列举相关文章，但《目录》只是依次罗列文章题目，未标注内容的"交友"、"序说"类目。内容与《目录》所标题目均有简化，但均能对应。

又，内容"序说"所收刘光甫《敬堂学规》之尾注曰"以上十条并系斟酌朱文公小学书节目"。内容"序说"收巽斋《题危素斋佩觿录后》一文所标作者，查明初覆大德本《新编事文类聚翰墨大全》壬集卷四，应为"巽斋"，巽斋为南宋末年知名学者欧阳守道，此明初本所标作者名号文字有误，另《目录》所标该文题目似为"题人佩觿录后"，明初覆大德本《新编事文类聚翰墨大全》壬集卷四内容与《目录》均作"佩觿录"。

卷八儒学门文类。诗词。诗分为"送行"：《送朱元晦游湘中》等13首；"谒见"：《谒赵东野》等4 首，包括同题2 首；"谢访"：《周耐溪见访》等6 首，包括同题2 首；"寄赠"：《寄谢叔鲁三首》等17 首，包括同题者；"怀别"：《秋日怀元晦》等3首；"辞别"：傅景瑞《别张兴道》1首；"送归"：《送白文举归》等7首，包括同题3首；"节义"：《北行过赣州》、《或人谋出仕赋媒嫠问答百韵一》（《媒问嫠》、《嫠答媒》）等15首；"道学"：《上朱晦庵》等15首，包括同题者；"文艺"：元遗山《古意》、遗山《论诗三十首》共计31首；"学校"：《岳麓书院舍菜礼成》等17首，包括同题者。词分为"赠寄"：《寄陈同甫贺新郎》，《赠友西江月》；"饯送"：王槐建《送人帰武夷水龙吟》，静山《送人帰江西 水龙吟》。

　　按，诗部分，内容"送行"所收前3首分别为黄縠城《送朱元晦游湘中》、刘忠肃珙《送元晦》、黄縠城《送仲晦》，《目录》仅标"送朱元晦"1次，朱熹字元晦，又字仲晦，这3首诗都是送别朱熹的，故《目录》只标1次。内容"节义"类收《和叶爱梅》、《和游古意》、《和毛静可》3首，未标作者姓名，经查均为叠山（谢枋得）所作，本书编排时在3首诗后分别附录原诗（即叶爱梅、游古意、毛静可所作诗），均低两字排版；《和游古意》诗句中有小字注文，《和詹苍崖》诗尾有小字注文。内容"道学"类收退斋《别福清玉融诸友》同题8首，诗题下有小字注文"林文轩诲人要语有言道之全体在太虚……亦文公时人"。词部分，内容"赠寄"类收《寄陈同甫贺新郎》、《赠友西江月》，《目录》分别标作"赠陈同府词贺新郎"、"赠友人话别西江月"，查明初覆大德本《新编事文类聚翰墨大全》壬集卷八内容与《目录》，与此本均相同，不知词题所列"陈同甫"与"陈同府"孰是孰非。

　　又，内容之首标"诗词"，然后径直分类列诗，诗后的四首词之首黑丁白文标注"词"；《目录》黑丁白文标注"诗章"、"词曲"2类目；可见内容之首"诗词"后应标注"诗"类目名。内容相同题目者，《目录》基本只标列1次。

　　又，诗内容"节义"类收文天祥、谢枋得、胡余学（胡次焱）诗10余首，三人均经历过宋元易鼎，文、谢二人为名义士，胡余学与熊禾、刘应李经历相当，宋亡之后奉母遁归，教书授业终于乡里。《翰墨全书》编排"节义"类，收文、谢诗，表明刘应李心怀亡宋故国的思想情感，同时也从某种程度上反映出元朝思想文化控制的相对宽松。

　　卷九科举门文类。内容为科举事实与科目。

卷首有题记,草书上版,盛赞皇庆开科举及叙述选编内容。

> 皇庆天子作新文治,革万代科举之弊,立圣朝宗世之规。凡所取士,崇尚德行,禁绝浮华,得贤,立太平之基,猗欤盛哉。今将颁降条例及文公贡举私议开列于后,并诵一封天子诏四海状元心之诗,以为天下学士勉,幸鉴。①

"事实"分为:乡试、会试、御试、制科、词科、试教官、童科等类。"科目":皇朝科举诏;中书省续降条画;中书省部定到乡试程式(家状式、试程式、草卷、净卷);会试程式;御试程式;进士受恩例。卷末附"朱文公学校贡举私议"。

按,《目录》黑丁白文标"事实"和"科目"2个类目;内容卷首标"事实",未标"科目"类目名。内容"科目"列"皇朝科举诏",《目录》作"皇庆科举诏";内容之末附"朱文公学校贡举私议",《目录》作"朱文公学校贡奉私议",似《目录》所标文字"贡举"误为"贡奉"。

又,内容"科目"所列"皇朝科举诏,中书省续降条画"时间在皇庆二年(1313);"中书省部定到乡试程式,会试程式,御试程式"时间在延祐元年(1314);"进士受恩例"时间在延祐二年(1315),均晚于大德年间而早于泰定年间。明初覆大德本《新编事文类聚翰墨大全》不会出现上述"科目"内容,这些内容显然系泰定本改编时增加明初本沿用,或泰定本未收而明初本改编时增加。

卷十科举门文类。分为启劄、荣达活套、诗词3类。"启劄"依次包括"谢启"(收《谢贡举启》、《又》2篇)、"贺举"(收《贺人发举启》、《贺父子领举劄子》等7篇)、"谢第"(收《状元谢宰相启》等3篇)、"贺第"(收《贺人登第启》等3篇)、"贺劄"(收《贺人中状元劄子》1篇)、"谢启"(收《周易发举谢启》等6篇)、"回启"(收《周易得举回谢启》、《春秋得举回谢启》等6篇)、"通启"(收《上吴雨岩借宏词文字》等6篇)。"荣达宴饯活套":饯出游学、饯赴监学、饯人赴学、饯人

---

① 《新编事文类聚翰墨全书》辛集卷九,第578页。

赴省、饯人迁调、请游学归、请赴试帰、请入学人、请得学人、请登第人；"苔赴"：回饯游学、回饯赴举、回饯赴学、回饯赴省、回饯迁调、回游学归、回赴试帰、回赴学帰、回请得学、回得学请、回请得第。"荣达馈送小柬活套"：送人赴举、送人赴省、贺人得举、贺人得第、试帰送物，回送赴举、回送赴省、回贺得举、回贺得第、试帰送物，不受。"诗"：《送子赴省》、《贺兄弟父子一家四人登科》等13首；"词"：《贺领乡举　蝶恋花》、《贺及第　桂枝香》）。

　　按，内容大致分"启劄"、"荣达活套"、"诗词"3类，分别标注类目有"启劄；荣达宴饯活套、苔赴，荣达馈送小柬活套；诗；词"；《目录》标类目为"贺谢启劄；宴饯活套；诗章；词曲"。内容所列文章诗词同题者，《目录》只标注题目1次。内容"启劄"又分"谢启、贺举、谢第、贺第、贺劄、谢启、回启"等类，均黑丁白文标注，类下列举相应启劄，而《目录》未标"谢启、贺举、谢第、贺第、贺劄、谢启"等类目名，《目录》黑丁白文标有"回启、通启"类目，这也可能与《目录》标类目名"贺谢启劄"而内容标为"启劄"有关；内容未标"通启"类目，包括最后6篇启劄。

　　又，内容"荣达活套"类实际分为"荣达宴饯活套"和"荣达馈送小柬活套"2类，均为往复，即"苔赴、苔不赴"与"（苔）受、不受"，但内容编排时"苔赴"和"（苔）受"均分类对应列出，内容"荣达馈送小柬活套"未标"（苔）受"类目，而"苔不赴"和"不受"从略，不再详列，只简单标注"苔不赴?"和"不受"类名。《目录》标类名"宴饯活套"，将内容"荣达宴饯活套"和"荣达馈送小柬活套"的下辖类目合并标注，每类下均黑丁白文标"苔"字。内容"荣达宴饯活套"和"荣达馈送小柬活套"所列类目与《目录》基本对应，也有不对应者，如内容"荣达宴饯活套"之"请得学人"，"苔赴"对应"回请得学"与"回得学请"2类，《目录》作"请得举人"，内容"荣达馈送小柬活套"之"送人赴举"，《目录》作"送人赴学"。

　　又，内容"荣达宴饯活套"与"苔赴"、"荣达馈送小柬活套"与"（苔）受"两类中，"荣达馈送小柬活套"与"（苔）受"所列分类基本对应；"荣达宴饯活套"列10类，而"苔赴"列11类，不对应者有几例，如"荣达宴饯活套"之"饯赴监学"，"苔赴"作"回饯赴举"，"荣达宴饯活套"之"请入学人","苔赴"作"回赴学归","荣达宴饯活套"之"请得学人","苔赴"对应列2类,分别为"回请得学"与"回得学请",此外"荣达宴饯活套"之"请登第人","苔赴"作"回请得第"。

壬　集

壬集为人伦门、人品门、人事门,共计12卷。集首为该集目录,依卷次排列门类及内容,卷一为人伦门事类,卷二、三为人伦门文类,卷四为人品门事类,卷五至九为人品门文类,卷十为人事门事类,卷十一、十二为人事门文类。目录首标《新编事文类聚翰墨全书壬集目录》,尾标《事文类聚翰墨全书壬集目录》。

卷一人伦门事类。人伦事实。分为宗族、始祖、祖父、祖母、父、母(附"继母、所生母、庶母、乳母、慈母、出母")、伯父、叔父、伯叔母、姑、舅甥、兄弟(附"义兄弟、表兄弟")、姊妹、嫂叔、夫妻(附"夫、妻")、妇翁、子(附"庶子、抱子")、子妇、女、女婿(附"同门婿")、姪、孙、外孙等类。

按,内容卷首标"事类",《目录》之首标"人伦事实"。《目录》中列"姪 族从姪 女姪",内容"姪"内未黑丁白文标注"族从姪"和"女姪",而《目录》中其它小字标注的类目内容中均黑丁白文标注,其下也列相关语词典故。

卷二人伦门文类。包括"家书"、"子弟馈送小柬活套"、"妇人往复书简"、"女馈送往复小柬活套"。

"家书"之首有题记,述选编目的

> 家书之类,子弟上尊长,其辞重;尊长至子弟,其辞轻。寒暄、间阔,直情径辞,不尚□藻,不尚尔见缕。首末已备见甲集中家书仪式门矣,兹但搜索家书所通事件,以见尊卑轻重之等差耳。[①]

"家书":收《子弟游学上尊长书》、《子弟赴监学上尊长书》等26

---

① 《新编事文类聚翰墨全书》壬集卷二,第605页。

篇。"子弟馈送小柬活套":冬至献父祖履袜、元日献父祖履袜、父祖生日上寿、叔伯生日上寿、兄弟生日上寿、时节送尊长物。"妇人往复书简":妇女相问候书、答,妇人送信物书、谢送信物,妇女遣干委书、答,妇女请召小简、答赴不赴附,妇女假借小简、答假借简不允附。"女馈送小柬活套":送透背段子、送绡縠段子、送緋织梅罗、送河北绫段、送时样冠梳、送时样京花、送泉南梳子、送胭脂光粉、送临安花酥、送房奁器皿;"回馈送小简活套":答透背段子、答绡縠段子、答緋织梅罗、答河北绫段、答时样冠梳、答时样京花、答泉南梳子、答胭脂光粉、答临安花酥、答房奁器皿。

按,内容大致包括"家书"、"子弟馈送小柬活套"、"妇人往复书简"、"女馈送往复小柬活套"4 类,《目录》标"人伦书翰"、"馈送小简"、"妇女书简"、"女馈送简"4 类。内容同题者,《目录》标列 1 次。

内容"家书",文公《与婺源弟》似为 2 封书信;东莱《与诸弟》,查《全宋文·吕祖谦》,实际包括 5 封书信;司马温公《与姪书》附录汪应辰跋语;范文正公《与姪三直讲》似包括 2 封书信,第二封附有朱熹跋语;编排在许鲁斋左丞《代李和叔与兄子》之后的书信标有"元失姓名",该本未标书信题目,查《目录》标为"与姪",应予补充题目《与姪》;文公《途中事》和《到婺州》2 篇书信之前标有题目《送子塾从学帖》,《目录》大字标列"送子塾从学",其下小字标注"途中事 到婺州";内容《答宗人方教授》与秋崖《答宗人方教授叙谱系》,《目录》标列"答宗人方教授"。

内容"子弟馈送小柬活套"、"妇人往复书简"、"女馈送往复小柬活套"与《目录》基本对应。"子弟馈送小柬活套"之"冬至献父祖履袜",《目录》作"冬至献祖父履袜"。"妇人往复书简"之"妇女相问候书"下有小字注文"凡妇人书问,尊者当书名,平交称表德"。内容"女馈送小柬活套"之"送透背段子"与"回馈送小简活套"之"答透背段子",《目录》标为"送绣背段子"。

卷三人伦门文类。为人伦类诗、词、记、序。诗又分为思亲、父子、兄弟、侄、宗族、夫妇等类。

"诗":思亲(谢叠山《壬午九月寄书老母五首》、詹无咎《乙亥守官金华思亲四首》、青山《何和尚寻母》,共 10 首)、父子(《示儿二首》

等10首，包括同题者）、兄弟（《怀益之兄》等9首，包括同题者）、姪（遗山《示姪孙伯安》1首）、宗族（熊左史《读义庄规矩》1首）、夫妇（退斋《三纲叹》1首）、亲戚（李梅亭《送甥回崇仁》1首）；"词"：韩南磵《中秋怀子云兄念奴娇》等6首；"记"：胡致堂《戯綵堂记》1篇；"序"：南轩《送犹子炳焕序》1篇。

按，《目录》标类目为"人伦诗章"、"人伦词曲"、"记"、"序"；内容分"诗"、"词"、"记"、"序"4大类，标"诗词、词、记、序"，可见卷首之"诗词"类目应更改标为"诗（章）"为妥。诗"思亲"所收青山《何和尚寻母》有诗序，"父子"所收张师锡《喜子中弟》，《目录》作"喜子中第"，可见内容"第"字误作"弟"。

卷四人品门事类。人品事实，依次分为农田、蚕桑、工（附"木匠、竹匠、玉石匠、铁匠、冶匠、泥匠、金银匠、铜锡匠、珠翠匠、裁缝匠、染匠、鞋匠、皮匠、漆匠、弓匠、刀镊匠、雕塑匠"）、医、卜筮、星命、地理、尅择、师巫、说相、乐工、歌、舞、书法、楷书、草书、篆书、隶书、蒙古书、画工（附"传神、画佛、画鳞毛、画山水、画花木"）、射、投壶、弈碁、樗蒲（附"打马、双六"）、杂剧（附"飞竿、走索、覆射、角觗"）、行商、坐贾、牙 等类。

按，内容卷首"人品门"下方小字注文标"农工商"，可见为农工商业类内容。内容与《目录》所标类目均能对应，文字存在异体字互用现象。

卷五人品门文类。分为"劝农文"：张南轩《静江府劝农文》、朱晦庵《南康军劝农文》、叶知州《延平劝农文》、张权县《建阳县劝农文》；"农田记序"：朱晦庵《常州宜兴县社仓记》、刘后村《兴化军创平糶仓记》；"农田诗章"：《劝农即事》、《劝糶歌》等14首。

按，《目录》标类目为"劝农文"、"农田记序"、"农田诗章"，内容标类目为"劝农文"、"记序"、"诗"。内容卷首"人品门"下方标"农"，可见为农业类内容。内容与《目录》所标题目均能对应，但名称均有简化现象存在，如内容"诗"之熊复斋《美彭和中赈糶》，《目录》标为"美人赈糶"。

卷六人品门文类。包括艺术往复书翰、荐导艺术往复小柬活套、荐导工匠往复小柬活套、请召往复简劄活套。

　　"书翰"：蔡西山《苔张太丞论历学》、蔡西山《苔江德功论地理》、谢叠山《荐写神黄鑑堂》、王静得《荐医士王道书》、王静得《荐墨梅画卷》,《招医人》、《苔》,《谢医人》、《苔》,《招地仙》、《苔》,《谢地仙》、《苔》。"荐导艺术小柬活套"：荐人谈命、荐人地理、荐人行医、荐人传神、荐人绘画、荐人抚琴、荐人书写、荐剔图书、荐人说相、荐人烧墨、荐人下棊；"苔从小柬活套苔不从一条附"：回荐谈命、回荐地理、回荐行医、回荐传神、回荐绘画、回荐抚琴、回荐书写、回荐图书、回荐说相、回荐烧墨、回荐下棊,"不从活套"。"荐导工匠小柬活套"：荐木匠、荐石匠、荐漆匠、荐银匠、荐铁匠、荐针匠、荐染匠、荐花匠、荐竹匠、荐皮匠；"苔荐工匠小柬活套苔不从二条附"：苔荐木匠、苔荐石匠、苔荐漆匠、苔荐银匠、苔荐铁匠、苔荐染工、苔荐针匠、苔荐花匠、苔荐竹匠、苔荐皮匠,"不从活套"、"不从活套"。"请召简剳活套"：请人诊脉、请人占卜、请人山水、请人尅择、请人抚琴、请人听琴、请人鉴画、请人投壶、请人射弓、请人下棊；"苔赴简剳活套"：苔请诊脉、苔请占卜、苔请山水、苔请尅择、苔请抚琴、苔请听琴、苔请鉴画、苔请投壶、苔请射弓、苔请下棊；"苔不赴简剳活套"：苔请诊脉、苔请占卜、苔请山水、苔请尅择、苔请抚琴、苔请听琴、苔请鉴画、苔请投壶、苔请射弓、苔请下棊。内容"请召简剳活套"之"请人山水",《目录》作"请看山水"。

　　按,卷首内容标"人品门 艺术 文类",可见收艺术类内容。《目录》依次标"艺术书翰"、"荐导小简"、"请召小简"类目,内容大致标"书翰"、"荐导艺术小柬活套"（往复）、"荐导工匠小柬活套"（往复）、"请召简剳活套"（往复）；《目录》"荐导小简"将内容"荐导艺术小柬活套"（往复）、"荐导工匠小柬活套"（往复）两组合并起来标列,可见内容与《目录》所标类目（大类、小类）基本是对应的。内容"荐导工匠小柬活套"所列"荐木匠、荐石匠、荐漆匠、荐银匠、荐铁匠、荐针匠、荐染匠、荐花匠、荐竹匠、荐皮匠",《目录》"荐导小简"作"荐导木匠、荐导石匠、荐导漆匠、荐导银匠、荐导铁匠、荐导针匠、荐导染匠、荐导花匠、荐导竹匠、荐导皮匠"；内容"荐导工匠小柬活套"先后排列之"荐针匠、荐染匠",而"苔荐工匠小柬活套苔不从二条附"标为"苔荐染工、苔荐针匠",依照对应原则,"苔荐染工、苔荐针匠"应颠倒顺序,且"染工"应改为"染匠"。

又，本卷内容之荐导艺术往复小柬活套、荐导工匠往复小柬活套、请召往复简劄活套三组所列类目，与明初覆大德本《新编事文类聚翰墨大全》壬集卷五"请召柬劄，荅从"、"荐导小柬，荅赴，荅不赴"类基本相同。

卷七人品门文类。包括艺术类序跋和赞。"艺术序跋"分为"医"：《赠医士江子清》等 5 篇；"卜"：《赠易卜林生》等 2 篇；"星命"：《赠孙太史序》等 5 篇；"地理"：《赠地理杨南川序》等 2 篇；"相"：《赠相士》等 3 篇；"弓弩"：《题弓会序引》、《题弩会引》2 篇；"角觝"：《赠角觝张强障》等 2 篇；"幞头"：吕叔告《赠李生造幞头序》1 篇；"笔工"：《赠笔工吴兴》1 篇；"刻镂"：《赠镂刻匠》；"棊士"：熊兑斋《棊仙散文》；"烟火"：《烟火散文并诗歌》等 2 篇；"撮药"：《题撮药帐》1 篇；"飞竿"：《题飞竿疏引》1 篇；"俳优"：《赠俳优乐妓障》1 篇；"僧乐"：《赠观音乐障》1 篇；"乔鼓"：《题乔鼓障》1 篇。"赞"：写神（收《自赞》、《刘君喜神赞》等 6 篇）。

按，内容卷首标"艺术"，之后标"序跋"和"赞"类目，其下再分类，"赞"下仅标"写神"，列 6 篇文章；《目录》标"艺术序跋"和"赞跋"类目，其下再分类列举。内容"艺术序跋"之下属类目"刻镂"，《目录》作"刻刀"；此本内容"艺术序跋"之下属类目"飞竿"，《目录》似为"非竿"，但所列文章标作"题飞竿疏"，内容标为《题飞竿疏引》，假若确为"非竿"，那么"非"字定误。

又，内容"星命"收《赠孙太史序》等 5 篇，《目录》收 6 篇，比内容多标"赠星术序"1 篇，查明初覆大德本《新编事文类聚翰墨大全》壬集卷十二对应部分，确实收有蓝清岩《赠星术》，可见该明初本《新编事文类聚翰墨全书》抑或是泰定本改编此部分内容时《目录》编排不严谨。

卷八人品门文类。艺术诗词。分为"医"：《赠何古梅学医》等诗 9 首；"卜"：《赠卜者魏易斋》等诗 6 首，包括同题者；"星术"：《赠星术黄太史》等诗 10 首，《赠陈五星卜筭子》等词 2 首；"地理"：《赠地理龟鑑》等诗 5 首；"相"：《赠相士何南容》等诗 8 首，包括同题者；"抚琴"：《赠造琴刘道士》等诗 7 首，包括同题者；"弈棊"：《赠八岁女》等 3 首；"书"：欧阳庆嗣《赠篆笔吴全仲》诗 1 首、赵福元《赠草书颠

减字木兰花》词1首；"画"：《赠画士陈兄》诗7首；"写神"：《赠写神潘
肖岩》等诗4首，包括同题者；"题画"：《题墨梅横枝图》等诗7首，包
括同题者；"砚工"：退斋《赠琢砚》诗1首；"笔生"：《赠笔生》诗2
首；"墨工"：《赠墨工张舜钦》等诗2首；"图书"：《赠刻图书李生》等
诗5首，包括同题者；"表背"：王迈《赠表背匠林新》诗1首；"铁匠"：
《赠铸大刀匠邓志》诗1首；"石匠"：雪坡《赠石工》诗同题2首；"木
匠"：程梅斋《西江月赠造浮桥匠者簇》词1首；"角觝"：程节斋《赠角觝
人障水调歌》词1首、叶子韶《赠张公习武艺》诗1首；"弩社"：《题弩
社头筹簇水调歌》等词3首；"锦标"：《题锦标社疏少年游》词1首；"烟
火"：詹无咎《题烟火簇鹊桥仙》；"撮药"：《题撮药帐》诗1首；"傀
儡"：刘仁父《赠傀儡人刘师父踏莎行》词1首；"飞竿"：《赠上飞竿人》
等诗2首、《题赠飞竿簇浣溪沙》词1首；"集闲"：程正同《题集闲教头
簇朝中措》词1首；"刀镊"：《题刀镊行簇菩萨蛮》词1首；"娼妓"：《题
苏小楼临江仙》等词2首。

　　按，内容卷首标"人品门 艺术 文类"，次行标"诗词"，可见收艺术
类诗词。《目录》标"拆字"类目，列"赠沈醉夫古风"，似为词1首，
但内容未收，既未标类目，亦无收内容。内容收魏了翁《赠造琴刘道
士》、白玉蟾《赠琴士陆元衡》、洪平斋《赠抚琴浮玉道士》、秋崖《赠
琴遂还楚》（2首）、西山《赠琴士邵邦杰》、九峰《赠琴士刘伯华》等诗
7首，《目录》中上述诗归于类目"抚琴"，黑丁白文标注，但内容未标，
因内容前一部分为"相"，此7首词均为"琴"类，显然归不入"相"
类，可见是内容漏标了类目"抚琴"，参照本卷编排方式，应黑丁白文补
标。内容收欧阳庆嗣《赠篆笔吴全仲》诗1首、赵福元《赠草书颠减字木
兰花》词1首，《目录》归于类目"书"之下，内容归于"弈棋"类目，
明显内容漏标类目"书"。内容收《赠画士陈兄》、《赠画山水陈兄》、
《赠画鱼贾兄》、《赠画梅吴雪坞》、《赠画士刘信可四绝》、《赠画梅竹刘
信可》等诗7首，《目录》归于"画"类目之下，大致依据相同题目《目
录》只标列1次的原则，《目录》只列诗题"赠陈兄诗，赠贾兄诗，赠吴
雪坞，赠画刘信可"4个，而内容中《赠画士陈兄》、《赠画山水陈兄》、
《赠画鱼贾兄》、《赠画梅吴雪坞》归于"弈棋"类目，只是在《赠画士
刘信可四绝》诗上方黑丁白文标注类目"画"，可见内容应将类目"画"

移置于《赠画山水陈兄》诗上方处；另外，内容《赠画士刘信可四绝》诗却只有2首，查明初覆大德本《新编事文类聚翰墨大全》壬集卷十六对应部分，确实为4首诗，可见少列另外2首，或者将题目改为《赠画士刘信可二绝》；上述7首诗，明初覆大德本《新编事文类聚翰墨大全》壬集卷十六也收录，归于"画"类目之下，排列顺序依次为"赠画士刘信可四绝、赠画士陈兄、赠画山水陈兄、赠画惠（应作"鱼"）贾兄、赠画梅吴雪坞、赠画梅竹刘信可"，那么上述内容之类目"画"应置前。内容收《赠写神潘肖岩》、《赠写神陈光甫》《赠写神王处士》诗4首，《目录》标归于类目"写"之下，而内容将此4首诗归于类目"画"之下，明初覆大德本《新编事文类聚翰墨大全》壬集卷十六也归于类目"画"，可见此本漏标类目"写神"，应予补标。内容收退斋《赠琢砚》诗1首，标类目"砚工"，而《目录》标类目为"琢砚"，明初覆大德本《新编事文类聚翰墨大全》壬集卷十六亦同。内容"弩社"类收刘省斋《赠较弓会诸友沁园春》词，《目录》标"赠弓友"，未标词牌"沁园春"，本卷《目录》所列词牌均以小字注文形式。

卷九人品门文类。卷九包括商贾往复书翰、醵启、往复庆贺小简活套。

"书翰"：行商（贺人远商归、答，贺人远归、答，请人远归、答，送贺远归、答，送贺远归小简、答，赆送远行、答，赆送出商、答，贺人出商、答，饯人出商、答，送贺出商、答，送贺出商小简、答，商归送信物、答，旅中送信物、答，旅中托附家书、答）、坐贾（贺开解库、答，贺新开酒肆、答，贺开酒肆、答，贺开茶肆、答，贺新开药铺、答，贺开药肆、答，贺新开杂卖铺、答，贺开杂卖铺、答，贺新开店、答）。"醵启"：贺开旅馆、贺开药铺、贺生熟药又卖酒、贺开花园卖酒、贺开酒肆、贺开茶肆、贺开质库、贺开杂卖铺。"庆贺小简活套"：贺人开肆、贺开药铺、贺开米铺、贺开盐铺、贺开酒店、贺开茶店、贺开旅店、饯人为商、赆人为商、贺人商归、贺人远归；"答"：答贺开肆、答贺药铺、答贺米铺、答贺盐铺、答贺酒店、答贺茶店、答贺旅店、答饯为商、答赆为商、答贺商归、答贺远归。

按，《目录》标类目依次为"商贾书翰"、"醵启"、"庆贺小简"、"商贾诗章"、"商贾词曲"5类；内容卷首标"人品门 商贾 文类"，可知收录的是商贾类文章，内容标类目为"书翰"、"醵启"、"庆贺小简活套"及"荅"，内容未收《目录》所收的"商贾诗章"和"商贾词曲"两类及相关诗词，《目录》"商贾诗章"类收诗"客中有感"、"到家有感"、"得家信"、"得家书"4首，"商贾词曲"收词《贺开酒店药铺满江红》、《旅思在西州作南乡子》2首；查明初覆大德本《新编事文类聚翰墨大全》对应部分，收有诗15首，词2首，上述《目录》所收4诗2词均为覆大德本包含，可见节录自覆大德本，但不知是泰定本或是明初本改编时遗漏还是刻版时遗漏，是为明初本改编不严谨之一例。

又，《目录》"商贾书翰"之"坐贾"收"贺开舷库"，内容"书翰"似作"贺开解库"；《目录》"商贾书翰"之"坐贾"收"又贺开铺"，内容"书翰"作"贺开药肆"。内容"醵启"类收"贺开旅馆"，《目录》作"贺开旅店"。

卷十人事门事类。"人事事实"，分为：赋役、争讼、讼胜、刑狱、赦宥、赎罪、疾患、病安、祖饯、别离、旋归、濯足、施惠、馈送、报谢、依庇、归投等类。

卷十一人事门文类。包括"人事书启"和"词讼病安小简活套"两类。"人事书启"，分为"赋役"（收胡幼黄《上刘外郎免役》、贺景升《上马签事求免社长职事》、詹叔质《上县官诉虚产之苦》3篇）、"争讼"（收戴翼《争田界皂木上县官》、林梓《讼僧上县官启》2篇）、"刑狱"（收《赎父罪长书》，《赎舅罪长书》，《为父辨讼谢郡守》，《为子辨讼上县官》，《因在囚上郡守》，《讼牛盗上县官》，《讼庭干人求公庇》、《荅从》、《荅不从》，《託纳税粮》、《荅》，《贺讼胜骈劄》、《回》，《贺讼胜骈劄》、《贺讼胜》，《贺讼胜送物》、《荅受》、《荅不受》，《送贺讼胜》、《荅》，《谢和讼》、《荅》，《谢幹公》、《荅》，《贺当役》、《荅》，《贺役满》、《荅》，往复书启28篇）、"疾病"（收《与罗推问病》，《问病》，《与焦殿丞问疾》，《荅刘原甫》、《又》，《荅张学士问疾》，《谢吴文肃公》，《病中与颜直讲》，《荅孟少傅问病》，《贺病安送物》，《贺人病安》、《荅》12篇）。"词讼病安小简活套"：送贺讼胜、荅，讼胜请人、荅，讼胜请人、荅，谢人和讼、荅，贺人当役、荅，送贺役满、荅，贺人病安、荅，送贺病安、荅，荅送不受，病安请人、病安请人、荅。

按，内容分"书启"、"词讼病安小简活套"两大类，大类下再分小类，如"书启"又分"赋役、争讼、刑狱、疾病"4类，类下列举相关文章；《目录》分"人事书启"、"小简活套"两类，但内容"书启"之下属类目"赋役、争讼、刑狱、疾病"，《目录》仅黑丁白文标注了"疾病"，其余3个未标，径直列举书启名称，应予补标。内容"书启"之"赋役"收贺景升《上马签事求免社长职事》，《目录》标为"上焉签事书"，查明初覆大德本《新编事文类聚翰墨大全》后戊集，为"上马签事书"，可见此本《目录》"马"字误作"焉"。内容"小简活套"收"荅送不受，荅"，而内容"词讼病安小简活套"仅列"荅送不受"，其后未收对应的"荅"，尽管本类内容基本都是往复两类相互对应编排，但"荅送不受"之前标"送贺病安"、"荅"，随后标列"荅送不受"似乎也有道理，姑不敢轻易断定内容此处遗漏了"荅"类。

卷十二人事门文类。人事诗章。分为"赋役"：《上陈县尹三首》等诗9首，包括同题者；"词讼"：玄同子《上都事王林埜讼邑吏》、彭宏远《上断事官》2首诗；"刑狱"：文山《罹狴犴有感五首》、《又五首》共10首诗；"疾患"：《谢瘧鬼》等6首诗，包括同题者；"患难"：《邻妇哭》等9首诗，包括同题者。

按，内容标"诗"类，下分"赋役、词讼、刑狱、疾患、患难"5类；《目录》标"人事诗章"，未标内容"赋役、词讼、刑狱、疾患、患难"等类目，直接标列诗题。内容之类目"患难"误标为"忠难"，结合所收诗歌来看，"忠难"不妥，查明初覆大德本《新编事文类聚翰墨大全》后戊集，标的类目为"患难"。内容"赋役"收《上陈县尹三首》，同题诗3首，《目录》标为"上陈县尹二"，诗题小字注文"三"误作"二"，明初覆大德本《新编事文类聚翰墨大全》后戊集《目录》作"上陈县尹三"）；内容"赋役"收玄同子《上韩宣差因科麤夫》诗同题4首，《目录》所标题目《上韩宣差》之"差"字似有误。

癸 集

癸集为释教门、道教门、题化门，共计11卷。集首为该集目录，依卷次排列门类及内容，卷一为佛教门事类，卷二至六为佛教门文类，卷七为道教门事类，卷八至十为道教门文类，卷十一为神祠门文类。目录首标《新编事文类聚翰墨全书癸集目录》，尾标《事文类聚翰墨全书癸集目录》。

卷一释教门事类。分为佛教、僧、云游、传灯、佛经、寺、参请、讲经、修行、禅学、超悟、僧戒、僧官、披剃、僧相、住持、圆寂、尼、苦行、莲社。

按，内容事类之"寺"、"尼"，《目录》分别作"佛寺"、"尼姑"。《目录》卷首标"释教门莲社附"，内容只标"释教门"。

卷二释教门文类。疏语。分为"朝贺"：《释迦佛生辰四月初八》等11篇；"住持"：《请谦老住开善》等6篇；"升座"：《请谦老开堂》等5篇；"讲经"：《请讲华严经》等3篇；"剃头"：支子蒙《剃头法语》1篇；"传衣"：如如《过衣法语》1篇；"传经"：范安抚《传经法语》1篇；"挂真"：《为僧挂真》、《为俗人挂真》2篇；"举哀"：《为僧举哀》、《为俗人举哀》2篇；"举棺"：《为僧举棺》等3篇；"下火"：《为僧下火》等8篇；"撒骨"：《为僧撒骨法语》、《为父撒骨法语僧之父》；"入壙"：《入壙法语》1篇；"入塔"：《为僧入塔法语》同题2篇。

按，内容与《目录》所列的疏语题目基本对应。内容分为"朝贺"、"住持"、"升座"、"讲经"、"剃头"、"传衣"、"传经"、"挂真"、"举哀"、"举棺"、"下火"、"撒骨"、"入壙"、"入塔"等14类目，类下列举相关疏语，而《目录》仅黑丁白文标注"传衣"、"传经"、"卦真"3类，其余11个未标。内容中，同题疏语之第二篇标为《又》，《目录》在题目下小字标注"二"，但内容"举棺"类收《为僧举棺》同题2篇，《目录》仅标"为僧举棺"，可见文题后应补标注文"二"。内容之类目"挂真"，《目录》作"卦真"，但其后的题目也作"掛"。"朝贺"类，内容与《目录》所标题目中，"生日"与"生辰"互用。总体来说，《目录》所标的题目有省略。

卷三释教门文类。内容依次分类包括"书"：《与慧林广惠禅师》等34篇；"庆贺简劄"：贺受僧纲、荅，贺僧披剃、荅，贺僧披剃、荅，贺长老住持、荅，贺僧受师号、荅，贺僧度小师、荅，贺檀生日、荅，贺僧生日、荅，贺僧人生日、荅，贺僧修造、荅；"馈送"：送物与罗汉老、复罗汉老送物、谢净土长老清明送物；"庆贺小简活套"：贺传度小师、贺僧新披剃、贺僧新披剃、贺僧新住持、贺僧新住持、贺僧受师号、贺僧受师号、贺新建寺院、贺新建经藏、贺新建经藏、贺新建钟楼，"荅庆贺小简活套"：荅度小师、荅度小师、荅新披剃、荅新披剃、荅新住持、荅

新住持、荅受师号、荅受师号、荅建新寺、荅建新藏、荅新建经藏、荅建钟楼；"请召小简活套"：披剃请人、披剃请人、住持请人、赐紫请人、斋供请人、创寺请人、创寺请人、建藏请人、议事请人、远归请人，"荅请召小简活套"：荅披剃请、荅披剃请、荅住持请、荅赐紫请、荅斋供请、荅创寺请、荅创寺请、荅建藏请、荅议事请、荅远归请；"委託小简活套"：委置度牒、委人题疏、委置法器、委置功德、委置经文，"荅委託小简活套"：荅置度牒、荅委题疏、荅置法器、荅置功德、荅置经文；"干借小简活套"：干借法器、干借功德、干借经文、干借某物，"荅干借小简活套"：荅借法器、荅借功德、荅借经文、荅借某物；"邀致小简活套"：邀同受戒、邀同参请、邀同结夏、邀同游山，"荅邀致小简活套"：荅邀受戒、荅邀参请、荅邀结夏、荅邀游山；"贺谒疏状新式"：贺生旦禀劄、贺生旦经疏，披剃请人状、披剃谢人状，新住院申状，出队抄题状，贺正门状式，慰僧香财状，附有"封皮"使用说明"以上并用可漏，但'贺生辰'须用红牋，'申状'、'门状'却不用封"；"吊慰疏状"：慰人丧父、慰本师亡，荅人慰疏，贺荐经疏。

按，内容之类目"书"，《目录》作"书简"；内容"书"收《与达监院》、《又》2篇，《目录》未标；内容"书"收李枢密《与神照大师》，《目录》标为"与伸照大师"，题目文字有别。内容之类目"庆贺简劄"，《目录》作"庆贺"；内容"庆贺简劄"所收《贺长老住持》、《贺檀生日》，《目录》分别作"贺僧住持"、"贺檀越生日"。内容之类目"庆贺小简活套"，《目录》标为"庆贺小简"；内容"庆贺小简活套"与"荅庆贺小简活套"所列类目有同题2类者，《目录》仅标1次，内容与《目录》所标基本对应；内容"庆贺小简活套"列"贺传度小师"1次、"贺新建经藏"2次，对应的"荅庆贺小简活套"分别列"荅度小师"2次、"贺新建经藏"1次，可见未能完全对应。内容之类目"请召小简活套"，《目录》标为"请召小简"；内容"请召小简活套"与"荅请召小简活套"所列类目有同题2类者，《目录》仅标1次，内容与《目录》所标基本对应；内容"请召小简活套"列"创寺请人"2次，对应的"荅请召小简活套"列"荅创寺请"1次。内容之类目"委託小简活套"、"干借小简活套"、"邀致小简活套"，《目录》分别标为"委託小简"、"干借小简"、"邀致小简"。内容之类目"贺谒疏状新式"，《目录》作

"贺谒疏状";内容"贺谒疏状新式"收《贺生旦禀剳》,《目录》作"贺生日禀剳",而内容所收《贺生旦经疏》,《目录》亦是。内容"吊慰疏状"类所收"贺荐经疏",《目录》作"资荐经疏",既然类名为"吊慰疏状",那么"贺荐经疏"定误,应为"资荐经疏";内容"吊慰疏状"下有小字注文"封皮、可漏见道类,宜改易用之"。

又,"贺谒疏状新式"所列"贺生旦禀剳、贺生旦经疏、披剃请人状、披剃谢人状、新住院申状、出队抄题状、贺正门状式、慰僧香财状"8幅图式。

卷四释教门文类。包括"榜语":《巾山龙华会门榜》、《化严会门榜》、《荐母水陆榜》等34篇;"文类":在轩《弥陀佛上座祝香文》、《遣瘟文》2篇。

按,"榜语",内容收在轩《金刚经会门榜》、《又》连续2篇,《目录》仅标"金刚会门榜"1次,因本卷《目录》中有三处收同题文章两篇以上均在题目下小字标注篇数,本着卷内统一的原则,此处应标为"金刚会门榜二";内容连续收在轩《祠山庙水陆戒约榜》、《水陆戒约榜》2篇,《目录》先后标为"水陆戒约榜"、"祠山戒约榜",可见《目录》标注应变换前后顺序;内容连续收《汤榜》、《又》、《又》3篇,《目录》似标为"汤榜二",应改为"汤榜三"。

又,此卷大量收在轩(黄公绍)所撰文,被《全元文》卷四四五《黄公绍二》辑佚收录。

卷五释教门文类。包括"题化疏语"和"上梁文"。

卷首有题记,草书上版,述当时佛教大胜而儒学不振之现状

　　　　释教之宝,通都大邑,至以千百用,金碧璀璨,岌业相望,而儒者一亩之地,郡县各一而已,且荒坠者过半。盖先王之道,世所洪迁,而爱国安民之祝,在上者又有以崇信之,况夫下乎。欲化一类,趋者众矣,览者当有所感云。①

"疏语"分为"抄题"和"莲社"2类。"抄题",分"寺院":《仰

---

① 《新编事文类聚翰墨全书》癸集卷五,第701页。

山太平兴国禅寺修造》等13篇；"法堂"：《吉州净居禅寺题法堂》等4篇；"经堂"：须溪《普智经堂》1篇；"僧房"：《珠林僧房修盖》；"佛殿"：《普心院建佛殿》等3篇；"藏殿"：《南皋建藏殿》1篇；"祠殿"：须溪《十王殿修造》、何致轩《宝香岩峰院题修汉帝殿》2篇；"钟楼"：章杭山《长庆寺修钟楼》1篇；"三门"：《吉水东山金城蘭若修三门两廊》、《大象山建三门》2篇；"接待"：须溪《清凉庵修造接待所》1篇；"缘会"：熊古山《瑞云庵礼十王化供》1篇；"常住"：《七佛寺报晓题赎回常住物业》等4篇；"斋粮"：《沩山会题斋粮》等3篇；"买屋"：《龙？鳌长老买屋起道场》、《金地院有施半屋者又题其半》2篇；"佛像"：《庐陵延福净慈寺题佛像》等8篇；"安奉"：方秋崖《重莊佛像奉安》1篇，"经板"：须溪《题刊四大部经》、王城山《题刊金刚经》2篇；"经会"：《闻思修堂成作华严表懺》等3篇；"供器"：须溪《永福化华严供器》1篇；"法具"：《袁州思庵化铙鈸》等3篇；"题灯"：须溪《题长明灯》1篇；"披剃"：须溪《赵子登落发》、陈主簿《龙兴寺新戒披剃》2篇；"度牒"：《赵良傑落发题度牒》等7篇；"法衣"：宋梅洞《化袈裟钵盂》、《观音僧华衣》2篇。"莲社"，分为"建堂"：《凤林新建莲堂》等5篇；"化田"：晋斋《归宗堂化赎田》1篇；"佛像"：叠山《永福堂塑佛像顺昌西岩》、《仁寿堂化粧塑佛像》2篇。"上梁文"，分为"僧寺"：《福圣寺法堂上梁文》、《金山寺殿上梁文》、《庐山寺上梁文》、《仁山隆庆禅寺藏殿上梁文》4篇；"莲社"：退斋《白莲社上梁文》。

　　按，本卷内容所标分为"疏语"和"上梁文"两大类，"疏语"又分为"抄题"和"莲社"2类，"抄题"再分为"寺院、法堂、经堂、僧房、佛殿、藏殿、祠殿、钟楼、三门、接待、缘会、常住、斋粮、买屋、佛像、安奉、经板、经会、供器、法具、题灯、披剃、度牒、法衣"等24类，"莲社"再分为"建堂、化田、佛像"3类；"上梁文"又分为"僧寺、莲社"2类。上述内容的三级类目均在内容中标出，类下列举相应文章。《目录》仅黑丁白文标注"题化疏语"和"上梁文"2个，其余内容的下属二级、三级类目均未标。内容与《目录》所标文章基本上能对应。

　　又，内容"疏语"下设"抄题"之"寺院"收谢叠山《重创观音寺疏》，《目录》所列题目"重创观音寺"，其中"音"字似有误，查明初覆大德本《新编事文类聚翰墨大全》癸集卷六《目录》也作"重创观音寺";内容"抄题"之"经会"类所收《闻思修堂成作华严表忏》,《目录》作"作华严宝忏";内容"抄题"之"经会"类收须溪《方广堂华严》1篇,《目录》标"方广堂华严二",查明初覆大德本《新编事文类聚翰墨大全》癸集卷七,内容确实连续收须溪《方广堂华严》、《又》2篇,可见《目录》注文"二"为衍文。内容"疏语"下设"抄题"之"度牒"类所收须溪《赵良杰落发题度牒》,《目录》作"赵长杰落发"。

卷六释教门文类。包括"杂著"和"诗"。"杂著":《桂阳永宁寺轮藏记》、《观音经序》等6篇;"诗":《赠云居僧明公五首》等45首,包括同题者。

按,内容"诗"刘忠显《留题开善精舍》与刘文靖《游密庵》2诗间收录"翁彦国"所撰诗同题2首,本书未标诗题,查《全宋诗》卷一二九八《翁彦国》,第一首据嘉靖《建宁府志》标题目为《西岩寺》,第二首标为《诗一首》。查明初覆大德本《新编事文类聚翰墨大全》癸集卷九《目录》,《题开善精舍》诗之后列《留题西岩院三》,应为同题3首诗,而内容收吴宣德《题西岩院》1首,可见排在此后的"翁彦国"诗2首题目均应为《(留)题西岩院》。查《全宋诗》卷三七七五《吴宣德》,只收诗1首《题西岩院》,注文曰"《宋诗纪事》卷八三引《翰墨大全》",可见排在其后的另2首《(留)题西岩院》应为"翁彦国"所作。这样可以补充遗漏的诗题,同时《全宋诗》卷一二九八《翁彦国》所收的2首诗均可以修正所标题目《西岩寺》和《诗一首》,2诗同题,为《(留)题西岩院》。

卷七道教门事类。"道教事实"分为:道教、神仙、道士、道经("图箓"附)、道观、修炼("药食"附)、师授、道官、道貌、道衣、解化、女仙、女真、祠庙等类。

按,本卷《目录》卷首标"道教门祠庙附",事实中标有"道经图箓术"。

卷八道教门文类。包括表笺、往复启劄、往复书翰、往复庆贺书简活套、往复请召小简、往复委托书简、贺谒疏状新式、吊慰疏状。

卷首有题记,草书上版,述道教诸仙使用生辰贺表系荒诞不经之举,但道教往复书启应予收录道教以玄虚为宗，玄天上帝即北方龟蛇之神。庆贺生辰一类，名玄天，有老君，有许吕诸仙，皆用贺表，可谓诞矣。况表者乃臣子事君之用，又得无僭乎教，而弗剗著其诬也。若其往复书启，亦其不可废者，姑列附之。①

"表"：《贺玄天上帝生辰表三月三日》等8篇；"启"：《正一天师生辰启》，《贺道士受道正小启》、《荅》等6篇；"书"：《与天师张简斋》，《贺道士披戴》、《荅》，《贺道士受法号》、《荅警段》，《贺道士住观》、《荅》，《贺道士度小师》、《荅》，《贺道士养小师》、《荅》，《贺檀越生日》、《荅》，《贺道士生日》、《荅》，《贺道士修造》、《荅》，《道士干题化》、《荅》，《慰道士羽化》、《荅》等32篇；"庆贺书简活套"：贺新披戴、贺新住观、贺新建观、贺受师号、贺新进职，"荅"：荅贺披戴、荅贺住观、荅贺建观、荅贺受号、荅贺进职；"请召小简"：披戴请人、住观请人、建观请人、进秩请人、罢醮请人，"荅"：荅披戴请人、荅住观请人、荅建观请人、荅进秩请人、荅罢醮请人，"不赴"附；"委托书简僧道互用"：委置法器、委置藏经、委求住观、委图师号，"荅"：荅委置法器、荅委置藏经、荅委求住观、委买师号，"荅不从"；"贺谒疏状新式"：贺生旦禀劄、送贺生旦状，披戴请人状、披戴谢人状，托人抄题状、醮星抄题疏，慰道士财状、谢慰香财状，后附有"封皮"使用说明"以上并用可漏，但'贺生旦'须用红牋，'申状'、'题疏'却不用封"；"吊慰疏状"：人丧父（附"封皮"），慰本师亡（附"封皮"），荅人慰疏（附"可漏"），资荐经疏（附"可漏"）。

按，《目录》卷八、九与内容所收不对应。《目录》卷八只有"表笺、启劄"2类，而内容卷八却有"表、往复启劄、往复书翰、往复庆贺书简活套、往复请召小简、往复委托书简、贺谒疏状新式、吊慰疏状"等8类；《目录》卷九标有"书翰、庆贺小简、请召小简、委托小简、贺谒疏状、吊慰疏状、疏语、榜语、杂著"等9类，而内容卷九却只收有"疏语、门榜、诸疏、投牒、告牒"等5类。查明初覆大德本《新编事文类聚翰墨大全》癸集，《目录》与内容均对应，卷十一收"道教表牋、道家

---

① 《新编事文类聚翰墨全书》癸集卷八，第722页。

启劄、往复书翁（"翰"字之误）、庆贺小简、请召小简、委托小简、贺谒疏状、吊慰疏状" 8 类，卷十二收"道家疏语、道家榜语、道家杂著" 3 类。通过比对发现，明初覆大德本《新编事文类聚翰墨大全》癸集卷十一、十二与此明初本《新编事文类聚翰墨大全》癸集卷八、九所收内容大致相同，而此本《目录》卷八、九所标与内容无法对应，显然系此本改编《目录》不严谨之误，或是泰定本改编时致误而此本沿袭。

又，内容之类目"表"、"启"、"书"、"庆贺书简活套"、"委托书简"、"贺谒疏状新式"，《目录》分别作"表牋"、"启劄"、"书翰"、"庆贺小简"、"委托小简"、"贺谒疏状"。内容"表"连续收《贺纯阳真人表四月十四》、《又》2 篇，《目录》仅标"贺纯阳真人" 1 次，因内容"表"类连续收《贺玄天上帝生辰表》、《又》、《又》、《又》4 篇，《目录》标为"贺玄天上帝四"，可见上述《目录》之"贺纯阳真人"应小字注文补标篇数"二"。内容"委托书简僧道互用"之"委图师号"，对应的"苔"标为"苔委买师号"，而《目录》作"委图师号苔"，此处"苔委买师号"似应改为"苔委图师号"。内容"贺谒疏状新式"之图式"送贺生旦状"，《目录》作"送贺生日状"，而其前内容与《目录》均收"贺生旦禀劄"，似《目录》之"送贺生日状"应改为"送贺生旦状"。

又，内容"贺谒疏状新式"包括"贺生旦禀劄、送贺生旦状、披戴请人状、披戴谢人状、托人抄题状、醮星抄题状、慰道士财状、谢慰香财状"[①] 等 8 幅图式。

卷九道教门文类。包括"疏语"：《请天师黄籙》、《请高功》等 11 篇；"门榜"：《荐祖父母榜》、《荐父母榜》、《茶榜》、《汤榜》、《荐孤魂榜》、《荐二十四狱门榜》等 23 篇；"诸疏"：《献天官斋疏荐母》、《黄籙放生疏荐父》等 8 篇；"投简"：《山简》、《水简》；"告牒"：《亡牒》、《又荐子》、《法诰》、《为道士火解》、《水解》、《为道士举棺》、《为梁道士撒土》。

按，内容卷首黑丁白文标"杂著"，其下标"杂类"，再下细分为"疏语、榜语、诸疏、投简、告牒" 5 类；《目录》标类目 9 类，结合上述此本《目录》所标之误，实际《目录》卷九收"疏语、榜语、杂著"

---

① 《新编事文类聚翰墨全书》癸集卷八，第 729 页。

3类。对照内容与《目录》，内容"诸疏、投简、告牒"3类所收文章与《目录》"杂著"类对应。

卷十道教门文类。包括"题化疏语"、"上梁文"、"记序"、"诗词"。

先为"题化疏语"，分为"宫观"：《玉隆宫修造》等4篇；"殿阁"：《金城三官殿》等9篇；"道院"：《王乔山修造》等6篇；"坛宇"：《玉笥紫溪坛修造》1篇；"庵堂"：《云腾山结庵》等6篇；"寮室"：须溪《玉笥重修道寮》1篇；"题田"：须溪《尹存吾龙沙道院化》、郭宜斋《三官会化祀田》2篇；"化粮"：杨勿斋《阁皂山化粮》1篇；"化山"：《中华山买山》1篇；"神像"：《化功德》等4篇；"阅箓"：晋斋《题人阅箓》1篇；"题会"：沈定国《题下元莚珠会建靈宝》1篇；"供器"：梅洞《迎仙道院化供器》1篇；"题钟"：须溪《大秀洞天题钟》、《阁皂山御书楼题钟》2篇；"题灯"：何致轩《乘光观题长明灯》1篇；"化炭"：杨勿斋《云堂化炭》1篇；"入道"：《王生入道》等4篇；"度牒"：《阁皂山道童题度牒》等8篇；"法服"：《化道衣》等5篇；"缘化"：雷国英《杨道人化缘》1篇。次为"上梁文"：宋梅洞《紫芝道院上梁文》、刘须溪《大秀宫高上堂上梁文》、王臞轩《清源洞真人殿上梁文》、省轩《冲和道院上梁文崇川书府》4篇；再为"记序"：退翁《昇真观记》1篇；最后为"诗词"，下分"题赠"：收《感兴》等诗14首，包括同题者，"道院"：《题三山天庆观二首》等诗18首，"道情"：《清夜辞十首》等诗19首（包括同题者）、文卿《题吕仙翁祠堂西江月》词1首。

按，《目录》标类目"题化疏语、上梁文、记序、诗词"4类，内容所标类目及罗列文章与《目录》基本对应。内容卷首黑丁白文标注"疏语"，次行标"题化"，与《目录》之"题化疏语"对应，其后依次分为"宫观、殿阁、道院、坛宇、庵堂、寮室、题田、化粮、化山、神像、阅录、题会、供器、题钟、题灯、化炭、入道、度牒、法服、缘化"20类，均黑丁白文标注类目，类下列举相应文章，但《目录》之"题化疏语"未标内容中的20个下属类目。内容"诗词"类下设"题赠、道院、道情"3类，黑丁白文标注类目，但《目录》未标此3种类目。

又，内容"题化"类，"殿阁"所收《题三元阁》，《目录》作"题三元阁"；"寮室"所收《玉笥重修道寮》，《目录》作"玉笥修室疏"；"阅箓"收晋斋《题人阅箓》，《目录》作"题人问箓疏"，明初覆大德本

《新编事文类聚翰墨大全》癸集卷十四《目录》作“题人阅籙疏”，似上述《目录》“题人问籙疏”之“问”应作“阅”；“题会”收沈定国《题下元蓝珠会》，《目录》作“下元蘂珠会”，明初覆大德本《新编事文类聚翰墨大全》癸集卷十四《目录》也作“下元蘂珠会”；“度牒”之须溪《閤皂山道童题度牒》，《目录》作“閤早山度牒”，明初覆大德本《新编事文类聚翰墨大全》癸集卷十四《目录》也作“閤早山度牒”，因阁皂山为闽北武夷山支脉，道教名山，道教史上由此山形成有名的阁皂宗，为符箓三宗之一，可见上述两种版本的《目录》所标“閤早山”之“早”应为“皂”。内容“诗词”之“道院”，所收白玉蟾《游简寂观》，《目录》作“游简叙观”；白玉蟾《夜宿太清悟真宫》，《目录》似作“宿误真宫”，从文意推断，大概“悟”字误作“误”。

卷十一神祠门文类。包括“疏语、上梁文、放罪文、杂著、诗”5类。

先为“疏语”，分为“庆贺”：《东岳帝生辰二月二十八》等13篇；“抄题”：《南安路修三皇庙》等18篇；次为“上梁文”：刘须溪《华光楼临江樟树镇五王庙》、程子山《北岳庙上梁文景觃门》、黄泰之《溪东祠宫上梁文》3篇；再为“放罪文”：谢叠山《代五显庙巫祝为还愿人放罪文》、《代昭懿庙巫祝为妇人还愿放罪文》2篇；“杂著”：《复州重修伏羲庙记》、《上赵寺丞论淫祠》等7篇；最后为“诗”：《篁嵘山人伤时风歌》等6首。

按，内容“疏语”之“庆贺”收《梓潼帝生辰二月初三》，《目录》似作“梓撞帝生辰”，显然“潼”误作“撞”。内容“疏语”之“抄题”收谢叠山《东岳庙粧塑天堂地狱阎罗像》，《目录》作“东岳庙装塑”；“抄题”收于默斋《题朔自鸣山夫人》，《目录》作“塑自鸣山夫人”，可见内容题目之“朔”应为“塑”。

后甲集

后甲集为天文地理门、地理门，共计8卷。集首为该集目录，依卷次排列门类及内容，卷一为天文时令门事类，卷二至六为天文地理门文类，卷七为地理门事类，卷九为地理门文类。目录首尾均标《新编事文类聚翰墨全书后甲集目录》。

卷一天文门、天时门事类。包括“天文门事实”、“天时门节令事实”

和"通叙时令警联"。

"天文门事实",分为日、月、旱、雨、雪5类。"天时门节令事实",分为孟春(附"立春、元旦、人日、上元")、仲春(附"中和节、社日、花朝、春分")、季春(附"上巳、寒食、清明、春尽日")、孟夏(附"佛节")、仲夏(附"端午、夏至")、季夏(附"伏日")、孟秋(附"七夕、中元")、仲秋(附"秋风、中秋")、季秋(附"重阳")、孟冬(附"小春、十月朔、下元")、仲冬(附"冬至")、季冬(附"腊日、除夕")、闰月等类。"通叙时令警联",分"即日伏以类"和"时令类"2类,"即日伏以类"分为"书柬通用、小简劄用、劄子首用"3类,分别罗列相应词语;"时令类":正月(双字;单句、双句;立春、元旦、人日、上元、春雪、春雨、春晴、闰月;慰劄),二月(双字;单句、双句;中和、花朝、春分、春社、闰月;慰劄),三月(双字;单句、双句;上巳、寒食、清明、闰月;慰劄),四月(双字;单句、双句;立夏、八日、梅雨、闰月;慰劄),五月(双字;单句、双句;端午、夏至、闰月;慰劄),六月(双字;单句、双句;伏日、旱天、喜雨、闰月;慰劄),七月(双字;单句、双句;立秋、七夕、中元、闰月;慰劄),八月(双字;单句、双句;秋社、秋风、中秋、闰月;慰劄),九月(双字;单句、双句;重九、秋雨、霜天、闰月;慰劄),十月(双字;单句、双句;立冬、开炉、闰月;慰劄),十一月(双字;单句、双句;冬至、霜天、雪天、闰月;慰劄),十二月(双字;单句、双句;腊日、除夕、雪天、雪晴、雨天、闰月;慰劄),12个月每月大致列"双字"、"单句"、"双句"、"闰月"、"慰劄"以及该月之内的岁时节日等项,项下列举数量不等的词句,其中"双字"都是列8个词语,如"正月"共列"双字、单句、双句、立春、元旦、人日、上元、春雪、春雨、春晴、闰月、慰劄"[①] 等项,其中"双字"列"孟春、新春、首春、早春、春孟、开春、岁初、初春"[②];"单句"引"孟春谨时;春谨孟月;三阳开序"[③] 等20句;"双句"引"端月再临三阳开泰,天令开端

---

① 《新编事文类聚翰墨全书》后甲集卷一,第9—10页。

② 同上书,第9页。

③ 同上。

王正谨始"① 等 37 句。

按，内容"天时门"之"节令事实"，《目录》标为"时令时 节令事实"，查明初覆大德本《新编事文类聚翰墨大全》后甲集《目录》，标为"天文时令门"，下分"天文事实"与"时令事实"2 类，可见上述《目录》"时令时"应标为"时令门"或"天时门"。本卷内容"通叙时令警联"共有 13 页，覆大德本《新编事文类聚翰墨大全》不收，可见为泰定本或此本改编时增加。

又，内容"通叙时令警联"之"时令类"有写作说明，"凡与父母、祖父母、伯叔、外祖父母、尊长书，只可用孟春谨时、孟春谨月、孟春犹寒之类。与上位书，上下两句不欲琢对，盖事上之礼至敬无文，不得用巧语，其余可以类推。平常往复书剐雕琢不妨，亦宜审轻重"②。

又，内容"通叙时令警联"与《新编事文类聚启剐云锦》甲集卷五活套门之"通叙时令套"多有相同，而本卷内容所列词句更多。

卷二天文时令门文类。庆贺启。

卷首有题记，述是编选材、编排原则及编纂目的

> 岁节庆贺、馈遗辞受、良辰美景、游观请召，启剐日用常行者也。是编首取名公日近骈四俪六之正式操觚染翰之礼文，以为后学典记室之助。若夫冠婚丧祭礼之大者，用之有时，则以次而见焉。③

分"正旦"：《贺宗臣正启》、《贺丞相正启》、《回帅司贺正》、《回宪司贺正启》等往复贺正启 15 篇；"冬节"：《贺宰相冬启》、《贺参政冬启》、《回帅司贺冬启》、《回宪司贺冬》等往复贺冬启 12 篇。

按，《目录》标类目"庆贺启事"；内容标类目"启"，次行标"庆贺"。

卷三天文时令门文类。为往复请召简启和往复请召小简活套。

"请召启"：《元旦请人》、《荅》，《元夕请人》、《荅赴》、《荅不赴》，

_____

① 《新编事文类聚翰墨全书》后甲集卷一，第 9 页。
② 同上。
③ 同上书，第 16 页。

《请宋吏部元宵启》、《回宋吏部请元宵启》，《回刘守招元夕启》，《二月请人》、《苔赴》，《花朝请人》、《苔赴》，《社日请人》、《苔赴》，《上巳请人》、《苔赴》，《清明请人》、《苔赴》，《游春请人》、《苔赴》，《送春请人》、《苔赴》，《初夏请人》、《苔赴》，《端午请人》、《苔赴》，《三伏请人》、《苔赴》，《七夕请人》、《苔赴》，《秋社请人》、《苔赴》，《中秋请人》、《苔赴》，《苔董提举中秋招饮启》，《请江丞相九日宴》，《回徐宪请重阳启》，《九日请人》、《苔赴》，《十月请人》、《苔赴》，《回徐宪请开炉启》，《冬至请人》、《苔赴》，《回徐宪请冬至启》，《请徐宪年会启》，《腊日请人》、《苔赴》，《除夕请人》、《苔赴》，《闰月请人》、《苔赴》。"请召小简"：《请游春》、《回》，《请送春》、《回》，《请避暑》、《回》，《请赏月》、《回》，《十六夜招赏月》、《回》，《请赏雪》、《回》，"醸语"：《赏元宵》，《赏春》，《赏上巳》，《赏清明寒食》，《送春》，《赏端午》，《赏七夕》，《赏中秋》，《赏重九》。"请召小简活套"：立春请人、元旦请人、上元请人、花朝请人、社日请人、寒食请人、清明请人、上巳请人、端午请人、竞渡请人，"苔请召小简活套"：苔立春请、苔元旦请、苔上元请、苔花朝请、苔社日请、苔寒食请、苔清明请、苔上巳请、苔端午请、苔竞渡请；"请召小简活套"：伏节请人、七夕请人、中秋请人、九日请人、登高请人、小春请人、开炉请人、冬至请人、腊月请人、除夕请人，"苔请召小简活套"：苔伏节请、苔七夕请、苔中秋请、苔重九请、苔登高请、苔小春请、苔开炉请、苔冬至请、苔腊月请、苔除夜请，苔不赴总式。

按，内容均收先标"启"，下标类目"请召"；次标"小简"，下分为"请召"、"醸语"2类；再为两组往复"请召小简活套"。与内容"启"之"请召"、"小简"之"请召"对应部分，《目录》标类目"请召简启"；内容"小简"之"醸语"部分，《目录》也标为"醸语"。内容两组往复"请召小简活套"，即"请召小简活套"与"苔请召小简活套"，《目录》标为"请召小简活套"合并编排，回答部分均在节日请人小简活套文题下黑丁白文标注"苔"字。内容与《目录》所列基本对应。

又，内容往复"请召小简活套"之第二组"苔请召小简活套"所列"苔重九请、苔除夜请"，对应的"请召小简活套"及《目录》均为"九日请人、除夕请人"，而卷末所标"苔不赴总式"，《目录》未标。

又，上述卷二、三内容编排大致依照官员级别高低、月份节令先后次序编排。

卷四天文时令门文类。为往复馈送简劄、往复时节馈送代劄活套。

"馈送简劄"：《元旦送物》、《荅》，《立春送物骈劄》、《又送酒》、《荅》、《又》，《元宵送物骈劄》、《又》、《荅》，《元宵送物》、《荅》，《社日送物骈劄》、《荅》，《社日送物小柬》、《又》，《春社送物》、《荅》，《上巳送物骈劄》、《荅》，《清明送物小柬》、《荅》，《清明送物》、《荅》，《初夏送物》、《荅》，《端午送物骈劄》，《重午送物》、《荅》、《又》、《又》、《又》，《端午送物》、《荅受》，《三伏送物》、《荅受》，《七夕送物骈劄》、《又》、《荅》、《又》、《又》、《又》、《又》、《又小柬》、《又》，《七夕送物》、《荅受》，《中秋送物骈劄》、《又小柬》、《荅中秋送物骈劄》、《又》、《又小柬》，《中秋送物》、《荅受》，《秋社送物》，《重阳送物骈劄》、《又小柬》、《荅》、《又》、《又》，《重阳送物》、《荅受》，《十月送物》、《荅受》，《冬至送物》、《荅受》，《冬至送物骈劄》、《又》、《又》、《又小柬》、《荅冬至送物骈劄》、《又》、《荅》、《又》、《又》、《又小柬》，《岁节送物骈劄》、《又》、《又》、《荅》、《又》、《又》，《除夕送物》、《荅受》，《闰月送物》、《荅受》。"时节馈送代劄活套"：立春、元日、元宵、社日、上巳、端午、七夕、中秋、重阳、冬至、岁节、除日，答受（立春、元日、元宵、社日、上巳、端午、七夕、中秋、重阳、冬至、岁节、除日），不受（立春、元日、元宵、社日、上巳、端午、七夕、中秋、重阳、冬至、岁节、除日）。

按，"馈送简劄"，内容所收以下3组：《端午送物》与《荅受》；《中秋送物骈劄》、《又小柬》与《荅中秋送物骈劄》、《又》、《又小柬》；《冬至送物骈劄》、《又》、《又》、《又小柬》与《荅冬至送物骈劄》、《又》、《荅》、《又》、《又》、《又小柬》，《目录》未标，或无法对应。其余部分内容与《目录》基本对应。同类题目《目录》只列1次，内容中同题者第一篇列出题目，其后标作《又》。内容与《目录》所列的题目名称存在《送物》与《送物骈劄》混用情况。

卷五天时门文类。为节令类诗章和词曲。

"诗"：《元日二首》、《人日》、《上巳》、《清明》、《七夕》、《重阳》、《冬至》等31首，包括同题者。"词"：春（收《立春汉宫春调》、《清明满江红》等9首)、夏(收刘后村《端午贺新郎》、苏东坡《盛夏洞仙歌调》2首)、秋(收《七夕鹧鸪天》、《中秋念奴娇》等4首)、冬(收曾实轩《冬夜小重山》、须溪《岁阑促拍丑奴儿》2首)。

按,"诗",内容之《晚》,《目录》作"晚春",查明初覆大德本《新编事文类聚翰墨大全》后甲集,也作《晚春》,可见此本内容诗题脱漏"春"字。"词",内容分为"春、夏、秋、冬"4类,均黑丁白文标注,其下列举相应词曲,《目录》未标"春、夏、秋、冬"。

又,此卷所收诗词为大量压缩明初覆大德本《新编事文类聚翰墨大全》后甲集应内容而成,删减过半。

卷六地理门事类。包括地、山、泰山、华山、嵩山、衡山、恒山、崑崙山、终南山、太行山、武夷山、天台山、罗浮山、蓬莱山、庐山、石、水、海、江、河、淮、济、湖、潮、泉、道路、桥、津埭、关隘、城郭、市井、墟、园圃、池沼。

卷七地理门文类。包括地理书简、往复请召小柬活套、桥道疏语。

"书简":《与梅圣俞》、《邀古心游庐山》等5篇。"请召小柬活套":请人游山、请人游山、请游仙山、请游仙山、请游湖景、请游湖景、请人游江、请人游江、请观弄潮、请观奇石、请观奇石,"荅赴小简活套":荅游山请、荅游山请、荅游仙请、荅游仙请、荅游湖请、荅游湖请、荅游江请、荅游江请、荅观潮请、荅观石请、荅观石请,"荅赴小柬活套":荅游山请、荅游山请、荅游仙请、荅游仙请、荅游湖请、荅游湖请、荅游江请、荅游江请、荅观潮请、荅观石请、荅观石请。"疏语":桥道(收《建宁路平政桥》、《麻沙重建会文桥》等15篇);船渡(收须溪《高沙永济渡》、《城南渡》、《南乡渡》3篇);街道(收《吉州城街》、《中华山路》等5篇)。

按,内容往复"请召小柬活套"之游山、游仙山、游湖、游江、观奇石均为2种,而观潮仅为1种,《目录》只标内容各类1次。

卷八地理州郡门文类。包括地理类杂著、诗章、词曲。

"杂著":《大都赋》、《长江赋》等7篇。"诗":河南(《洛阳》、《汴京怀古》等6首)、河北(《陵州道中》、《滹沱河》、《天井关》等6首)、燕云(《涿鹿》、《石岭关书所见》等4首)、关陕(遗山《岐阳三首》3首)、山东(《望邳州》、《淮右》等4首)、江南(《送李鹤田游古杭》、《詠西湖伟观楼》2 首)、湖南(董彦臣《道州寇公楼》1 首)、湖北(张按察《观岳阳楼》1 首)、闽(《送朱叔肠赴闽幕》、《三山即事》等 4 首)、广(《岭南路》、《见顾秀才極谈惠州风物》等 3 首)、高丽(苏子瞻《题高丽亭馆》、李致美《高丽平州中和馆后草亭》2 首)、名山(《游泰山》、《太行山》、《五台山》等 16 首)、大川(《出海二首》、《北海口》等 10 首)、泉石(刘種春《西岩观瀑》、退斋《蒙泉》等 4 首)、园池(游默斋《新作盆地戏书》、王介甫《日晚》2 首)、村景(王介甫《出郊》、蔡天启《题李世南扇》、彭汝砺《山村》3 首)。"词":河南(元遗山《游龙门水调歌头》词 1 首)、京西(《汜水故城远眺水调歌头》、《忆襄阳朝中措》等词 3 首)、陕西(子骏《宴河中瑞云亭玉楼春》、钦叔《河中环盛楼感怀浣溪沙》词 2 首)、京东(高子文《密州道中朝中措》词 1 首)、河北(赵闲闲《过天门关梅花引》词 1 首)、河东(赵献之《代州南楼望云间》词 1 首)、淮西(《黄州赤壁贺新郎》、《又》词同题 2 首)、浙西(《游西湖贺新郎》、《苏州垂虹桥洞仙歌》词 5 首)、江东(周美成《金陵怀古西河》、辛稼轩《登建康赏心亭念奴娇》等词 3 首)、江西(稼轩《赋滕王阁贺新郎》词 1 首)、湖北(张于湖《洞庭念奴娇》词 1 首)、闽(稼轩《过南剑双溪桥水龙吟》词 1 首)、东边(赵献之《发高望海潮》词 1 首)。

按,内容"诗"分为"河南、河北、燕云、关陕、山东、江南、湖南、湖北、闽、广、高丽、名山、大川、泉石、园池、村景"等 16 类,"词"分为"河南、京西、陕西、京东、河北、河东、淮西、浙西、江东、江西、湖北、闽、东边"等 13 类,其下各举数首诗词,而《目录》之"地理诗章"、"地理词曲"不再标注下属类目。《目录》"地理词曲"仅列词题,未小字注文标注词牌名。

又,《目录》"地理杂著"所收"游南嶽唱酬序",内容似作《游南嶽唱酬序》,从文意来看,"嶽"定为"嶽"之误,查明初覆大德本《新编事文类聚翰墨大全》后甲集卷十,也作"南嶽"。内容"词"之"东边"所收赵献之《发高望海潮》词,《目录》标为"发高丽",查明初覆大德本《新编事文类聚翰墨大全》后甲集卷十三,也作"发高丽",可见此本内容词题脱漏"丽"字。内容"诗"之"河南"所收遗山《洛阳》,《目录》作"观洛阳"。本卷内容与《目录》基本对应。

又,明初覆大德本《新编事文类聚翰墨大全》后甲集卷十三"地理词章"之"闽"收省轩（编者刘应李）和稼轩（辛弃疾）词各一首，而此明初本却删掉了省轩词《游武夷平林》，现在所知刘应李作的词只有《游武夷平林》1首，幸赖覆大德本得以保存。

后乙集

后乙集为州郡门，分上中下3卷。集首为该集目录，依卷次排列内容，3卷均为地理事实。目录首行标"新编事文类聚"，次行标"州郡门目录"，尾标为"方舆目录"。

内容卷上、卷中的卷首、卷尾均标为"圣朝混一方舆胜览"，而卷下的卷首标为"圣朝混一方舆胜览"、卷尾却标作"大明混一方舆胜览"①；除卷中的卷首外，其余每卷首尾的五处题名之下均有"后乙集"字样。"大明混一方舆胜览"题名的出现，为判定版本年代提供了最直接的依据。

《圣朝混一方舆胜览》卷上依次列腹里（中书省）、辽阳等处行中书省、镇东行中书省、陕西等处行中书省；卷中列四川等处行中书省、河南江北等处行中书省、云南等处行中书省；卷下列江浙等处行中书省、江西等处行中书省、湖广等处行中书省、甘肃等处行中书省、岭北等处行中书省。

圣朝混一方舆胜览卷上。首有本门题记，盛赞本朝天下一统、疆域辽阔，并述选编内容及功用

> 唐虞三代以来之州域，北不踰幽并，南不越岭徼，东至于海，西被于流沙。其间蛮夷戎狄之地，亦有未［为］启闢者。方今六合混一，文轨会同，有前古所未有之天下，皇乎盛哉。是编凡山川、人物、沿革本末，靡不备载。学士大夫端坐窗几而欲周知天下，操弄翰墨而欲得照江山，不劳余力，尽在目中，信乎其为胜览矣。②

州郡事实。"腹里"，包括"直隶省部"：辖"大都路"（大兴府、通

---

① 《新编事文类聚翰墨全书》后乙集《圣朝混一方舆胜览》卷下，第183页。

② 《新编事文类聚翰墨全书》后乙集卷一，第66页。

州、蓟州、涿州、霸州、溷州、檀州、顺州、东安州、固安州）、"上都路"（开平府、宣德府、奉圣州、蔚州、兴州、桓州、松州、云州）、"保定路"（祁州、安州、易州、雄州、遂州、安肃州、完州、）、"应昌路"；"燕南河北道肃政廉访司"：辖"真定路"（中山府、冀州、晋州、赵州、深州、蠡州）；"河东山西道宣慰司"：辖"河间路"（景州、沧州、清州、献州、莫州、陵州）、"大名路"（开州、滑州、濬州）、"彰德路"（林州）、"兴和路"（昌州）、"晋宁路"（河中府、绛州、辽州、泽州潞州、解州、隰州、沁州、吉州、霍州）、"冀宁路"（汾州、忻州、石州、平定州、临州、嶂州、代州、台州、孟州、管州、保德州、坚州、岚州、兴州）、"西京路"（应州、朔州、弘州、浑源州、东胜州、武州、云内州、丰州）、"顺德路"、"卫辉路"（辉州、淇州）、"怀孟路"（孟州、寇州、恩州）、"广平路"（磁州、威州）、"平滦路"（滦州）；"山东东西道宣慰司 山东东西道廉访司"："益都路"（潍州、沂州、莒州、密州、膠州、滕州、博兴州、宁海州、峄州）、"济南路"（棣州、滨州）、"舣阳路"（莱州、登州）、"东平路"、"济宁路"（济州、兖州、单州）、"东昌路"（濮州、曹州、德州、高唐州、泰安州）。"辽阳等处行中书省"，辖"山北辽东道肃政廉访司"："大宁路"（兴中州、霍州、景州、川州、惠州、建州、义州、锦州、利州、瑞州、高州）、"辽阳路"（懿州、盖州、澄州、婆娑府）、"京东路"；"辽东道宣慰司"："东宁路"、"开元路"（咸平府）、"广宁路"。"镇东行中书省"，辖"安抚高丽总管府"（新城州、辽城州、哥勿州、建安州、南苏州、木底州、盖牟州、代那州、沧巖州、磨朱州、积利州、黎山州、延津州、安市州）、"沈阳高丽总管府"（沈州）、"新罗国军民安抚司"、"合蘭府水达达田地"。"陕西等处行中书省"，辖"陕西中道肃政廉访司"："安西路"（同州、华州、辉州、乾州、商州）、"延安路"（绥德州、鄜州、葭州）、"兴元路"（洋州、金州、凤州）、"开城路"（咸平府）、"庄浪路"（泾州、邠州）；"巩昌便宜都总管府"："巩昌路"（临洮府、徽州、平凉府、庆阳府、秦州、陇州、德顺府、宁州、环州、镇原州、兰州、西和州、会州、定西州、阶州、文州、成州、金州、金洋州、凤翔府）。

圣朝混一方舆胜览卷中。"四川等处行中书省"，辖"西蜀四川道廉访司"："（四川西道）成都路"（汉州、彭州、崇庆州、安州、绵州、德州、通化军、简州、灌州、茂州、威州)、"嘉定路"（眉州、邛州)、"潼川府路"（遂宁州、普州)、"（四川东道）顺庆路"（广安府、渠州、蓬州)；"四川南道宣慰司"："重庆路"（忠州、泸州、合州、涪州)、"夔州路"（大宁州、梁山州、万州、云阳州、开州、达州、施州)、"绍庆路"（服州、怀德府、来宁州、柔远州、酉阳州)、"广元路"（沔州、剑州、保宁府、巴州、龙州)、"永宁路"（筠连州)。"河南江北等处行中书省"，辖"河南江北道廉访司"："汴梁路"（延州、睢州、许州、郑州、钧州、汝宁府、息州、光州、颖州、陈州、信阳州)、"河南府路"（陕州、南阳府、唐州、邓州、嵩州、裕州、汝州、归德府、亳州、徐州、宿州、邳州)、"襄阳路"（均州、房州)；"淮东道宣慰司"："扬州路"（真州、高邮府、泰州、通州、滁州)、"淮安路"（临淮府)；"淮西江北道肃政廉访司"："庐州路"（崇明州、泗州、海宁州、安东州、六安州)、"安丰路"（临濠府、和州、无为州)、"黄州路"、"蕲州路"、"安庆路"；"荆湖北路宣慰司 山南江北道廉访司"："江陵路"（沔阳府、安陆府、德安府、荆门州)、"峡州路"（随州)。"云南等处行中书省"，辖"中庆路"（嵩盟州、晋宁州、昆阳州、安宁州)、"武定路"（和曲州、禄劝州)、"威楚路"（镇南州、南安州、定远州、开南州、威远州)、"鹤庆路"；"罗罗斯宣慰司"："建昌路"（建安州、永宁州、泸州、礼州、阔州、里州、邛部州、苏州、隆州)、"德昌路"（昌州、德州、威龙州、普济州)、"会川路"（永昌州、武安州、会通州、姜州、黎溪州、栢兴府)；"乌撒乌蒙等处宣慰司"："乌撒路"、"乌蒙路"、"东川路"、"茫布路"（益良州)；"曲靖道宣慰司"："曲靖路"（陆凉州、罗雄州、越州、马龙州、占益州)、"澂江路"（新兴州、路南州)、"普安路"（普定府、镇宁州、永宁州、习安州、仁德府)；"临安道宣慰司"："临安路"（建水州、石平州、宁)、"广西路"（师宗州、弥勒州、维摩州)、"元江路"（马笼部、思摩部、罗槃甸、部日甸、沙才部、尼大部、普通部、普甲部、洛初部、洛泥部、带威部、带羊部)、"金齿百夷诸部"（斡尼部、哈迷部、王弄山、矣尼迦部、沙资部、教合三部、纳楼部、铁锁甸、花角蛮、大甸、刀刀王部、大笼刀蒙甸、钟家部、点灯部、南关甸，徹里路)；"大理金齿等处宣慰司都元帅府"："大理路"（永昌府、腾冲府、蒙化州、邓川府、喜州、赵州、姚州、巨津州)、"金齿百夷诸路"（银沙逻、石甸、柔远路、镇康路、麓川路、蒙定路、谋粘路、木连路、木按府、木来府、木朵路、木邦路、孟爱路、南甸路、云龙路、镇西路、茫施路、平缅路、罗必思庄、歹难路、蒙来路、蒙连路、顺贞路、蒙光路、通西府）。

　　按，内容"四川等处行中书省"之"夔州路"所辖"大宁州、梁山州、万州、云阳州、开州、达州、施州"，《目录》编排次序为"大宁州、梁山州、万州、开州、达州、云阳州、施州"；内容"河南江北等处行中书省"之"安丰路"、"黄州路"、"蕲州路"、"安庆路"，《目录》编排次序为"安丰路、蕲州路、安庆路、黄州路"；内容"云南等处行中书省"之"会川路"，《目录》作"会州路"，查《元史·地理志》①，为"东川路"，可见《目录》有误。

　　圣朝混一方舆胜览卷下。"江浙等处行中书省"，辖"江南浙东道肃政廉访司"："杭州路"（盐官州）、"嘉兴路"（海盐州、崇德州、松江府）、"平江路"（昆山州、常熟州、吴江州、嘉定州）、"建德路"、"湖州路"（长兴州）、"常州路"（无锡州、宜兴州、江阴州）、"镇江路"；"浙东道宣慰司 浙东海右道肃政廉访司"："绍兴路"（余姚州、诸暨州）、"庆元路"（奉化州、昌国州）、"台州路"（黄巖州）、"婺州路"（蘭溪州）、"衢州路"、"处州路"、"温州路"（平阳州、瑞安州）；"江东道宣慰司 江东建康道肃政廉访司"："建康路"（溧阳州、溧水州）、"宁国路"、"太平路"、"太平路"、"徽州路"（婺源州）、"池州路"、"信州路"（铅山州）、"饶州路"（浮梁州、乐平州、余干州）、"广德路"；"福建道宣慰使司都元帅府 福建闽海道肃政廉访司"："福州路"（福清州、福宁州）、"建宁路"、"泉州路"、"邵武路"、"漳州路"、"汀州路"、"延平路"、"兴化路"。"江西等处行中书省"，辖"江西湖东道肃政廉访司"："龙兴路"（富州、宁州）、"吉州路"（吉水州、安福州、太和州、永新州）、"抚州路"、"临江路"（新淦州、新喻州）、"江州路"、"袁州路"（萍乡州）、"瑞州路"（新昌州）、"南康路"（建昌州）、"赣州路"（会昌州、宁都州）、"南安路"、"建昌路"（南丰州）；"广东道宣慰司都元帅府 广东道肃政廉访司"："广州路"、"韶州路"（新民州、英州）、

---

① 《元史》卷六十一，《地理四》，中华书局点校本，第1466页。

"南雄路"、"惠州路"、"循州路"（新州）、"潮州路"（梅州）、"肇庆路"（南恩州）、"德庆路"、"连州路"（桂阳州、封州）。"湖广等处行中书省"，辖"江南湖北道肃政廉访司"："武昌路"、"兴国路"、"常德路"（桃源州、龙阳州）、"澧州路"（慈利州、安定州、柿溪州）、"岳州路"（平江州）、"辰州路"（上溪州、施容州）、"沅州路"（靖州、汉阳府、归州）；"播州军民宣抚司"："蛮夷军民长官 副长官"；"思州军民宣抚司"："本司蛮夷军民长官"、"婺川县蛮夷洞官"；"叙州等处宣抚司"："叙州路"、"马湖路"（富顺州、长宁军、戎州、黎州、高州、新得州、小宁州、黄平府）、"镇安路"；"八番顺元等处宣慰司"："蛮夷军民长官 军民长官"；"八番罗甸宣慰司"："罗番遏蛮军安抚司"；"罗番武盛军安抚司"；"卧龙番南宁州安抚司"；"金石番太平军安抚司"；"小龙番静蛮军安抚司"；"洪番永盛军安抚司"；"方番河中府安抚司"；"筦蘆番静海军安抚司"；"葛蛮安抚司"；"大龙番应天府安抚司"；"都云定云等处安抚司"："军民官"、"安化等洞长官"；"永顺保静南渭三州安抚司"："蛮夷军民长（官）"；"南丹州等处安抚使司"："金筑府所辖蛮夷长官"；"湖南道宣慰司 岭北湖南道肃政廉访司"："潭州路"（醴陵州、浏阳州、攸州、湘阴州、湘潭州、益阳州、湘乡州）、"衡州路"（茶陵州、耒阳州、常宁州）、"永州路"、"郴州路"、"道州路"、"全州路"、"宝庆路"、"武冈路"、"桂阳路"；"广西两江道宣慰司都元帅府 岭南广西道肃政廉访司"："静江路"、"容州路"、"象州路"、"邕州路"、"梧州路"、"浔州路"、"宾州路"、"柳州路"、"横州路"、"庆远路"（融州、藤州、贵州、昭州、欝林州、贺州）；"海北海南道宣慰司 海北海南道廉访司"："雷州路"、"化州路"、"高州路"、"钦州路"、"廉州路"；"琼州安抚司"："琼州路"、"南宁军"、"万安军"、"吉阳军"；"左右两江溪洞"；"田州上思等处军民宣抚使司都元帅府"："田州路左江"（菓化州、向武州、安定州、奉议州、隆州、功饶州、怀德州、思恩州、婪凤州、兼州、下隆州、田州、归德州、武龙州、归朝州、归辰州）、"来安路右江"（七源州、利州、罗博州、俟州、龙川州、安德州、归仁州、归乐州、上隆州、顺隆州、唐兴州、昭暇州、训州、路城州、四城州）、"思明路左江"（上思明、下思明、上石西、下石西、思陵州、迁隆州、禄州、江州、忠州、定云府、陈蒙州、合江州）、"太平路"（左州、镇远州、龙州、養利州、龙英州、结伦州、万城州、思同州、太平州、上思城、下思城、全茗州、都结州、安平州、茗盈州、上怀恩州、结安州、下冻州、上冻州）。"甘肃等处行中书省"，辖"甘州路"、"永昌路"（西凉州）、"肃州路"、"沙州路"（瓜州）、"亦集乃路"（山丹州、西安州、小和州、新民州）、"宁夏府路"（灵州、应理州、鸣沙州）。"岭北等处行中书省即和林"，辖"西域诸小国部落"（鄯善、且末、高昌、龟兹、波斯、大月氏、小月氏、钵和、波知、安国）。

　　按，内容"江浙等处行中书省"之"湖州路"，《目录》作"潮州路"，因所辖有长兴州，查《元史·地理志》①，为"湖州路"，可见《目录》有误。内容"江西等处行中书省"之"新淦州"，《目录》作"新唫州"，查《元史·地理志》②，为"新淦州"。

　　按照元代行政体制，腹里及行省之下大致设立宣慰司（都元帅府）、（肃政）廉访，如"河南江北等处行中书省"辖河南江北道廉访司、淮东道宣慰司、淮西江北道廉访司、荆湖北道宣慰司与山南江北道廉访司；宣慰司（都元帅府）和（肃政）廉访司下直辖路，如"河东山西道宣慰司"统辖有晋宁路、冀宁路、西京路；"福建道宣慰使司都元帅府 福建闽海道肃政廉访司"辖福州路、建宁路、泉州路、邵武路、漳州路、汀州路、延平路、兴化路。当然中书省与有的行省也直辖路，如"腹里"辖燕南河北道肃政廉访司、河东山西道宣慰司、山东东西道宣慰司与山东东西道廉访司，还直辖有大都路、上都路、保定路、应昌路；"云南等处行中书省"辖中庆路、武定路、威楚路、鹤庆路、罗罗斯宣慰司、乌撒乌蒙等处宣慰司、曲靖道宣慰司、临安道宣慰司、大理金齿等处宣慰司都元帅府，其下的"罗罗斯宣慰司"辖建昌路、德昌路、会川路，"曲靖道宣慰司"辖曲靖路、澄江路、普安路。路下辖府、州，如"大都路"辖大兴府、通州、蓟州、涿州、霸州、漷州、檀州、顺州、东安州、固安州；"冀宁路"辖汾州、忻州、石州、平定州、临州、岢州、代州、台州、孟州、管州、保德州、坚州、岚州、兴州。边疆地区的行政区划略异于内地。如"镇东行中书省"下设安抚高丽总管府、沺州高丽总管府、新罗

----

① 《元史》卷六十二，《地理五》，中华书局点校本，第1492页。

② 同上书，第1511页。

国军民安抚司、合兰府水达达田地。从其名称来看，镇守性质、军事意味较明显。

"路治"、"府"、"州"之下大致包括"县名"、"沿革"、"郡名"、"风土"、"形胜"、"景致"、"名宦"、"人物"、"题咏"等内容，其中"沿革"、"风土"、"形胜"、"景致"、"名宦"、"人物"、"题咏"内容较为详细，体现了《圣朝混一方舆胜览》记载侧重文化因素的特点，符合唐宋以来地方志内容编辑特点；"风土"、"形胜"、"景致"、"名宦"、"人物"、"题咏"正文记民风土产、地形险要、山川名胜、曾在该地为官之名宦与本籍名人的人名、诗句撷英；"形胜"、"景致"、"风土"的注文略述地理位置与相关诗文；"名宦"、"人物"注文略记相关名人的字号、官职、籍贯及其相关事迹；"题咏"注文载诗作者与本诗内容全文或节录。如"晋宁路"辖路治、河中府、绛州、辽州、泽州、潞州、解州、隰州、沁州、吉州、霍州；"晋宁路"之"县名"包括"临汾、襄汾、洪洞、汾西、浮山、岳阳"，"沿革"内容为"冀州之域，帝尧之都。春秋属晋，战国属韩，后属赵，秦为河东郡地，后魏改晋州。《书》谓'既修太原，至于岳阳'，此地也。宋升平阳府，本朝初为平阳路，后改为晋宁路"，"郡名"为"平水"，"风土"为"君子深思，小人俭陋"，"景致"为"姑射山《庄子》'藐——（竖线，代姑射二字）之—（竖线，代山字），有神人焉'。又名平山。霍山霍水出焉。汾河刘元海徙平阳于汾水。平水即晋水，并临汾县，旁有故城，皆刘聪遗迹。圣人崖崖有七穴相通，并洪洞县。礼城尧妻舜二女之地。刘元海城晋———（竖线，代刘元海三字）僭称汉，筑此城。老君祠"，"人物"为"卫青、霍去病并汉时名将，尹翁归、贾逵"①②。

又如编者的籍贯所在"建宁路"③，"县名"包括"建安、瓯宁、浦城、崇安、建阳、政和、松溪"，"沿革"为"隋炀帝立建安郡，隋末改为泉州，唐为建州，宋初隶江南，又隶两浙，寻以隶福建升建宁军节度，后升建宁府"，"郡名"为"建安、富沙、东瓯"，"风土"为"尚气而喜节、勤身而乐业、民之秀者狎于文、家有诗书、道义之乡、山多田少、书

---

① 《新编事文类聚翰墨全书》后乙集卷上，第79页。

② 仝建平：《晋学研究资料利用问题》，《光明日报》，2009年12月15日"理论版"。

③ 为节省行文，此处叙述只列正文，除"题咏"外未列注文，注文内容尚多。

籍行四方、贡龙凤等茶、红绿锦、纸被、兔毫瑑"，"形胜"包括"襟山
束水、东接活苍、西南抵延平、闽之上游、碧水丹山"，"景致"包括
"鸡笼山、铁狮顶、紫芝峰、白鹤山、凤凰山、梨山、梅山、响山、庵
山、云谷、砚山、武夷山、仙鹤岩、仙机岩、鼓楼岩、金鸡岩、仙掌岩、
接笋岩、大隐屏、幔亭屏、天柱峰、玉女峰、风洞、玉清洞、九曲溪、瀑
布泉、红云岛、聚星亭、晚对亭、丹青阁、武夷书院、考亭书院、平政
桥、御茶园、瑞岩院、冲佑观、朱文公祠、刘文简祠、朱文公墓"，"名
宦"有"江淹、李频、陆长源、庞籍、陈襄、赵抃、汪应辰、陈俊卿、
王淮、梁克家、傅自得、韩元吉、刘克庄、刘翔"，"人物"有"顾野王、
江为、潘佑、章得象、章楶、章绶、叶焕、章衡、杨亿、杨仪之、章子
厚、祖秀实、叶齐、徐爽、杨蟠、吴育、吴充、阮逸、柳耆卿、陈升之、
陈师锡、陈轩、游酢、刘翰、刘子羽、刘珙、刘领、刘纯、胡安国、胡
寅、胡宏、胡宪、刘子翚、魏掞之、朱熹、蔡元定、方士繇、刘爚、真德
秀、刘篁嵊、刘砥、刘砺、祝穆、祝洙"，"题咏"有"春滩建水狂罗昭谏
诗、汉廷初拜建安侯刘长卿送建州陆使君诗、建溪富奇伟东坡诗"①。

　　其内容编排，大致可以反映出元朝前期的行政区划情况，尽管存在一
些错误②。但各部分内容编排并不均等，大致是详于黄河流域、长江流域
与东南沿海，略于西北、东北、西南等边疆地区。其中以大都路之大兴府
最为详细，其为元都城所在地；而东北之"辽阳等处行中书省"、"镇东
行中书省"，西南之"云南等处行中书省"、"播州军民宣抚司"、"思州
军民宣抚司"、"八番顺元等处宣慰司"、"八番罗甸宣慰司"、"都云定云
等处安抚司"、"永顺保静南渭三州安抚司"、"南丹州等处安抚使司"、
"田州上思等处军民宣抚使司都元帅府"，西北之"亦集乃路"、"宁夏府
路"、"西域诸小国部落"记述极为简略，甚至仅列州名、安抚司名，再
无其它。

　　关于《大元混一方舆胜览》，今人郭声波教授已近做过详尽的校勘整
理工作，其研究成果于 2003 年 8 月于四川大学出版社出版，84 万字，32

---

① 《新编事文类聚翰墨全书》后乙集卷下，第 154—155 页。
② 详参《大元混一方舆胜览》整理本中对明初本《翰墨全书》内容编排的局部调整及纠
误。

开，精装两册。该整理本以明初本《新编事文类聚翰墨全书》内中后乙集的《圣朝混一方舆胜览》三卷为底本，对照覆大德本、泰定本、《群书通要》本《大元混一方舆胜览》等版本，并参照其它相关资料，在明初本基础上进行了细致入微的标点、校勘、订误、补充它本资料的工作，有大量的校勘记。书首有"整理者弁言"①，述该书的价值（富于政区地理史料价值；富于地方史地史料价值；开启元明清分省地图先例；颇具校勘价值；颇寓爱国主义教育之意）、编纂缺陷（编排不当、体例不一；资料陈旧、政区漏落；张冠李戴、地理错误；抄录不当、笔削不净）、作者、流传（大德本与覆大德本《翰墨大全》；泰定本与元末本《翰墨大全》；明初本《翰墨大全》与单行巾箱本《元胜览》；正统本《翰墨大全》；嘉靖本《翰墨大全》与单行大本《元胜览》；万历本《翰墨大全》；后至元单刻本和《群书通要》本《元胜览》）、整理；书末附录"各家书录"及"《大元混一方舆胜览》地名、人名综合索引"。成为该书最高水平的研究整理成果。

后丙集

后丙集为氏族门，共6卷，均为事类。集首为该集目录，有题记，依次排列上平声、下平声、上声、去声、入声、覆姓（上平声、下平声、上声、去声）门类及事类内容。目录之首标《新编事文类聚翰墨全书后丙集目录》，之尾标《氏族目录》。

《目录》之首有"五音郡望"题记，述编纂缘由

> 夫姓有五音，婚姻墓宅之所以论吉凶；姓有郡望，族属宗支之所以别同异。坊中旧刻，音讹郡阙，览者病焉。是编考之百家谱系，参以音律统会，讹者证之，阙者补之，校之它本，玉石晓然十倍，赏音其在具眼。②

---

① 郭声波：《大元混一方舆胜览》"整理者弁言"，四川大学出版社 2003 年版，第 1—66 页。

② 《新编事文类聚翰墨全书》后丙集目录，第 184 页。

本集《目录》包括单姓和覆姓两部分。单姓先按声调（五音：上平声、下平声、平声、去声、入声）分为 5 大类，每类中再按《广韵》① 中的韵目分成小类，小类中再罗列相应的姓氏，姓氏之上黑丁白文标有声母（五声：宫、商、角、徵、羽），之下标有该姓郡望；"上平声、下平声、平声、去声、入声"五类目之上方均标有一个花鱼尾。如"上平声"之"一东"所列有"（宫）冯始平；（羽）熊江陵；（徵）童雁门；（商）充赞皇；（角）弓太原"② 等等。覆姓也是按照五音分为 5 类，类下罗列相应覆姓及相应的声母及郡望，标识同于单姓。《目录》按五音分类，未标卷次。

卷一氏族门事类。卷首有题记，述内容摘取及编排原则

> 是编搜辑见闻、网罗传记，参诸家之谱牒、考氏族之源流，事实录其本末始终、人物随其世次先后，女德彰著亦在不弃，排韵叙姓便于检寻。若乃婚姻聘问讲求郡望，铺叙阀阅施之鱼幅鸳缄者，尤多资助云。③

"上平声"，分为 15 类，包括：一东（冯、熊、童、洪、戎、翁、种、终、酆、鄝、豊、宫、蒙、东、通、红、公、充、融、弓、风），二冬（龙、钟、宗、封、龚、容），四江（江、庞、逢、双），五支（支、郗、施、皮、师、糜、綦、伊、姬、眭、邳、祁、时、脂、危、猗、随、訾、迟、池、夔），八微（韦、归、祈），九鱼（徐、余、舒、蘧、鱼、疏、储、渠、诸、居），十虞（虞、胡、卢、朱、苏、吴、于、俞、符、苻、蒲、乌、塗、涂、须、瞿、扶、都、夋），十二齐（齐、黎、嵇、奚、倪、洼），十三佳（柴、怀），十五灰（裴、崔、梅、枚、雷、来、臺、哀），十七真（真、甄、陈、秦、荀、辛、申、郇），二十文（文、殷、云），二十二元（元、原、源、袁、垣、樊、孙、温、言、浑、宛），二十五寒（寒、韩、桓、安、潘、檀、栾、干、蘭、官、乾），二

---

① 《广韵》是以四声（平、上、去、入）为纲、韵目为纬而编排的一部韵书，共分 206 韵。

② 《新编事文类聚翰墨全书》后丙集目录，第 184 页。

③ 《新编事文类聚翰墨全书》后丙集卷一，第 190 页。

十七 山（山、颜、班、关、环）。

按，内容之"二十七 山"，《目录》作"二十七 删"。

卷二姓氏门事类。 "下平声"，分为 15 类，包括：一 先（田、钱、邊、權、燕、牵、全、连、宣、延、坚、先），三 萧（萧、姚、刀、姚、晁、桥、乔、谯、焦、苗、饶、尧、昭），五 爻（包、巢、茅），六 豪（陶、曹、高、毛、敖、劳），七 歌（罗、何、和、柯、戈、过），九 麻（麻、车、巴、家、查、花、沙、佘），十 阳（陽、楊、揚、羊、王、黄、张、章、姜、梁、凉、房、唐、汪、方、常、桑、臧、庄、郎、康、匡、汤、商、昌、苌、皇、强、襄、仓、羌），十二 庚（程、彭、明、平、荆、京、荣、成、英、衡），十五 青（丁、邢、泠），十六 蒸（曾、应、滕、凌、承、弘），十八 尤（尤、游、刘、周、丘、邹、牛、侯、娄、楼、牟、仇、求、裘、留、勾、州、欧、區、由），二十一 侵（任、阴、琴、禽、岑、金、林、谌、郴、寻），二十二 覃（谭、镡、南、谈、蓝、甘），二十四 盐（阎、严、廉、詹），二十七 咸（氾、咸、凡）。

按，内容"九 麻"之"佘"，《目录》似作"余"。

卷三氏族门事类。 "上声"，分为 24 类，包括：一 董二腫附（孔、董、鞏），三 讲（项），四 纸（李、史、纪、士、是、蒍、蕙、子、里、杞、梓、绮），八 语（许、吕、褚、楚、女、巨、所、处、莒），九 麌（杜、鲁、庚、祖、武、伍、古、扈、辅、萬、邬），十一 荠（禰、米），十二 蟹（解），十四 贿（宰、隗），十六 轸（闵、尹），二十 阮（阮、苑），二十三 旱（管、筦、满、罕、简），二十七 铣（单、塞、展、隽、善、典、扁），二十九 篠（赵），三十一 巧（鲍），三十二 皓（枣、老、保）三十三 哿（左），三十五 马（马、贾、夏），三十六 養（蒋、養、彊、壤、党、广、荡、赏、掌、黨），三十八 梗（耿、冷、幸、景、丙、邴、井、颖），四十四 有（柳、苟、后、纽、毌、寿、有），四十七 寝（沈、審），四十八 感（昝），五十 琰（冉），五十三 豏（范、湛）。

按，内容类目"一 董二腫附"，《目录》标为"一 董"。《目录》"八语"之"汝"，内容似作"女"，结合所收同类姓氏分析，"汝"应正确。《目录》"十四 贿"所收"羽 隗 大水"，其中的"大水"为隗姓郡望，应为"天水"。

卷四氏族门事类。 "去声"，分为 19 类，包括：一 送二朱附（贡、仲、宋、雍），五寘（挚、季、知、义、冀、利、贳），八未（魏、费、贵），九御（茹、豫），十遇（傅、顾、喻、路、步、度、遇），十二霁（卫、惠、芮、计、蓟、厲、桂），十四泰（蔡、赖、艾），十五卦（祭、蒯、介），十八队（戴、代），二十一震二十三问附（蔺、靳、慎、印、晋、贠），二十五愿二十八翰附（顿、万、段、灌、贯、爨），三十谏三十二霰附（谏、晏、卞），三十四啸三十七号附（召、邵、廖、姚、到、暴），三十八箇（贺），四十祃（谢、射、华），四十一漾（向、尚、况、畅、谅），四十三敬径证二韵附（敬、郑、孟、盛、庆、正、宁、邓），四十九宥（寇、富、窦、缪、救），五十四阚五十六桥附（阚、啖、念）。

　　按，内容之类目"一送二朱附"，《目录》作"一送"。内容之类目"五十四阚五十六桥附"，《目录》作"五十四阚陷梵二韵附"，从所收三姓"阚、啖、念"来看，似乎"五十四阚陷梵二韵附"对应更适合。

　　卷五氏族门事类。"入声"，分为12类，包括：一屋二沃附（陆、穆、伏、宓、祝、卜、谷、鞠、麹、服、束、鹿、曲、叔、宿、木、沐、牧、肃、鬻、禄、逯、沃、濮、玉、夙、燠、竺、郁、粟、穀），四觉（乐、岳、卓），五质八勿附（质、毕、漆、吉、郅、帅、乙、栗、尉、暨、屈、郋），十月（越、谒、兀、阙、勃），十二曷十四黠附（葛、末、滑），十六屑（薛、折、列、节），十八药（药、郭、霍、郝、骆、莫、索、鐸、薄、鄂、约、恪），二十陌二十三锡（白、石、翟、邰、席、狄、郦、戚、易、柏、伯、麦、帛、剧、析、籍、棘、墨、国、直、翼、职、力、食、虢），二十六缉（汲、习、隰），二十七合（盖、邰、沓），二十九叶（葉、聂），三十二洽（法、郏）。

　　按，内容"五质八勿附"所收"栗"，《目录》似作"粟"，结合内容，"栗"应正确。内容所收类目"二十陌二十三锡"，《目录》作"二十陌锡职二韵附"，从内容所收姓氏来看，似乎"二十陌锡职二韵附"对应更适合。

　　卷六氏族门事类。"复姓"，也按五音分类。"上平声"：公孙、公西、公羊、公沙、公仪、公冶、东方、钟离、司马、司空、綦母、乌陵、诸葛、沮渠、胡母、吾丘、巫马、毋将、樗里、西门、申屠、淳于、新垣、闻人、端木、完颜；"下平声"：颛孙、鲜于、高堂、哥舒、瑕丘、耶律、王孙、羊舌、皇甫、梁丘、成公、欧阳、由吾、南宫、澹臺；"上声"：

士孙、尔朱、宇文、主父、五鹿、夏侯、长孙；"去声"：仲长、慕容、库狄、第五、太史、贺若、贺娄、贺拔、上官、相里、令狐、豆卢；"入声"：穀梁、叔孙、斛律、斛斯、僕固、万俟、獨孤、秃髮、漆雕、尉遲、屈突、達奚、若干、拓跋、乞伏、索盧、百里、息夫、黑齒、夹谷。

按，氏族门内容，依次按照"上平声、下平声、上声、去声、入声、覆姓（上平声、下平声、上声、去声）"分为 6 大类，每大类 1 卷共 6 卷，均为事类，共收录 647 姓。每卷每类中，再按《广韵》韵目分小类，部分二、三韵目合为一类，小类中罗列相应姓氏。如"上平声"，先分为"一 东"、"二 冬"、"四 江"、"五 支"、"八 微"、"九 鱼"、"十 虞"、"十二 齐"、"十三 佳"、"十五 灰"、"十七 真"、"二十 文"、"二十二 元"、"二十五 寒"、"二十七 山"等 15 类；"一 东"类列姓有"冯、熊、童、洪、戎、翁、种、终、礮、鄷、丰、宫、蒙、东、通、红、公、充、融、弓、风"21 种。每一姓大字双行显示，其下文字小字单行，大致包括：得姓来由、该姓历代名人及其字号、籍贯、生平、显要事迹，其中历代名人黑丁白文标识。如"童"姓起源为"颛顼生老童，子孙以王父字为氏"，其后列后代名人两位"童恢、童宗说"，"童宗说"之下注文曰"唐人，号'南城先生'，注柳文①。又如"万俟"覆姓起源为"音木奇，后魏献帝季弟也，后为十姓，《官氏志》称万俟氏"，列后代名人两位"万俟普、万俟卨"，"万俟卨"之注文曰"宋高宗朝丞相，奸人也"②。

又，内容 6 卷之尾依次标为"氏族上平声卷之一、氏族下平声卷之二、氏族上声卷之三、氏族去声卷之四、氏族入声卷之五、氏族覆姓卷之六"。部分内容有书耳，标有对应的《广韵》韵目。每个韵目上方均标有一个花鱼尾。内容所列姓氏不再标注五音。

又，此本氏族门《目录》及内容包括的姓氏及编排顺序与元代建阳书坊刊刻的类书《新编排韵增广事类氏族大全》（简称《氏族大全》）基本一致，区别在于明初本《新编事文类聚翰墨全书》"氏族门"为事系于人，而《氏族大全》为人系于事。《四库全书总目·排韵增广事类氏族大

---

① 《新编事文类聚翰墨全书》后丙集卷一，第 191 页。
② 《新编事文类聚翰墨全书》后丙集卷六，第 277 页。

全》曰"二十二卷,不著撰人名氏,书中所引事迹迄于南宋季年,盖元
人所编次,相其板式,亦建阳麻沙所刊,乃当时书肆本也。依《广韵》
第,以四声分隶各姓,末为复姓,则以上一字为韵而排次之,每姓俱引史
传人物,摘叙大略而采其中三四字为标题,大抵在撷取新颖以供缀文之
用,姓末多别附女德婚姻一门,历叙古来淑媛及两姓结婚故事,盖宋元之
间婚礼必有四六书启,故载之独详,亦以便于剽掇也。"①《氏族大全》与
明初覆大德本《新编事文类聚翰墨大全》"姓氏门"比较,尽管编辑都是
人系于事,所列事类标题屡有相同,但内容并非完全一致。反而明初本
《新编事文类聚翰墨全书》"氏族门"的事类内容与《氏族大全》较多重
合,但《氏族大全》内容较覆大德本、明初本要多。

　　明人凌迪知撰《万姓统谱》"凡例"中,将前代编纂的几十种姓氏书
归纳为"论地望、论国氏、论声、论字、仿姓书编"五种类型,"姓氏一
书,旧不下数十种,有论地望者、有论国氏者、有论声者、有论字者、有
仿姓书编者"②,《翰墨全书》所含氏族门归入"仿姓书编",并指出其编
纂存在的问题,"有仿姓书编者,如《合璧事类》、《尚古类氏》、《翰墨
全书》是也,然数止四百二十二家,族系未广,而千姓编一卷,又工于
组织,搜罗未备,且诸书皆止述先朝,未及昭代,非为全书也"③。

后丁集

　　后丁集为第宅门、器物门、服饰门,共计8卷。集首为该集目录,依
卷次排列门类及内容,卷一为第宅门事类,卷二、三为第宅门文类,卷四
为器物门事类,卷五、六为道教门文类,卷七为服饰门事类,卷八为服饰
门文类。目录首尾均标《新编事文类聚翰墨全书后丁集目录》。

　　卷一第宅门事类。"第宅事实",包括:官府、馆驿、创第、买宅、
华居、贫居、山居、迁居、楼阁、亭台。

　　卷二第宅门文类。包括第宅启劄和小简活套两类内容。

　　"启劄","创造":《贺刘此山创屋》、《贺建厅屋》及《荅》等往复

---

①　《四库全书总目》卷一三六,中华书局影印本2003年版,第1153页。

②　(明)凌迪知撰:《万姓统谱》凡例,影印文渊阁四库全书本,第2页。

③　同上。

启劄 12 篇；"迁居"：《贺丞相人新府》、《贺天隐迁居》等 6 篇；"送贺"：《送贺造屋》及《荅》等往复启劄 10 篇；"醵贺"：《贺起造书院》、《贺起造书楼》、《贺造亭船》等 9 篇。"庆贺小简活套"：贺人新创、贺人迁居、贺得仙居、贺创水阁、贺人造亭、贺人起楼、贺创书院、贺作舍，"荅"：荅贺新创、荅贺迁居、贺得山居、荅贺创阁、荅贺造亭、荅贺起楼、荅贺书院、荅贺　舍。"请召小简活套"：创屋请人、入屋请人、迁居请人、创楼请人，"荅"：荅创屋请、荅入屋请、荅迁居请、荅创楼请、荅不赴请。"游观请召小简活套"：请游水阁、请赏酒楼、请游月台、请游花园，"荅"：荅游水阁、荅赏酒楼、荅游月台、荅游花园、荅不赴请。"馈送小简活套"：送贺起屋、送贺入屋、送贺迁居、贺人增业、贺人分业，"荅"：荅送起屋、荅贺入屋、荅贺迁居、荅贺增业、荅贺分业。"干借小简活套"：干借花园、干借廨舍，"荅"：荅借花园、荅借廨舍、荅借不允。

　　按，内容"启劄"之"迁居"连续收《贺天隐迁居》、《贺梅国迁居》、《贺迁居》、《又》4 篇，《目录》标为"贺迁居四"；内容"启劄"之"创造"、"送贺"类所收往复启劄之《荅》数篇，《目录》均标有完整标题。内容"庆贺小简活套"之"贺得仙居"，"荅"作"荅得山居"，《目录》作"贺得山居"。内容"请召小简活套"与"荅"、"游观请召小简活套"与"荅"，《目录》合并为"请召小简"一类编排。内容"馈送小简活套"之"送贺迁居"，《目录》作"贺人迁居"。内容"干借小简活套"之"荅"收有"荅借不允"，《目录》未标。

　　又，内容及《目录》有"阶"与"廨"、"阁"与"閤"混用。内容之类目名"小简活套"，《目录》均标为"小简"。

　　卷三第宅门文类。包括第宅类上梁文、记、诗、词四类。

　　"上梁文"，分为"官府"：《江西省上梁文》、《南康县鼓楼上梁文》等 3 篇；"第宅"：《文山新居上梁文》、《秋崖新居上梁文》等 4 篇。"记"，"官府"：《澧州谯门记》、《建阳县厅续题名记》等 3 篇。"诗"，分"庆贺"：《贺周丞相迁新第》、《贺造楼》等 10 首；"题咏"：《真州驿》、《春日思旧居》等 8 首。"词"：《刘山春新居沁园春》、《送人归旧居江城子》等 7 首。

　　按，《目录》之首标"杂著"，内容未标。内容"上梁文"下分"官府"、"第宅" 2 类，均黑丁白文标注类目，而《目录》均标类目"上梁文"，不再标注下属"官府"、"第宅"类目。内容"记"下又标"官府"类目，《目录》未标。内容"诗"下分"庆贺"、"题詠" 2 类，均黑丁白文标注，《目录》标识类目"贺诗"、"题詠"。

又，内容"上梁文"之"官府"所收《南康县鼓楼上梁文》，《目录》作"南康县古楼上梁文"，显然《目录》"鼓楼"误作"古楼"。

又，本卷"（第宅）诗"与明初覆大德本《新编事文类聚翰墨大全》相应部分相比，删减过半。

卷四器物门事类。包括：舟、车、笔、笔架、墨、砚、纸、酒器、茶器、香炉、镜、簾、屏障、帷帐、氊褥（褥）、枕、席、簟、扇、胡床、几、杖、剑、弓矢、琴、瑟、琵琶、筝、阮、笙、萧、笛、钟、鼓、拍板。

按，《目录》之类目"氊褥"，内容似作"氊耨"，如是则内容"耨"字明显有误。

卷五器用门文类。包括器物类书简和小简活套两类内容。

"书简"，分为"馈送"：《谢人惠藤枕》、《送人混一六合图》与《荅》等往复书简 36 篇；"干借"：《与奚知房借断例》与《荅》、《荅借佛书周易》等往复书简 20 篇。"器用馈送小简活套"：送人棋具、送人弓矢、送人古剑、送人茶具、送人石屏、送人香炉、送人石山、送人酒器、送人薪簟、送人细扇、送人名香，"荅受"：荅送棋具、荅送弓矢、荅送古剑、荅送茶具、荅送石屏、荅送香炉、荅送石山、荅送酒器、荅送薪簟、荅送细扇、荅送名香，"荅不受"：荅送棋具、荅送弓矢、荅送古剑、荅送茶具、荅送石屏、荅送香炉、荅送石山、荅送酒器、荅送薪簟、荅送细扇、荅送名香。"文房馈送小简活套"：送人书帙、送人法帖、送人端砚、送人宣毫、送人川墨、送人笺剳、送人笔架、送人砚滴、送人古画、送人古琴，"荅受"：荅送书帙、荅送法帖、荅送端砚、荅送宣毫、荅送川墨、荅送笺剳、荅送笔架、荅送砚滴、荅送古画、荅送古琴，"荅不受"：荅送书帙、荅送法帖、荅送端砚、荅送宣毫、荅送川墨、荅送笺剳、荅送笔架、荅送砚滴、荅送古画、荅送古琴。"文房委托小简活套"：托人买书、托人买笔、托人买墨、托人买砚、托人买画，"荅"：荅托买书、荅托买笔、荅托买墨、荅托买砚、荅托买画、总荅不允。"假借小简活套"：借文籍、借琴具、借棋具、借酒器、借茶具、借射具、借壶矢、借帐设、借篝乘、借船雙，"荅"：荅借文籍、荅借琴具、荅借棋具、荅借酒器、荅借茶具、荅借射具、荅借壶矢、荅借帐设、荅借篝乘、荅借船雙、总荅不允。"送还小柬活套"：送还书籍、送还琴具、送还器皿、送还轿乘、送还船雙、送还帐设，"荅"：荅还书籍、荅还器皿、荅还轿乘、荅还船雙、荅还遣［设］。

　　按，内容"书简"下分"馈送"、"干借" 2 类，均黑丁白文标识类目名，《目录》"器用书简"类所收书简只标有"干借"，漏标"馈送"类目。内容"器用馈送小简活套"与"文房馈送小简活套"两类，《目录》合并为"馈送小简"一类编排。内容之类目"文房委托小简活套"，《目录》作"委托小简"。内容之类目"假借小简活套"与"送还小柬活套"各自单独设置一类，而《目录》将内容的"假借小简活套"与"送还小柬活套"两类合并编排，仅标"假借小简"类目。

　　又，内容"书简"之"馈送"所收《谢人惠藤枕》，《目录》作"谢人惠藤簟"，从该篇书简内容有"惠枕"、"枕"等文字来看，内容所列正确，《目录》误作"簟"。内容"文房委托小简活套"之"荅"收有"总荅不允"，《目录》未标。内容"假借小简活套"之"荅"收有"总荅不允"，《目录》未标。内容"送还小柬活套"所列"送还琴具"、"送还帐设" 2 类，对应之"荅"未列，而"荅"所列"荅还遣没"，"送还小柬活套"未收，那么"送还小柬活套"列 6 类，"荅"列有 5 类，无法一一对应，且"送还小柬活套"所列 2 类、"荅"所列 1 类更是对应不了；查明初覆大德本《新编事文类聚翰墨大全》后丁集卷八，疑上述"荅"部分遗漏了"荅还琴具"，"荅还遣［设］"可能是"荅还帐设"之误，这样方可对应。

　　卷六器用门文类。包括器物杂著、诗、词三类。

　　"杂著"：《笔铭》、《炭颂》等 34 篇。"诗"，分为"餽谢"：《谢惠宣笔》、《谢送墨》等 19 首；"题咏"：《孤剑詠》、《鞭》等 13 首。"词"：收辛稼轩《十四絃_{太常引}》、《赋琵琶_{贺新郎}》、《摘阮_{菩萨蛮}》 3 首。

　　按，内容"诗"之"餽谢"所收黄鲁直《戏和文潜谢穆公松扇》、《次韵穆父赠高丽松扇》 2 首，《目录》均标"谢穆公松扇"，可见未标第 2 首《次韵穆父赠高丽松扇》。内容"词"所收《十四絃_{太常引}》之词牌，

《目录》作"大常引"。

又，内容"诗"、"词"各自编排一类，《目录》合并编排在一起，标类目"诗词"，同时黑丁白文标注"诗"之下属类目"馈谢"、"题詠"。

又，本卷与明初覆大德本《新编事文类聚翰墨大全》后丁集卷九相应部分比勘，大量删减。

卷七服饰门事类。包括：幣帛、锦、繡、绫、罗、纱、绢、布、丝绵、冠（"女冠"附）、帽、衣、裘、儒服、妇人服、小儿服、寝衣、带、履、靴、鞋、韈、脂粉。

卷八服饰门文类。包括服饰启劄、往复小简、小简活套、杂著、诗。

"启劄"：收《谢人惠吊衾》、《谢州郡送衣段》等8篇。"小简"：收《借笠》与《荅》、《送葛布》与《荅》等往复小简41篇。"服饰馈送小简活套"：送人京段、送人川段、送人番段、送人锦褥、送人邵绯、送人婺纱、送人淮绢、送人布段、送人氊衣、送人笠子、送人马鞭，"荅受"：荅送京段、荅送川段、荅送番段、荅送锦褥、荅送邵绯、荅送婺纱、荅送淮绢、荅送布段、荅送氊衣、荅送笠子、荅送马鞭，"荅不受"：荅送京段、荅送川段、荅送番段、荅送锦褥、荅送邵绯、荅送婺纱、荅送淮绢、荅送布段、荅送氊衣、荅送笠子、荅送马鞭。"服饰委托小简活套"：托买段子、托买珠翠、托造首饰、托买靴笠、托买荅服；"荅"：荅托买段子、不允，荅托买珠翠、不允，荅托造首饰、不允，荅托买靴笠、不允，荅托买荅服、不允。"杂著"：《宋老干衣序》、《司马温公布衾铭记》等10篇。"诗"，"馈谢"：收《谢刘纯父惠木棉布》、《吕居仁惠建昌纸被》等9首。

按，内容收服饰类"启劄"、"小简"2类，《目录》标为"服饰简启"，不再标"启劄"、"小简"类目。内容"服饰馈送小简活套"之"送人淮绢"，"荅受"似作"送人畦绢"，可见"淮"字误作"畦"，"荅不受"及《目录》均作"淮绢"。内容收"杂著"、"诗"2类，而《目录》所标类目为"服饰杂著"，将"诗章"类目统辖于"服饰杂著"之下；内容"诗"类目下标有"馈谢"类目，《目录》未标识。内容"杂著"收《深衣铭》、《又》、《又》3篇，《目录》仅标"深衣铭"1次。内容"（馈谢）诗"收朱晦庵《谢刘子澄寄羊裘二首》，《目录》仅标"谢寄羊裘" 1 次。

后戊集

后戊集为饮食门、花木门、禽兽门、杂题门，共计 9 卷。集首为该集目录，依卷次排列门类及内容，卷一为饮食门事类，卷二、三为饮食门文类，卷四为花木门事类，卷五、六为花木门文类，卷七为禽兽门事类，卷八为禽兽门文类，卷九为杂题门。目录首尾均标《新编事文类聚翰墨全书后戊集目录》。

卷一饮食门事类。包括：饭、羹、麨（"冷涛"附）、馒头（"餅餤"附）、茶、酒、白酒、醋、酱、酥酪、盐、肉、脯、鲊、鲙、海味、野味、珍馔、斋供、蔬菜（包括"芥菜、菘菜、春菜、蕈菜、芹、韭、薤、蒌蒿、苦蕒、葵、笋、茄、匏、蘿蔔、蕈、薑、樱笋、薯芋、蘁、豆腐、焯菜"）、（百果：）荔枝、龙眼、梅子、杏子、樱桃、桃、李（"林檎"、"嘉慶子"附）、杨梅、枇杷、瓜（"西瓜"附）、莲、藕、菱、芡、石榴、蒲萄、梨、栗、枣、橄榄（"餘甘子"附）、胡桃、银杏、榧子、橘、金橘、柑、橙、柿、甘蔗。

按，内容饮食事实之"莲"，《目录》作"蓮實"。内容事实之类目"肉"下有注文"见癸集十五卷禽兽门各类下"，再无其它文字，此本癸集为释教门、道教门、题化门，只有 11 卷；明初覆大德本《新编事文类聚翰墨大全》（前）癸集卷十五为"道教门文类"；由于泰定本《新编事文类聚翰墨全书》癸集卷目尚不清楚，如果上述"癸集十五卷禽兽门各类"不错的话，可能说的是泰定本，那么泰定本癸集至少有 15 卷，且卷十五为禽兽门。

卷二饮食门文类。包括分类的饮食简启和小简活套。

"简劄"，分为"餽谢"：《送米于官员》、《谢宋亦山惠米》等往复简劄 49 篇；"干求"：《干糴二》与《回》、《干糴米谷》与《荅》、《不从》等往复简劄 18 篇；"请召"：《请人尝酒》与《回》等往复简劄 7 篇。"饮食请召小简活套"：请尝新稻、请尝新酒、请尝白酒、请尝常膳、请人斋供、请尝新茶、请尝野味、请尝海味、请尝生蟹、请尝鮂鲊、请尝鲈鱠、请尝新笋，"荅赴"：荅请尝稻、荅请尝酒、荅请白酒、荅请常膳、荅请斋供、荅请新茶、荅请野味、荅请海味、荅请生蟹、荅请鮂鲊、荅请鲈鲙、荅请尝笋，"荅不赴"：荅请尝稻、荅请尝酒、荅请白酒、荅请常膳、荅请斋供、荅请新茶、荅请野味、荅请海味、荅请生蟹、荅请鲟鲊、荅请鲈鲙、荅请尝笋。"请召小简活套"：请尝荔枝、请尝龙眼、请尝朱樱、请尝蒲萄、请尝林檎、请尝梅杏、请尝瓜李、请尝梨栗、请尝莲藕、请尝柑橘，"荅"：荅荔枝请、荅荔奴请、荅樱桃请、荅蒲萄请、荅林檎请、荅梅杏请、荅瓜李请、荅梨栗请、荅莲藕请、荅柑橘请。"馈送小简活套"：送人法醯、送人新酒、送人白酒、送人新虀、送人斋料、送人建茶、送人醯物、送人海味、送人野味、送人远味、送人鲊脯、送人生蟳、送人糟蟹、送人酥乳、送人　鰊、送人羊腔、送人牛肉、送人猪肉、送鸡与人、送鹅与人、送鸭与人、送人麨食、送人新笋，"荅"：荅送法醯、荅送新酒、荅送白酒、荅送新虀、荅送斋料、荅送建茶、荅送醯物、荅送海味、荅送野味、荅送远味、荅送鲊脯、荅送生蟳、荅送糟蟹、荅送酥乳、荅送??鰊、荅送羊腔、荅送牛肉、荅送猪肉、荅人送鸡、荅人送鹅、荅人送鸭、荅送麨食、荅送新笋。"馈送小简活套"：送人龙荔、送人荔枝、送人龙眼、送人桃杏、送人桃实、送人樱桃、送人莲藕、送人莲实、送人杨梅、送人西瓜、送人蜜李、送人瓜李，"荅"：荅送龙荔、荅送荔枝、荅送龙眼、荅送桃杏、荅送桃实、荅送樱桃、荅送莲藕、荅送莲实、荅送杨梅、荅送西瓜、荅送蜜李、荅送瓜李。"馈送小简活套"：送人枇杷、送人林檎、送人蒲萄、送人石榴、送人雪梨、送人梨栗、送人橄榄、送人新果、送人南果、送人京果、送人北果、送人蜜果，"荅式"：荅送枇杷、荅送林檎、荅送蒲萄、荅送石榴、荅送雪梨、荅送梨栗、荅送橄榄、荅送南果、荅送京果、荅送北果、荅送蜜果。"干借小简活套"：借米穀、借秫米、借麥虀、借马穀、求旧酒、求酒、求茶、求新菓、求新笋、求药材；"荅"：荅借米、不允，荅借秫、不允，荅借麥、不允，荅借穀、不允，荅求酒、不允，荅求酒、不允，荅求茶、不允，荅求果、不允，荅求笋、不允，荅求约、不允。

　　按，"简劄"之"馈谢"类，内容所收往复简劄，《目录》所标既有合并也多有不同者，如内容连续所收《谢惠酒》、《荅送酒》、《谢雪中送酒》、《荅饶师春日送酒》、《荅嚴师春日送酒》、《荅赵守春日送酒》、《谢惠酒》、《谢师友惠酒》8篇，《目录》对应标为"谢惠酒三、荅春日送酒五；《目录》所标"送人生［鱼］、送炊铁枯蝦、谢人惠蟹、谢糟蟹鲸鲊、

谢人送蛎房、谢姆回鲈［尊］、谢荔子石巨、谢送雪梨、谢送瓜李、送笋
苔、送斋料苔、送椒苔、送茶苔"① 等往复 17 篇，内容不收，因此影印
本上半页标有"原缺"②，可能是底本此处残缺，有待进一步查考；内容
之《送杨梅》、《回送杨梅》，《目录》未标；内容所收《送莲实》、《送
橘》与《回送莲实》、《回送橘》，编排并非先后依次对应，而《目录》
标为"送莲实苔"、"送人橘苔"，显然合并标注；内容"简劄"之"馈
谢"所收诚斋《谢人惠鸠免（兔）酒橼》，《目录》作"谢惠鸠兔酒"，
查四库本《诚斋集》卷五十七，题目作《答周监丞送錦鳩十四隻兔矺酒
香橼》，可见内容所列题目之"兔"误作"免"字。

又，内容"饮食请召小简活套"与"请召小简活套"2 类，《目录》
合并为"小简活套"1 类编排，下属类目基本对应；内容"请召小简活
套"所列"请尝龙眼"、"请尝朱樱"，"苔"对应列为"苔荔奴请"、"苔
樱桃请"。内容"馈送小简活套"及相应的"苔（式）"分作 3 组，各为
1 页，先后编排，而《目录》合并编排，标识类目"馈送小简"1 次，依
次先后编排下属类目；内容与《目录》所列数十种下属类目基本对应；
内容第三组"馈送小简活套"所列下属类目 12 类，而对应的"苔式"有
11 类，内容有"送人新果"，《目录》少列"苔送新果"1 类。内容"干
借小简活套"及"苔"所列下属类目，均能对应；内容"干借小简活套"
所列类目"借米穀、借秫米、借麥麪、借马穀、求旧酒、求酒、求茶、
求新菓、求新笋、求药材"，《目录》标作"干借米穀、干借秫米、干借
麥麪、干借马穀、干借旧酒、干人求酒、干人求茶、干求新菓、干求新
笋、干求药林（材）"，可见内容下属类目名中省却"干"字，《目录》
均有；内容之"求药材"，《目录》似作"干求药林"，"材"字误作
"林"。

卷三饮食门文类。包括饮食类诗和词。

"诗"，分"干求"：《干米》、《干钱户部乞米》等 7 首；"馈送"：
《谢客惠米线》、《谢麪》等 17 首；"题詠"：《茶五首》、《饮酒》等 54
首，包括同题者。"词"：《詠茶好事近》、《对酒满江红》等 3 首。

---

① 上述部分文字底本（影印本）漫漶不清，需核对刊本。
② 《新编事文类聚翰墨全书》后戊集卷二，第 336 页。

按，"诗"之"题咏"：内容所收蔡君谟《茶五首》，《目录》诗题作"咏茶五首"；元遗山《饮酒》同题 2 首，《目录》标诗题作"饮酒"；文公《次刘秀野蔬食十三韵》，收 13 首诗，分别写 13 种蔬食，诗句下小字注文标注 13 种蔬食名称，而《目录》标诗题为"次蔬食韵"；刘彦冲《园蔬十咏》，收 10 首诗，分别写 10 种蔬菜，诗句下小字注文标注 10 种蔬菜名称，而《目录》标诗题为"园蔬"；内容收杨廷秀《季圣俞求黄雀鲊法作此遗之》，《目录》诗题作"遗李圣俞"，明初覆大德本《新编事文类聚翰墨大全》后丁集卷十四《目录》及"内容"均作"李圣俞"，又查四库本《诚斋集》卷十九，题目作《李聖俞郎中求吾家江西黄雀醝法戲作醝經遺之》，综上可见应为"李圣俞"，内容"季"字有误，至于此本诗题中的文字"黄雀鲊法"，其前收朱元晦《黄雀鲊》诗 1 首，明初覆大德本《新编事文类聚翰墨大全》后丁集也收此 2 首诗，内容文字相同，四库本作"黄雀醝法"，此书暂不考究。

卷四花木门事类。"花木事实"包括：梅花、红梅、蜡梅、桃花、碧桃、千叶桃、李花、杏花、牡丹、芍药、海棠、金沙、荼蘼、蔷薇、梨花、萱草、石榴花、瑞香、水仙、朱槿、茉莉、荷花、白莲、琼花、巌桂、芙蓉、菊花、红菊、紫菊、白菊、兰蕙、金凤、鸡冠、含笑、紫薇花、木兰花、杜鹃花、山丹、栀子、山茶、杨柳、松、桧柏、竹。

按，《目录》之类目"朱槿"，内容似作"未槿"，明显"朱"字误作"未"。

卷五花木门文类。包括花木类书简、小简活套。

"书简"，分"干求"：《觅竹我》与《苔》、《托买松秧》与《苔》等往复书简 20 篇；"馈谢"：《谢王直方惠蜡梅》、《谢惠菊》等 4 篇。"请召小简活套增入新式"：请赏牡丹、请赏芍药、请赏海棠、请赏碧桃、请赏绛桃、请赏梨花、请赏荼蘼、请赏瑞香、请赏兰花、请赏蔷薇、请赏荷花、请赏白莲、请赏榴花、请赏茉莉、请赏木犀、请赏芙蓉、请赏菊花、请赏桃菊、请赏梅花、请赏红梅、请赏水仙、请赏山礬；"苔赴小简活套增入新式"：苔赏牡丹、苔赏芍药、苔赏海棠、苔赏碧桃、苔赏绛桃、苔赏梨花、苔赏荼蘼、苔赏瑞香、苔赏兰花、苔赏蔷薇、苔赏荷花、苔赏白莲、苔赏榴花、苔赏茉莉、苔赏木犀、苔赏芙蓉、苔赏菊花、苔赏桃菊、苔赏梅花、苔赏红梅、苔赏水仙、苔赏山礬，总苔不赴。"馈送小简活套增入新式"：送人牡丹、送人芍药、送人瑞香、送人茉莉、送人水仙、送人山礬、送人兰花、送人白莲、送人丹桂、送人蕙花、送人菊花、送人枯梅、送人蠟梅、送人枯松、送人古桧、送人竹戡、送人橘戡；"荅送小柬活套增入新式"：荅送牡丹、荅送芍药、荅送瑞香、荅送茉莉、荅送水仙、荅送山礬、荅送兰花、荅送白莲、荅送丹桂、荅送蕙花、荅送菊花、荅送枯梅、荅送蠟梅、荅送枯松、荅送古桧、荅送竹戡、荅送橘戡。

按，内容"书简"之"餽谢"所收陈炜《送邻邑藥花并酒劄子》，《目录》作"送芍藥花"。内容"请召小简活套"及"荅赴小简活套"收有"请赏白莲"及"荅赏白莲"，《目录》未标。内容"请召小简活套"及"荅赴小简活套"、"餽送小简活套"及"荅送小柬活套"类目名之下均黑丁白文标注有"增入新式"。

又，内容"小简活套"及相应的"荅"所分下属类目中，有的列有2段文句，大多数仅列1段。

卷六花木门文类。包括花木类杂著、诗、词。

"杂著"：收《梅花赋》、《梅谱并序》及《后序》等13篇。"诗"，分"餽送"：曹无咎《送王立之蠟梅》、司马君实《和君貺寄欧阳侍中牡丹》等2首；"题詠"：《梅花吟》、《梅花三詠》等38首，包括同题者。"词"：《詠梅减字木兰花》、《杨柳江城子令》等10首。

按，"诗"，内容之杨廷秀《牵牛三首》，《目录》标为"牵牛三"；董南江《梅花三詠》，《目录》标为"梅花三詠"；内容所收遗山《紫牡丹三首》、遗山《赋红梨花二首》，《目录》分别标作"紫牡丹"、"赋红梨花"，未在诗题下方小字注文标注数量，或者直接标为"紫牡丹三首"、"赋红梨花二首"；内容《凝露堂木犀》（同题2首），《目录》标作"凝露堂木犀"；可见在此卷之内，《目录》编排也未能统一。"词"，内容所收在轩《木犀》，此影印本未标词牌名，查明初覆大德本《新编事文类聚翰墨大全》后戊集卷五，词牌为"明月棹孤舟"，其余9首词均标有词牌名。

又，内容"诗"下分"餽送"、"题詠"2类，黑丁白文标注类目名，但《目录》未标"餽送"，"题詠"似标为"题诗"，内容所收诗与《目录》编排均能对应。另外，此卷花木诗词与明初覆大德本《新编事文类聚翰墨大全》对应部分相比删减过半。

卷七禽兽门事类。禽兽事实，分为（飞禽：）孔雀、鹦鹉、鹤、鹰、雁、鹊、黄莺、燕、鹭、百舌、白鹇、家鸽、雉、翡翠、鸳鸯、鹧鸪、鸠、雀；"走兽"：虎、豹、熊羆、鹿、狐（"狸"附）、兔、猿、猴、竹鼶；"鳞虫"：鱼、鲤、鳜、鲈、鲫、河豚；"介虫"：龟、鳖、車螯、蚌、蚶、哈蜊、螺、蟹、鱟、蝦、蛇；"牲畜"：马、驴、牛（"卤"附）、羊（"卤"附）、犬、豕（"卤"附）、猫、鸡、鹅、鸭（"盐鸭"附）。

按，禽兽事实分为"飞禽、走兽、鳞虫、介虫、牲畜"5类，《目录》黑丁白文标注此5个类目，内容少标"飞禽"，其余4个均有，亦是黑丁白文标识，应补标"飞禽"。

卷八禽兽门文类。禽兽类书简、小简活套、杂著、诗、词。

"书简"，收《托人买马》与《荅》、《送人孔雀》与《荅》等往复书简47篇。"馈送珍禽异兽小柬活套"：送人孔雀、送人鹦鹉、送人丹鹤、送人红鸽、送人白鹇、送人鬭雞、送人翡翠、送人鸳鸯、送人黄莺、送人雉鸟、送人野鹊，"荅受珍异小柬活套"：荅送孔雀、荅送鹦鹉、荅送丹鹤、荅送红鸽、荅送白鹇、荅送鬭雞、荅送翡翠、荅送鸳鸯、荅送黄莺、荅送雉鸟、荅送野鹊。"馈送代劄活套"：送人猎犬、送人白鹿、送人骏马、送人白猿、送人绿龟，"荅受代劄"：荅送猎犬、荅送白鹿、荅送骏马、荅送白猿、荅送绿龟。"杂著"：《养鱼记》、《诛鼠文》等6篇。"诗"，分为"馈谢"：《谢惠马》、《乞猫》等6首；"题咏"：《龙潭》、《收蜜蜂》等45首，包括同题者。"词"：元遗山《雁丘摸鱼儿》、方秋崖《赋子规沁园春》等2首。

按，《目录》"书简"所收"送鸳鸯"，内容标作《送夗央》，使用俗体字或异体字"夗央"。内容"杂著"收《蚊虫赞》1篇，《目录》未标。内容"诗"收《禽言不如帰》、《禽言泥滑滑》、《三禽言》、《四禽言》、《五禽言》、《五禽言和土仲衡尚书》共计19首，《目录》标为"禽言二十首"，可见内容少收一首或《目录》多标了1首。

又，内容"诗"下分"馈谢"、"题咏"2类，黑丁白文标注类目名，但《目录》未标"馈谢"，仅标有"题咏"，内容所收诗与《目录》编排均能对应。另外，此卷禽兽诗词与明初覆大德本《新编事文类聚翰墨大全》对应部分相比删减过半。

卷九杂题门。"桃符"，分为：中书省（1幅）、公门（1幅）、枢密

院（1 幅）、州门（3 幅）、县门（7 幅）、鼓楼（6 幅）、丞门（1 幅）、
簿门（1 幅）、尉门（4 幅）、狱门（2 幅）、琴堂（1 幅）、寓官（2 幅）、
儒家（7 幅）、医家（3 幅）、隐居（9 幅）、改元（1 幅）、花园（14
幅）、通用（1 幅）。"题赠旗句"，分为：省官（3 幅）、宣慰（1 幅）、
监司（2 幅）、路官（5 幅）、县官（9 幅）、县丞（1 幅）、主簿（1 幅）、
县尉（3 幅）、镇守（2 幅）、站官（1 幅）、再任（2 幅）、捕盗（2 幅）、
社长（2 幅）、赈粜（4 幅）、和讼（4 幅）、贺胜（1 幅）、谢医者（13
幅）、外科（1 幅）、眼科（1 幅）、木匠（2 幅）、船匠（2 幅）、碓匠（3
幅）、烛匠（1 幅）、八仙（3 幅）、舞狮豹（1 幅）、傀儡（1 幅）、乐工
（1 幅）、迎佛（6 幅）、香烛会（4 幅）。"灯牌"，分为：公门（6 幅）、
尉门（1 幅）、镇守（2 幅）、狱门（3 幅）、禳灾（3 幅）。"诸行榜"，分
为：酒肆（5 幅）、茶肆（7 幅）、扇铺（1 幅）、帽行（1 幅）、祈雨巫者
（1 幅）、药铺（2 幅）、笔铺（1 幅）、医眼（1 幅）、染铺（1 幅）、剃剪
（1 幅）、笓梳（1 幅）、飞竿（1 幅）、傀儡（2 幅）、生傀儡（2 幅）。
"梁句"，分为：太清宫（1 幅）、中兴寺（1 幅）、寺梁（1 幅）、太原寺
（1 幅）、弥陀院（1 幅）、白莲堂（1 幅）、莲堂明楼（1 幅）、庵梁（1
幅）、法堂（1 幅）、钟楼（1 幅）、星桥（1 幅）、灵山庙（1 幅）、福善
祠（1 幅）、岳祠（1 幅）、五通庙（3 幅）、圣妃庙（1 幅）、社屋（1
幅）、宝山楼（1 幅）、龙津桥（1 幅）、南桥（1 幅）、桥梁（1 幅）、平
政桥（1 幅）、桥梁（1 幅）。"幡句"，分为：兴文祠（3 幅）、僧家（12
幅）、道家（9 幅）。"婚书袋"，分为：初婚（3 幅）、再娶（3 幅）。

按，本卷分为桃符、题赠旗句、灯牌、诸行榜、梁句、幡句、婚书袋
7 大类；大类下再分小类，如"题赠旗句"又分为"省官、宣慰、监司、
路官、县官、县丞、主簿、县尉、镇守、站官、再任、捕盗、社长、赈
粜、和讼、贺胜、谢医者、外科、眼科、木匠、船匠、碓匠、烛匠、八
仙、舞狮豹、傀儡、乐工、迎佛、香烛会"等 29 类；小类下分别举引对
联，如"婚书袋"之"初娶"举"鱼书喜达双缄信，凤卜知符百世昌"，
"再娶"举"马上郎弦欣再续，月边女镜喜重圆"①。部分对联下方还标
有相应的小字注文，如"题赠旗句"之"县官"列对联"桃李阴中春意

---

① 《新编事文类聚翰墨全书》后戊集卷九，第 391 页。

足，管弦声裏去思多"，联下注有"妓送"，可见为妓女题赠送别县官之联。

又，内容中，大类类目下方标有小类类目名称，其后再一次黑丁白文标注小类类目名称，类名下列举对联，部分小类名有所简化或更改，如"题赠旗句"之"谢毉者"与"谢毉"、"讼胜"与"贺胜"，"诸行榜"之"巫者"与"祈雨巫者"，"梁句"之"明楼"与"莲堂明楼"、"般若桥"与"星桥"；上述几种小类类名，《目录》分别作"谢毉者"、"贺松（讼）胜"、"巫者"、"莲堂明楼"、"星桥"。

又，内容的7大类类目名，《目录》分别标作"桃符、题赠旗句、题灯牌句、题诸行榜、题梁句、题幡句、题婚书袋"。内容中每小类所收对联数量，凡是幅对或2幅以上者，《目录》所列小类类目名下均小字注文标有数字，如"县门七"即列举7幅县门对联。由于底本使用的是影印本复印件，所见《目录》标注的数字有的模糊不清，有的本该标注却无，因上列内容已有对联数量，此处不再深究。另外，内容"题赠旗句"辖"谢毉者（13幅）、外科（1幅）、眼科（1幅）"3类15幅，《目录》标作"谢毉者十五"。内容"诸行榜"辖"傀儡（2幅）、生傀儡（2幅）"2类4幅，《目录》标作"傀儡四"。

第三节　明初本《翰墨全书》编纂的几个问题①

一　《翰墨全书》收录诗文作者情况

（一）作者署名

《翰墨全书》文类部分收录诗词文章的作者，署名情况较为复杂，并非整齐统一，大致有如下特点：多数署作者姓名、字号；有的署官名，多为姓氏加官职名，如"许县尉"、"黄右曹"；有的径直署"无名氏"、"亡名氏"。诗文署名者多于无署名者。署名多用作者字号，沿用当时通行作法，以示尊敬。有的仅署字号，如"勿轩"、"省轩"；有的署名由姓氏加字号或谥号组成，如"谢叠山"、"欧阳文忠公"；有的署名同时署有姓名和字号，如"陈北溪淳"、"雪坡姚勉"，或以正文结合注文形式显

---

① 仝建平：《略谈〈翰墨全书〉利用的几个问题》，《史学集刊》，2014年第2期。

示，如"赵青山文"、"邓中斋光荐"；有的署名注文还有作者籍贯，如"白玉蟾姓葛名长庚，海南人"、"元遗山裕之好问，商余人"；有的署名注文为作者职务或功名，如"王迈邵武守"、"黄定状元"。在署有作者的诗文中，署字号的远远多于直接署姓名的。《翰墨全书》收录诗文的作者，有的出现多种署名，如熊禾的署名有"熊退斋"、"退斋"、"竹林亭长"、"熊去非"、"去非"、"勿轩"；甚至同一作者的两篇以上诗文连续排列在一起，署名却不同，如后戊集卷三饮食类连续收欧阳修诗三首，第一首署名为"欧阳永叔"，第二和第三首署名为"欧阳修"①；大概是编者仅是直接抄录，未进一步统一体例之故。此外，所收诗文作者的字号，多有名"斋"、"山"者。

（二）作者的生活时代与籍贯

《翰墨全书》编纂与改编于元代前期、中期，文类收录诗词与文章之整篇或单句的作者绝大多数为宋人，尤其是生活于南宋及由宋入元者，其中与初编者刘应李同时代同群体者甚多，成为一个显著的特征。除了宋人以外，作者尚有唐人、金人与元人。当然唐人、金人甚少；所谓的"元人"也多是由宋、金入元者。

既收大家，也录时贤，"多是先哲大家数，而时贤之作亦在所不遗"。收录诗文作者较多者，有朱熹（文公、晦庵）、谢枋得（叠山）、文天祥（文山）、元好问（遗山）、熊禾（勿轩、退斋）、杨万里（诚斋）、司马光（温公）、王安石（介甫）、苏东坡、欧阳修（文忠）、方岳（秋崖）、黄庭坚（黄鲁直、山谷）、刘克庄（后村）、陆游（放翁）、梅尧臣（梅圣俞）、辛弃疾（辛幼安）、刘辰翁（须溪）、李刘（梅亭）、南轩（张栻）、磵谷（罗椅）、吕祖谦（东莱）、晁无咎（无咎）、伍梅城（梅城）、刘子翚（刘彦冲、屏山）、洪平斋（洪咨夔）、白玉蟾（葛长庚）、黄公绍（在轩）、姚勉（雪坡）、胡一桂（双湖）、游九言（默斋）、赵文（青山）、翁合（丹山）、刘鉴（立雪）、方乌山（方澄孙）、熊克（熊子复）、胡致堂（胡寅）、吴泳（鹤林）、邓剡（邓光荐）、朱元夫（好山）、江万里（古心）、刘过（龙洲）、汪彦章、王大烈等等。其中，现存谢枋得、熊禾诗文，基本被全部收录；文天祥、刘辰翁、朱熹、元好问诗文，也被

---

① 《新编事文类聚翰墨全书》后戊集卷三，第348页。

大量收录。

《翰墨全书》文类所收诗词文章作者，籍贯以福建、江西为最多。其中一些非福建籍人士也曾在福建为官或寓居福建，如朱熹、谢枋得。而福建籍作者以武夷山区建宁府一带为多，尤其是编者刘应李出身地建阳籍者，比如出身于宋代建阳四大儒学世家（朱氏、刘氏、蔡氏、游氏）者。

二 《翰墨全书》内容与编排的几个特点

（一）同一作者诗文多连续出现

《翰墨全书》收录诗文内容编排时，多有同一作者的诗文连续出现的情况。署名时，或直接均署名号；或首篇诗文之后署"同前"、"前人"；或首篇之后不再署名，经查，与第一首的作者为同一人。尽管明初本《翰墨全书》收录诗文作者署名多有从前省略者，但是也有夹在不同作者的两篇（首）诗文之间且未署名的诗文作者却为第三人者。还有个别夹在不同作者之间的无署名诗文，其作者却与后者为同一人，也不知是属于从后省略，还是编纂时误作前者诗文，或者改编节录时致误。

（二）诗文题目多有从前省略

《翰墨全书》收录诗文内容编排时，往往罗列的同类诗文只有第一首（篇）列题目，之后所列诗文题目以"又"或再加副题显示。为了分类罗列，从而对所引用的诗文题目改动较多。

（三）收录诗文内容多为全录

《翰墨全书》收录诗文时，一般全录其内容。当然也有节录，多为文章而非诗词。节录时多省却文章首尾的套话，不致影响意思的表达。极少数篇章只节录部分内容。

（四）分集目录与正文内容所收诗文题目标识互有简化

三 《翰墨全书》编纂存在的不足

作为一部民间交际应用类书，由地方归隐文士刘应李在他人很可能多是其门下学生协助完成编纂，参编者水平参差不齐，并由当地书坊刻印流传；之后又经过两次改编，仍由书坊印行。《翰墨全书》编纂存在的不足，前述"内容与体例"按语所述很多，比如分集"目录"与"内容"无法一一对应；"内容"重复出现；分集"内容"中注文所谓的"另见×

×门"，实际屡有并不存在的情况。这种现象之所以发生，大概是参编者
水平参差不齐，直接转抄它书未作编排体例统一；或是编纂或抄录时出
错，主持编纂者最后未作认真的统稿；有的明显错误系书坊雕版印行出
错；加之该书后来经过两次改编，也有改编及翻刻致误。总之，由于各种
原因所致，明初本《翰墨全书》所记屡有错误，内容编排存在不严密之
处尚多，这大概是民间类书的共性、通病。但这些错误无疑会削弱其文献
利用价值。正如明人叶盛在《水东日记》一书中曾指出《翰墨全书》此
类类书所载多不精。"近代杂书著述，考据多不精。如《翰墨全书》以彭
思永为明道母舅，《事文类聚》以'闲门要路一时生'为'侯门要路一时
生'之类，至传写刊刻皆然，所谓《氏族大全》尤甚。"①

第四节　明初本对大德本《翰墨全书》的改编

前述《翰墨全书》有三种版本系统、两种内容系统。但国内所藏明
初本多有全本，大德本只有明初覆大德本有全本，泰定本国内未存全本。
限于条件限制，下面利用中科院所藏明初覆大德本《新编事文类聚翰墨
大全》与续修四库全书本所收明初本《新编事文类聚翰墨全书》，粗略比
较两书的内容与编排体例，考察明初本对大德本的变更。

一　编排变更

（一）门类与卷目的变更

覆大德本《翰墨大全》书首熊禾"序"后有一页"事文类聚翰墨大
全总目"，记该书分为诸式、活套、冠礼、婚礼、庆诞、庆寿、丧礼、祭
礼、官职、儒学、人品、释教、道教、天时、地理、人伦、人事、姓氏、
第宅、器物、衣服、饮食、花木、鸟兽、杂题总共25门，每门之下均注
有集名，如"庆寿门丙集、丁集"，"释教门"下注"癸集、莲社附"、"道教
门"下注"癸集、祠庙附"。但其分卷目录与内容略有变更：己集总目为
"官职门"，目录与内容均增加了"吏道门"、"仕进门"各1卷；后甲集
总目为"天时门"，内容却又分作"天文门"、"天时门"、"天文时令

① （明）叶盛《水东日记》卷五《氏族大全多误》，中华书局1980年版，第53页。

门"、"时令门";后乙集总目为"地理门",内容却有"地理州郡门"1
卷;后丁集总目的"衣服门",目录、内容却作"服饰门";后戊集总目
的"鸟兽门",目录、内容却作"禽兽门"。除去上述的"衣服"与"服
饰"、"鸟兽"与"禽兽"等名称的简单变更,覆大德本《翰墨大全》的
分卷目录与内容已经增加了"吏道"、"仕进"、"州郡"三门,实为28
门。此外,癸集总目为"释教门癸集、莲社附"、"道教门癸集、祠庙附",而分
卷目录及内容增加了"神祠门"2卷。可见,覆大德本《翰墨大全》的
编纂体例并未前后统一,不太严谨。但其卷目、内容编排与"总目"25
门之排列顺序基本是一致的。

明初本《翰墨全书》书首熊禾"序"后也为"事文类聚翰墨全书总
目"[3]一页,仅沿用覆大德本《翰墨大全》25门的名称,门下再无注文。
明初本卷目、内容除基本继承覆大德本对全书"总目"的变更外,与覆大
德本相比还有其他方面变更:己集"祭礼门"增加了"荐悼门"、"祁禳
门"各2卷;庚集"官职门"增加了"诏诰门"2卷、"表笺门"4卷;辛
集"儒学门"增加了"科举门"2卷;后丙集将总目的"姓氏门"改为
"氏族门"(仅卷2卷首仍署"姓氏门");后乙集目录将总目的"地理门"
改为"州郡门",内容仅署"圣朝混一方舆胜览卷上、卷中、卷下"。可见,
明初本《翰墨全书》内容又较覆大德本增加了"荐悼"、"祁禳"、"诏诰"、
"表笺"、"科举"5门,实有33门。姑且不计算"神祠门"在内。对比
"总目"25门之排列顺序,明初本《翰墨全书》卷目、内容编排也进行了
改动:"人品门"其前为"人伦门"、其后为"人事门",此三门合为壬集。
可见,明初本《翰墨全书》的编纂体例也没有做到前后统一;它的卷目、
内容编排与该书卷首之"总目"25门排列顺序已经不能完全吻合,这可能
正是25门类名称之下再无注文标明集名的原因所在。

(二)"事类"部分类目的变更

覆大德本《翰墨大全》"事类"部分罗列的事实类目之下均分为"事
实"(或"事偶")与"散事"两类,而明初本除甲集之外"事类"部分
罗列事实类目之下不再分类。

(三)内容编排变更

1. 姓氏门。覆大德本按角音属木、徵音属火、宫音属土、商音属金、
羽音属水分为五类排列姓氏,每类均是先列单姓后列覆姓,每姓之下正文

均罗列相关语词、典故，注文为所涉及的该姓名人与事件梗概，人系于事。而明初本将单姓与覆姓先以五音分大类，再按韵母分小类罗列姓氏，具体每一姓氏罗列历代名人，附录其简要事迹，事系于人。

2. 警联内容。覆大德本《翰墨大全》乙集卷十一、十二、十三中分列于每小类之后的"警联"，而明初本则整体置于乙集卷七之末。

3. 其他。如覆大德本后戊集卷一饮食事实"蔬类"包括"菜蔬、葵、芥、芹、茄、笋"等并列的 15 项，而明初本对应部分大致将此 15 项合并为"蔬菜"1 项。

二 内容增加

1. 增加地图。书首熊禾"序"与"总目"之后地图 14 幅。

2. 诏诰事文。庚集卷一诏诰事实（诏令、制诰）；卷二诏诰文类之《立国号诏》、《加封孔子诏》、《皇庆制科取士诏》，卷三之末延祐元年、三年"表章回避例"。

3. 警联。己集卷一之末"道家青词四六活套"5 页，卷二之末"僧家荐拔疏语活套"9 页；己集卷六之末"道家青词四六活套"6 页，卷七之末"僧家疏语活套"6 页；后甲集卷一之末"通叙时令警语"13 页。

4. 同训字理与双字连珠。甲集卷十二之末有"同训字理"与"双字连珠"2 页。

5. 其他。事类、文类均有一些。文类如明初本戊集卷二首之"国朝颁降丧葬格例纲目"及"墓地禁步之图"；辛集卷九之"皇朝科举诏"、"中书省续降条画"、"中书省部定到乡试程式"、"御试程式"、"进士受恩例"；后甲集卷三"请召启"，覆大德本只有 9 篇文章，而明初本增至52 篇，增加了 43 篇。

三 内容删减

1. 政和礼仪。覆大德本乙集卷一之"政和冠仪"、卷六之"政和婚礼"，戊集卷二"政和丧仪"，己集卷三"政和新修品官享家庙仪"，明初本均未收录。

2. 事类内容。如覆大德本后甲集卷六地理事类"恒山"包括"辰星、并镇、灵山、神护草、乾门坤轴、昂宿、赵境、幽石间、仙草根、简子茔符、慕容得壁、道武立庙"等 12 项，而明初本对应部分仅收前 5 项；覆大德本后丁集卷七服饰事类比明初本相应部分多收"冕、弁、幞头、朝服、深衣、戎服、异服、裳、绶、鱼袋、屐、裁缝、增遗"等等达 37 项，"麻、綌紵"被明初本合并入"布"内容中；覆大德本后戊集卷一花木事实"杉、楠、椿、榕、草"等 12 项被明初本删掉，卷六禽兽事实也被明初本大量删减，尤其是卷六"杂虫"类包括"蜂、蝶、蚁、蝗、蜘蛛"等 16 项全被明初本删掉。

　　3. 文类内容。如覆大德本壬集卷十七之"商贾诗章" 15 首、"商贾词曲" 2 首，明初本无；覆大德本后甲集卷五天时诗词部分，收诗 135 首、词 66 首，而明初本则删减为诗 31 首、词 17 首；覆大德本后甲集卷八、九、十时令杂著、诗、词，明初本删减较多；覆大德本后乙集卷十一、十二、十三地理诗词与对应的明初本后甲集卷七、八相比对，明初本删减掉诗词 137 首；覆大德本后甲集卷七天文诗词，收诗 50 首、词 13 首，明初本整卷删除；覆大德本后丁集卷五第宅文、杂著，收录 31 篇文章，明初本整卷未收；覆大德本后丁集卷九器用铭及诗，明初本删减铭 24 篇、诗 33 首，但同时增加了 9 篇器用铭；覆大德本后戊集卷六的花木诗词、卷八的禽兽诗章也被明初本大量删减。

　　四　其他内容改编

　　1. 题记变更

　　覆大德本《翰墨大全》与明初本《翰墨全书》均多有题记，大多是在门类之首或卷首，也有在卷中的。多为叙述门类内容及选编理由、编排次序，有的叙述文体的历史、内容、特征及功用。覆大德本《翰墨大全》共有题记 36 篇，明初本《翰墨全书》共有题记 32 篇。其中有 18 篇内容是完全相同的，1 篇主要内容相同。覆大德本《翰墨大全》其余的 17 篇被明初本《翰墨全书》删除，而明初本《翰墨全书》重新编写题记 13 篇（分别在甲集卷二首，乙集卷一、四首，丙集卷一、四首，戊集卷二首，庚集卷一首，辛集卷一、九首，癸集卷五首，后甲集卷二首，后丙集目录、卷一首）。

　　如甲集卷二诸式门文类。覆大德本《翰墨大全》先列文类题记，之后内容包括"书奏"、"表笺"两类，再各分小类，小类内大致先列"首末式"，再附范文。明初本《翰墨全书》同样先列文类题记，内容包括"诏诰"、"表笺"、"书奏"三类，不过"诏诰"并无内容，注文曰"见辛集"；"表笺"仅录"首末式"并说明，无范文；"书奏"内容同于《翰墨大全》。

上述《翰墨大全》与《翰墨全书》，分属两种不同版本，但诸式门文类的内容基本是相同的，仅是《翰墨大全》收录的文类内容比《翰墨全书》稍多一些。两种版本的诸式门文类所收的文体基本是相同的，但文类题记完全不同，系改编者改编而成，并非沿袭。

2. 缩编排日诗词

覆大德本《翰墨大全》丁集卷二至四为正月至十二月、每月初一至三十日的排日诗词，大致每日均有数首不等，诗词题目与语句完整。而明初本与此对应的内容是丁集卷四，却是"排日诗词撷英"，仅摘录覆大德本对应诗词数句，诗词内容不完整，诗词题目或有或无。

3. 事类名称的变更

尚有多种，不再详列。

总之，从覆大德本《新编事文类聚翰墨大全》与明初本《新编事文类聚翰墨全书》内容与编排的比较来看，既有增加也有删减，两相比较，明初本对覆大德本删减更多，由于明初本内容沿袭泰定本，因此泰定本对大德本的改编主要是对其进行压缩，泰定本系压缩大德本而成。

第五章 传世四种宋元民间交际应用类书关系考察

宋元两代，伴随着社会整体文化发展水平的提升，民间交际应用类书曾编纂有多种，全本流传至今者，目前所知只有宋代成书的《新编通用启劄截江网》和元代编纂的《新编事文类聚启劄云锦》、《新编事文类聚翰墨全书》、《新编事文类要启劄青钱》三种，共计四种。其中，宋刊本《新编通用启劄截江网》现藏日本静嘉堂文库，笔者无法见到，国内所存的只有国家图书馆藏元刊单行本《新编通用启劄截江网》6卷（宋本《新编通用启劄截江网》的庚集）；《新编事文类聚翰墨全书》曾经历过元大德初刊本、元泰定改编本、元末明初第二次改编本，形成大德本、泰定本、明初本三种版本系统和大德本、泰定本两种内容系统，泰定本主要系压缩大德本而成。

第一节 四书编纂成书先后考

一 宋刊本《新编通用启劄截江网》与元刊本《新编通用启劄截江网》

1. 宋刊本《新编通用启劄截江网》

宋刊本《新编通用启劄截江网》是南宋理宗开庆元年（1259）编纂成书的一部民间交际应用类书，宋熊晦仲撰，陈元善作序，"岁在己未（1259）正月元旦"，《丽宋楼藏书志·类书类三》、《藏园群书经眼录》、《藏园订补郘亭知见传本书目·类书类》、《日藏汉籍善本书录·子部·类书类》均有著录，全书分为十集74卷，"凡古今前辈之事寔，近日名公之启劄，皆网罗而得之。自甲至癸分为十集。甲集则专举诸式之大纲，乙至癸则旁分品类之众目……宋麻沙本，每页二十八行，每行二十三字，小字双行"，"每门先杂事实，次笺表，次启事，次答式，次小简，次古风，次律诗绝句，次词曲。多载全篇。宋人文集之不传者，多籍此以存。已未为开庆元，盖宋季刊本也。"[①] 成为目前所知成书最早且有明确编纂年代的民间交际应用类书，也是所知最早的宋元民间交际应用类书。

2. 元刊本《新编通用启劄截江网》

国家图书馆藏元刊本《新编通用启劄截江网》为宋本《新编通用启劄截江网》庚集单行本，6卷，庆寿门事文，内容显示天基节为"今上皇帝"，因避讳改"唐玄宗"为"唐元宗"，也说明编纂于宋理宗时代。可见该书内容编定于宋理宗时代，是宋本的单行本。至于是在南宋理宗时代稍后单行还是元代单行，尚不知，但此本为元代刊行，属于元刊宋本。这样，国家图书馆藏元刊本《新编通用启劄截江网》成为一种现存早期的宋元民间交际应用类书。

宋刊本《新编通用启劄截江网》1259年先成书，稍后刊行；其后才有单行本《新编通用启劄截江网》。

二　元刊本《新编事文类聚启劄云锦》

从元刊本《新编事文类聚启劄云锦》十集内容分为诸式门、活套门、州郡门、姓氏门、仕宦门、荣进门、冠礼门、婚礼门、诞礼门、庆寿门、丧礼门、荐悼门、祭祀门、朝贺门、祁谢门、禳禬门、保安门、释教门、道教门、题化门、人伦门、事契门、宅舍门、文物门、艺术门、委借门、干求门、谒见门、饯别门、节序门、游赏门、花卉门、果实门、珍异门、饮馔门、杂贺门、醮贺门共37门，每门多为事文，或为事类、文类来看，此书也是一部便于书写交际应酬模仿套用的民间日用类书。

《启劄云锦》乙集州郡门卷一之首"国号"注文曰"至元八年（1271）十一月诏建——（国号）曰大元"，可见此部分内容编纂最早也在1271年十一月之后；而该集题记曰"是编云锦单皆有江南州郡而已，今天下统一，郡有缺，非全文也"，可知该部分内容编纂大约当在1276年元灭宋之后甚至是在1279年南宋残余的抵抗力量被彻底歼灭之后。又，

---

①　（清）陆心源：《皕宋楼藏书志》，宋元明清书目题跋丛刊，中华书局2006年版，第688页。

该集卷一所收山西行政区划，西京路共 21 州、河东南路共 17 州、河东北路共 18 州，其中河东南路所辖有"晋安府"，查《直隶绛州志》卷一"沿革"，"金……兴定二年（1218）升为晋安府，总管河东南路兵马，三年置河东南路转运司，后改晋安府。元初为中州，置绛州行元帅府"①，可见记的是金代政区。而明初覆大德本《翰墨大全》记元代山西政区为平阳路、太原路、大同路；明初本《翰墨全书》记元代山西政区为晋宁路、冀宁路、西京路。查金代山西政区，分为西京路、河东北路、河东南路。元代山西政区沿革，三路设置大致为：元初沿用金朝旧制，置西京路，1288 年改名为大同路；1218 年设立太原路总管府，1305 年改名为冀宁路；元初设平阳路，1305 年改名为晋宁路。② 可知《启劄云锦》大致记的是金代的山西政区；覆大德本《翰墨大全》大致记的是元初 1288 至 1305 年间的山西政区；明初本《翰墨全书》大致记的是 1305 年之后的山西政区。按照常理，民间日用类书的编纂、印行以及改编，因其内容在现实生活中具有实用性，因此所收录的内容理应准确性较高，且能与时俱进、适应时代。当然不能排除编者不熟悉最新的北方政区以致所编内容陈旧或有误的可能。

综上，可以大致推断《新编事文类要舆地要览》的编纂当在元初，即元灭宋完成全国统一之后不久。既然《新编事文类要舆地要览》作为《新编事文类聚启劄云锦》的组成部分之一，那么此《新编事文类聚启劄云锦》的编纂当也在此时。此外，丁集题记曰"天朝建置一新"，同样也反映出该书编纂于元代。

三　元刊本《新编事文类要启劄青钱》

日本德山毛利氏藏元泰定元年（1324）建安刘氏日新堂重刻本《新编事文类要启劄青钱》是一部元代民间交际应用类书。全书分为前集 10 卷、后集 10 卷、续集 10 卷、别集 10 卷、外集 11 卷，共计五集 55 卷，共分为翰墨门、活套门、诸式门、通叙门、节序门、喜庆门、花木门、果

---

① （清）张于铸：《光绪直隶绛州志》卷一，中国地方志集成·山西府县志辑，凤凰出版社 2005 年版，第 22 页。

② 李治安、薛磊著：《中国行政区划通史》（元代卷），复旦大学出版社 2009 年版，第 55—61 页。

实门、饮食门、游观门、文物门、幣帛门、禽兽门、请託门、假贷门、荣达门、仕进门、师友门、家书门、释教门、禅宗疏语、道教门、道流疏语、艺术门、题赠诗词、冠礼门、婚礼门、庆寿门、丧礼门、祭礼门、方舆纪要、姓氏源流、翰墨新书、应用新书等30余门。内容编排大致每卷先列事类（包括事要、事目、故事等），后列文类（分类的往复简劄、表式），当然有些卷仅是事类或文类。

书首《新编事文类要启劄青钱总目》之尾有题记"泰定甲子仲夏一新重刊"；前集目录之首有题记"日新堂刊行"，之尾有牌记"泰定甲子孟秋日新书堂重刊"；后集目录之首有题记"刘氏日新堂刊"；续集目录之首有题记"建安刘氏日新堂刊"；别集目录之首有题记"建安刘氏日新堂重刊"；外集目录之首有题记"建安刘氏重刊"。可见是建安书坊刘氏日新堂刻本。编者应是建安当地人。由于题记曰"泰定甲子建安刘氏日新堂重刊"，既然是1324年重刊，且重刊至少经历了从"仲夏"到"孟秋"近半年的时间，那么该书的编纂成书及首刊定在此前。从该书前集卷二"称呼事要"罗列元朝官制可以看出，此书编撰于元朝。如"斡脱府"之"同知"注文曰"国朝增置"，"总府"之"达鲁花赤"注文曰"国朝初置"，"枢密院"之"同知院事"和"签书院事"注文均黑丁白文"宋"字，意谓宋代职官。可见既是编纂成书于元代，又重刊于1324年，说明此书编成于入元之后、1324年之前。再者，外集《方舆胜纪上》载"河东山西道宣慰司"辖"平阳路"、"太原路"、"大同路"，平阳路辖"绛州中"，前述平阳路、太原路于1305年先后改名为晋宁路、冀宁路，依据实用性强、内容新颖的原则，可见此书编纂应在1305年之前；结合上述元刊本《新编事文类聚启劄云锦》收的为金代山西政区，而元刊本《新编事文类要启劄青钱》收的山西政区至少在1305年之前，可知元刊本《新编事文类聚启劄云锦》编纂成书要早于元刊本《新编事文类要启劄青钱》。

四　元刊本《新编事文类聚翰墨全书》

元代成书的《新编事文类聚翰墨全书》是一部民间交际应用类书，是宋元民间交际应用类书中部头最大、传世版本最多、影响最大者，是传世宋元民间交际应用类书的最主要代表。此书有三种版本系统、两种内容系统。原编初刻本为大德本，原编者刘应李，生于宋代福建建阳著名的儒学世家、雕版印刷世家，南宋末年进士，该书由刘应李主持、其弟子曾参与编纂而成；平砌伯氏首次付梓刊行，卷首有刘应李同乡好友熊禾序，作于大德十一年（1307）正月初一，说明《翰墨全书》编纂完成定在1307年正月之前。"平砌伯氏"可能是建阳当地的一家书坊。大德本包括前集（甲、乙、丙、丁、戊、己、庚、辛、壬、癸）十集和后集（后甲、后乙、后丙、后丁、后戊）五集共十五集，208卷，分为诸式、活套、冠礼、婚礼、庆诞、庆寿、丧礼、祭礼、官职、吏道、仕进、儒学、人品、释教、道教、神祠（祠庙）、天时（天文、天时、天文时令、时令）、地理（州郡）、人伦、人事、姓氏、第宅、器物（器用）、服饰、饮食、花木、禽兽、杂题等28门。先列"事类"，后是"文类"。大德本是《翰墨全书》的祖本，内容最多，泰定本及明初本都是压缩改编大德本而成。大德本《翰墨全书》首次印行十余年后，署名"建安后学"的詹友谅对其进行改编，建安文学名士毛直方作序，改编完成后不久，就于泰定元年（1324）由建阳麻沙书坊吴氏友于堂刊行，是为泰定本。泰定本以天干（甲、乙、丙、丁、戊、己、庚、辛、壬、癸）分为十集，无后集，134卷；泰定本的门数应该有28门左右。对比泰定本《翰墨全书》残本，发现泰定本对大德本的编排体例略作变更，如不分前后集，卷数减少为134卷；内容多有压缩减少，亦有少量增加，但主要表现为压缩大德本。泰定本的内容基本为其后元末明初再次改编本《翰墨全书》所承袭。约在元末明初，建阳书坊刊行了《翰墨全书》的又一种改编本，分前集十集（甲、乙、丙、丁、戊、己、庚、辛、壬、癸）、后集五集（后甲、后乙、后丙、后丁、后戊）共十五集，134卷，诸式、活套、冠礼、婚礼、庆诞、庆寿、丧礼、荐悼、祭礼、祈禳、诏诰、表牋（笺）、官职、吏道、仕进、儒学、科举、人伦、人品、人事、释教、道教、神祠、天时（天文、天文时令）、地理（州郡）、氏族（姓氏）、第宅、器物（器用）、服饰、饮食、花木、禽兽、杂题33门。此种版本的《翰墨全书》，国内多有收藏。比对此本与泰定本残本，发现仅作了卷目变更和内容编排的次序调整，内容直接承袭泰定本，照录承用，卷目与内容编排参照了大德本，编者署为"刘应李"。通过比对传世的明初覆大德本、泰定本残本、明初本所收内容，发现明初本沿用泰定本的内容，此两种属于同一内容系统，可知传世的《翰墨全书》有大德本和泰定本两种内容系统，泰定本系压缩改编大德本而成。

综上所述，可以大致推断，现存宋元四种完整的民间交际应用类书中，南宋末期理宗朝编纂的《新编通用启劄截江网》成书最早；《新编事文类聚启劄云锦》成书于元代初期，位居第二；《新编事文类要启劄青钱》成书于1305年之前，但晚于《新编事文类聚启劄云锦》，位居第三；《新编事文类聚翰墨全书》成书于1307年，在四种书中成书最晚。

如果再把四种书的单行本及不同版本系统包括在内来考察，宋本《新编通用启劄截江网》编成于1259年，成书最早；元刊本《新编通用启劄截江网》是宋本《新编通用启劄截江网》的庚集单行本，尽管现存者为元代刊行，但内容属于宋代民间交际应用类书，其单行至少要晚于宋本《新编通用启劄截江网》，似应归为第二位。前两者属于宋代民间交际应用类书。《新编事文类聚启劄云锦》成书于元代初期，位居第三；《新编事文类要启劄青钱》成书于1305年之前，但晚于《新编事文类聚启劄云锦》，位居第四；大德本《新编事文类聚翰墨全书》成书于1307年，居于第五；泰定本《新编事文类聚翰墨全书》印行于1324年，改编应在稍前不久，位居第六；明初本《新编事文类聚翰墨全书》改编于元末明初，明初印行，在几种书中成书最晚。

第二节　四书关系略考

宋元民间交际应用类书中，现存完整传世的有《新编通用启劄截江网》、《新编事文类聚启劄云锦》、《新编事文类要启劄青钱》、《新编事文类聚翰墨全书》四种。限于条件，笔者所能见到上述四种书的如下几种版本：国图藏元刊单行本《新编通用启劄截江网》影印本；元刊本《新编事文类聚启劄云锦》影印本；元刊本《新编事文类要启劄青钱》影印本；明初覆刻大德本《新编事文类聚翰墨大全》原本，明初本《新编事文类聚翰墨全书》原本及影印本；元泰定本《新编事文类聚翰墨全书》残本数卷、元大德本《新编事文类聚翰墨全书》残本数卷。

通过比较元刊《新编通用启劄截江网》、元刊《新编事文类聚启劄云锦》、元刊《新编事文类要启劄青钱》、明初覆刻元大德本《新编事文类聚翰墨大全》、明初本《新编事文类聚翰墨全书》，可以发现这几种宋元民间交际应用类书编纂的一些共性：均分为数集，尤其以天干（甲、乙、丙、丁、戊、己、庚、辛、壬、癸）分集为多，这符合宋元时期类书的总体风格；每集之内包括一至几门，整部书大致包括翰墨、活套、庆诞、庆寿、婚礼、丧祭、职官、儒学、佛教、道教、地理、天文时令、姓氏、花木、果实、禽兽、杂题等门类；每门之内多是先列事实（相关语词、典故及文献来源，以正文、注文形式标识），次列文类（相关诗词、启劄表状等文章），间有写作规范及封皮之类说明，间有数十幅图式并相关文字说明；门类之首多有题记，述选编内容、编排原则及目的，题记多草体字；版心多有"启"或"户"字，意味着这些书内容多收启劄；所辖启劄、小简、表牋多分类往复，往复编排往往上下或左右对应；启劄、小简活套分类列举时，一大类简劄的开头及结尾文句只出现一次，仅是按照所分小类罗列对应的中间文句，且以黑丁白文标识小类名，这样既简化明了，节省版面，同时又便于查阅、抄袭，作为范式供人利用，便于换易，这种编排方式是这几种交际应用类书一个非常突出或明显的编纂特点；所收诗词文章往往先列诗、再列次，最后列文章；诗词文章，署有作者名姓及无署名者均有，往往同一书中同一作者有数种署名方式，姓名、字号、官职兼有，大概是直接抄录它书，未作统一之故；署名的作者，著名者、知名度一般、知名度不高者兼有；作者生活时代以宋人及由宋入元者最多，籍贯多是福建、江西、浙江，尤其是福建籍者最多；作者署名，多是从后省略，即第一首（篇）署名，其后署"前人"、"同前"，或不署名而实际多与前面署名者为同一作者；每集的《目录》与内容基本对应，但所标文类题目互有省略简称，无法一一对应；内容中诗词文章题目多有从后省略，即第一首（篇）标列题目，其后仅标"又"；事类与文类内容文字多有异体字、俗体字混用现象。

　　上述四书中，元刊《新编事文类要启劄青钱》部头最小，版面设计最直接明了，最偏于书写时直接套用；元刊《新编事文类聚启劄云锦》和宋刊《新编通用启劄截江网》（从元刊单行《新编通用启劄截江网》庚集推测该书整体规模）两部部头居中，已不算小；明初本《新编事文类聚翰墨全书》部头稍大；明初覆刻元大德本《新编事文类聚翰墨大全》部头最大。四书所收内容及卷目分类多有相同，大量分类收录相关诗文，服务的读者群体也应类似，文化水平高者就不必要阅看，而不通文墨者也无法使用，因此说利用该书者应该具备一定的文化程度，或曰粗通文墨者。至于四书相同内容屡见，究竟如何相互抄袭，非找寻一批同类书籍，且需经过详尽比勘，不好轻易下定结论。

通过现存较为完整的四种宋元民间交际应用类书流布（成书有先后，有重刻，有部分内容单行，有两次改编刊行），结合《永乐大典》残本保存的数种宋元民间交际应用类书断简残篇，不难看出南宋后期及元代，适应民众生活需要，此类民间交际应用类书曾编纂流行多部。尤其象元刊本《新编事文类聚启劄云锦》，该书每集目录之首均有题记，略记所收的内容、编排次序及编纂目的；有些题记述有该集内容编纂"不袭旧"、"为一新"，说明在编纂此部分内容之前尚有类似内容业已编印成册，更有可能是在《启劄云锦》编纂之前已有若干种此类书籍编纂流传，同时此书编纂既为迎合社会需要，又要体现出与众不同的特点，如甲集题记曰"是编用天章之名，不袭旧也……局面一新，同轨全文，则翰墨之文固宜与时俱新。本堂……脱去陈言，较于旧本为有加矣。君子幸鉴"；丁集题记曰"本堂重新纂集"；己集题记曰"……莫不备载，移风易俗，非小补矣"。数个题记曰"视云锦盖霄壤矣"，如乙集题记云"较之云锦其功信矣"；丙集题记曰"是编云锦非讹袭……于云锦盖霄壤矣"；辛集题记曰"是编以释道事实、书翰疏引类为一集，今名……视云锦盖霄壤矣"；癸集题记曰"书翰诗词悉删去，尘腐易以……视云锦盖……"；辛集题记曰"除旧更新……视云锦盖天渊"，则可推知很可能在此本编纂之前尚有收录同类内容、名为《云锦》的书籍编印流传。综上，至少说明在此本《启劄云锦》编纂之前定会有同类的民间类书可能就有名为《云锦》者流传于世。此元初刻本《新编事文类聚启劄云锦》正是顺应社会需要、"与时俱新"且参照另外一些民间交际应用类书而编纂成书的。

至于民间交际应用类书编纂的缘起，学界少有探讨。笔者认为是宋代重文政策的长期推行，整个社会营造了良好的文化氛围，社会整体文化水平有所提高；朝廷大兴科举，优待士人，读书人猛增，士大夫大量涌现。士大夫交际以启劄为风尚，大德本《翰墨全书》熊禾序曰"然则近世士大夫以启劄相尚，无乃交相谀者乎？"上行下效，影响到应酬交际文书的编纂及渐趋流行。而编纂成类书最方便查找仿效，于是乎以基层民众为主要读者群体的民间交际应用类书就应运而生了。加上南宋人先后编纂过一批类书体的文章总集，如《圣宋名贤五百家播芳大全文粹》、《圣宋名贤四六丛珠》、《圣宋千家名贤表启翰墨大全》、《诚斋先生四六发遣膏馥》、《新编翰苑新书》、《新编古今事文类聚》等，无疑是民间交际应用类书编纂发生的文化基础之一，其大批出现既可以激发民间交际应用类书的萌生，亦可为民间交际应用类书的编纂提供体例参考及内容摘抄来源。在宋代雕版印刷最为发达的建安一带，物质条件和技术基础俱佳，既为满足社会需要，亦有赢利的目的在内，文士编纂、书坊参与刊行，一批民间日常交际应用类书先后被编纂刊行，多以启劄为名，"书坊之书，遍行天下，凡平日交际应用之书，例以启劄名，其亦文体之变乎"。

适应社会需要，宋元民间交际应用类书在南宋中后期出现，宋末元代形成一个编纂高峰期。宋元民间交际应用类书，冠名以《新编事文类聚翰墨××》、《新编事文类聚启劄××》、《新编通用启劄××》、《新编事文类要启劄××》，一般简称为《翰墨大全》、《启劄××》，其内容主体分门别类收交际应酬类的启劄，事文兼具，注重实用。题目名《新编×××××》，并非有的学者说的其前就一定有"旧编"、"前编"、"原编"，据笔者研究，冠名"新编"是当时流行的做法，或是就这类书籍编纂刊行的整体而言。宋元民间交际应用类书的内容及编纂特征为明清两代继承，民国年间广为流行的《应酬大全》、《应酬全书》就是宋元民间交际应用类书直系流传延续的文化产物。但随着时代发展、社会变迁，文化有选择，优胜略汰，以及图书典籍遭遇厄运，宋元两代编纂的多种民间交际应用类书大多亡佚，完整传世的仅有上述四种，且除却部头最大、内容最多的《新编事文类聚翰墨全书》（尤其明初本传世较多）流传较多外，其余三种传世寥寥，弥足珍贵。细心查考就会发现，传世的宋元民间交际应用类书及明代的民间日用类书，现存日本者明显多于国内，这一状况也往往令研究者"望洋兴叹"。

第六章 《永乐大典》辑佚宋元民间
交际应用类书述略

翻检《四库全书总目·类书类存目一》，发现乾隆年间官修《四库全书》时，曾从当时绝大多数卷帙尚存的《永乐大典》副本辑佚出《启劄云锦裳》八卷、《启劄锦语》七卷、《启劄渊海》二卷、《启劄青钱》十八卷，将四书收入"存目"，可惜此四书的四库辑本已经亡佚不存；此外，《四库全书总目·类书类存目一》还收两淮盐政采进本《翰墨大全》一百二十五卷。结合《四库总目》对上述四书的提要，对照《永乐大典》残本、《永乐大典目录》、《永乐大典索引》，可以确定《四库全书》辑自《永乐大典》的四书《启劄云锦裳》、《启劄青钱》、《启劄锦语》、《启劄渊海》均为宋元民间交际应用类书。只是四库馆臣认为这些书连同《翰墨大全》均"秽琐"、"猥鄙"、"字句庸腐"、"至陋之俗书"，不登大雅之堂，故而不入"著录"而入"存目"。利用《永乐大典目录》、《永乐大典索引》，笔者翻检中华书局1986年影印的《永乐大典》797卷及近年出版的《海外新发现永乐大典十七卷》，发现《永乐大典》残本中除上述四书外，以"启劄"为名者，尚有《启劄渊源》、《启劄会元》、《启劄锦绣》、《中州启劄》、《缙绅渊源》、《缙绅渊源启劄》、《缙绅渊集》等几种与宋元民间交际应用类书同类及性质相近的书，可见明初官修的《永乐大典》应收录了数种宋元民间交际应用类书。因《永乐大典》保存了不少宋元民间交际应用类书资料，《永乐大典》同样成为辑佚和研究宋元民间交际应用类书的一座资料宝库。可惜现在能够见到的《永乐大典》大约只占到全书的百分之四，但仍应在研究宋元民间交际应用类书时多加利用。

《永乐大典》残本辑录的上述四种宋元民间交际应用类书中，经过比对，其中的《启劄青钱》与现藏日本的元刊本《新编事文类要启劄青钱》为同一书，其余《启劄云锦裳》、《启劄锦语》、《启劄渊海》三种未见完本传世。据《永乐大典目录》，《永乐大典》卷二萬二千七百四十四、二萬二千七百四十五共2卷依次为《启劄渊海》一、二，两卷全为《启劄渊海》；卷二萬二千七百四十七至二萬二千七百五十四共8卷依次为《启劄云锦裳》一至八，8卷全为《启劄云锦裳》；卷二萬二千七百五十五至二萬二千七百六十四共10卷依次为《启劄锦语》一至十，10卷全为《启劄锦语》；卷二萬二千七百六十五至二萬二千七百八十二共18卷依次为《启劄青钱》一至十八，其中《永乐大典》中卷二萬二千七百六十五以来的17卷全部为《启劄青钱》，卷二萬二千七百八十二除收录《启劄青钱》之十八外，尚有其它内容。此外，《永乐大典》卷二萬二千七百四十六全为《启劄锦绣》1卷；卷《永乐大典》卷二萬二千七百四十二、二萬二千七百四十三共2卷依次为《中州启劄》一、二，2卷全为《中州启劄》。上述6种书在《永乐大典》原本中先后编排在一起，依次为《中州启劄》、《启劄渊海》、《启劄锦绣》、《启劄云锦裳》、《启劄锦语》、《启劄青钱》，占据《永乐大典》卷二萬二千七百四十二至卷二萬二千七百八十一全部共计40卷，以及卷二萬二千七百八十二的一部分。这些资料集中呈现，研究宋元民间交际应用类书的利用价值甚高。

即便是现存的《永乐大典》残本，卷二萬二千七百四十七、二萬二千七百五十，全为《启劄云锦裳》之三、四；卷二萬二千七百六十、二萬二千七百六十一，全为《启劄锦语》之六、七。4卷内容全为往复启劄，仍完整保存着这两种宋元民间交际应用类书卷帙。

以下参照《永乐大典索引》，就中华书局1986年影印的《永乐大典》797卷尚存的几种宋元民间交际应用类书及或同类或性质接近书籍内容略作概述。

一 《启劄云锦裳》

《永乐大典》卷之二萬二千七百四十九 十合 劄启劄云锦裳 庆贺三

启劄云锦裳"仕宦庆贺劄子"：包括《贺丞相》、《贺参政》、《贺签书》；《贺枢使》、《贺知院》、《贺同知》；《贺宰执》、《贺台官》、《贺翰范》、《贺尚书》；《贺枢属》、《贺谏官》、《贺後省》、《贺侍郎》；《贺郎官》、《贺常卿》、《贺理卿》、《贺时卿》;《贺秘省》、《贺宗卿》、《贺农卿》、《贺学官》;《贺经筵官》、《贺东宫官》、《贺将作监》、《贺受六院》;《贺史馆官》、《贺王府官》、《贺军都监》、《贺受四对》;《贺受督府》、《贺受宣抚》、《贺受发运》、《贺受留守》;《贺受制置》、《贺受总领》、《贺受京尹》、《贺受经略》;《贺受安抚》、《贺受提刑》、《贺受坑冶》、《贺受茶马》;《贺转运使》、《贺受提举》、《贺受市舶》、《贺受太守》;《贺受通判》、《贺受幹官》、《贺受幕官》、《贺受书记》;《贺受参议》、《贺受教官》、《贺受签判》、《贺受推官》;《贺受知录》、《贺受司理》、《贺受司法》、《贺受司户》、《贺受知县》、《贺受县丞》、《贺受主簿》、《贺受县尉》;《贺受主学》、《贺受监税》、《贺受监镇》、《贺受监盐》、《贺受监仓》、《贺受监酒》、《贺受监场》、《贺受都监》;《贺受统制》、《贺受路分》、《贺受钤辖》、《贺受将领》、《贺受巡检》、《贺受巡辖》、《贺受兵官》、《贺受借补》;《贺受文荫》、《荅》,《贺受武荫》、《荅》,《贺中铨试》、《荅》,《贺中法科》、《荅》,《贺中教官》、《荅》,《贺中历官》、《荅》;《贺庆恩官》、《荅》,《贺中医官》、《荅》,《贺进纳官》、《荅》,《贺军功官》、《荅》,《贺纲运官》、《荅》,《贺班直官》、《荅》;《贺堂吏官》、《荅》,《贺部吏官》、《荅》,《贺公吏官》、《荅》,《贺受官归》、《荅》,《贺赴新任》、《荅》,《贺人交割》、《荅》,《贺人权摄》、《荅》,《贺人辟差》、《荅》,《贺人转官》、《荅》,《贺人改差》、《荅》,《贺人书考》、《荅》,《贺得举剡》、《荅》,《贺人改官》、《荅》,《贺老诚归》、《荅》,《贺人赴召》、《荅》,《贺人再任》、《荅》,《贺人复官》、《荅》,《贺人兼局》、《荅》;《贺美任归》、《荅》,《贺改章服》、《荅》,《贺受宫祠》、《荅》,《贺人致仕》、《荅》,《贺封父母》、《荅》,《贺人封妻》、《荅》。

"馈饟简劄":包括《送贺铨中》、《荅受》、《荅不受》,《送贺出官》、《荅受》、《荅不受》,《送贺受荫》、《荅受》、《荅不受》;《送贺注差》、《荅受》、《荅不受》,《送贺到任》、《荅受》、《荅不受》,《送贺任满》、《荅受》、《荅不受》,《送贺改官》、《荅受》、《荅不受》;《送饟赴铨》、《荅受》、《荅不受》,《送饟赴部》、《荅受》、《荅不受》,《送饟赴任》、《荅受》、《荅不受》,《送饟赴召》、《荅受》、《荅不受》;《铨归送物》、《荅受》、《荅不受》,《到官送物》、《荅受》、《荅不受》,《任满送物》、

《荅受》、《荅不受》，《送过客酒》、《荅受》、《荅不受》。

《永乐大典》卷之二萬二千七百五十　十合 劄启劄云锦裳四

启劄云锦裳 "宴召简劄"：包括《铨中请人》、《荅赴》、《荅不赴》，《受差请人》、《荅赴》、《荅不赴》，《赴上请人》、《荅赴》、《荅不赴》；《受荐请人》、《荅赴》、《荅不赴》，《转官请人》、《荅赴》、《荅不赴》，《改官请人》、《荅赴》、《荅不赴》，《任满请人》、《荅赴》、《荅不赴》；《饯人赴铨》、《荅赴》、《荅不赴》，《饯人赴部》、《荅赴》、《荅不赴》，《饯人赴任》、《荅赴》、《荅不赴》，《饯人随侍》、《荅赴》、《荅不赴》；《请中铨归》、《荅赴》、《荅不赴》，《请选部归》、《荅赴》、《荅不赴》，《请任满归》、《荅赴》、《荅不赴》。

"贺问简劄"：包括《贺中状元》、《荅》，《贺中榜眼》、《荅》，《贺中探花》、《荅》；《贺中释褐》、《荅》，《贺中特科》、《荅》，《贺中童科》、《荅》，《贺武状元》、《荅》；《贺中宏词》、《荅》，《贺人中省》、《荅》，《贺武及第》、《荅》，《贺武学举》、《荅》；《贺太学举》、《荅》，《贺国子举》、《荅》，《贺中漕举》、《荅》，《贺领乡举》、《荅》；《贺再发举》、《荅》，《贺人三荐》、《荅》，《父子同荐》、《荅》，《兄弟同荐》、《荅》；《贺中待补》、《荅》，《贺人升舍》、《荅》，《贺人析分》、《荅》，《贺中太学》、《荅》；《贺中武学》、《荅》，《贺中郡庠》、《荅》，《贺中邑庠》、《荅》，《贺中义试》、《荅》。

"馈饟简劄"：包括《送贺登第》、《荅受》、《荅不受》，《送贺特奏》、《荅受》、《荅不受》，《送贺中省》、《荅受》、《荅不受》，《送贺发举》、《荅受》、《荅不受》，《送贺上庠》、《荅受》、《荅不受》，《送贺待补》、《荅受》、《荅不受》，《送贺郡补》、《荅受》、《荅不受》；《送饟赴殿》、《荅受》、《荅不受》，《送饟赴省》《荅受》、《荅不受》，《送饟参学》、《荅受》、《荅不受》，《送饟赴监》、《荅受》、《荅不受》；《送饟解试》、《荅受》、《荅不受》，《登第送物》、《荅受》、《荅不受》，《试归送物》、《荅受》、《荅不受》，《游学送物》、《荅受》、《荅不受》。

"宴饯简劄"：包括《登第请人》、《荅赴》、《荅不赴》，《中省请人》、《荅赴》、《荅不赴》，《参学请人》、《荅赴》、《荅不赴》；《中补请人》、《荅赴》、《荅不赴》，《领举请人》、《荅赴》、《荅不赴》，《待补请人》、《荅赴》、《荅不赴》，《郡补请人》、《荅赴》、《荅不赴》，《饯赴南省》、

《否赴》、《否不赴》,《饯赴上庠》、《否赴》、《否不赴》。

按,上述《永乐大典》保存的 2 卷《启劄云锦裳》,依次收录"仕宦庆贺劄子"、"宴召简劄"、"贺问简劄"、"餽饟简劄"、"宴饯简劄"5 类简劄,多为往复,每类下再分小类罗列,编排上下对应,较为项目,即便查看利用;从所收内容来看,多是宋代官制,未见元代内容。

又,《四库总目提要》记"《启劄云锦裳》八卷"曰"《永乐大典》本,不著撰人名氏,亦不详时代。其书以书劄泛词分类编次,门目猥杂,字句庸腐,盖至陋之俗书,然《永乐大典》全部收之,则犹元以前本矣。"① 李裕民先生考证认为《永乐大典》本《启劄云锦裳》成书于南宋宁宗以后②。那么,《永乐大典》所收的《启劄云锦裳》极有可能成书于南宋中后期。四库辑本《启劄云锦裳》现已亡佚,幸托《永乐大典》残本保存此书部分内容以窥梗概。另外,比对内容发现,《永乐大典》本《启劄云锦裳》与前述元刊本《新编事文类聚启劄云锦》非一书。

二 《启劄锦语》

《永乐大典》卷之二萬二千七百六十 十合 劄 启劄锦语六

"赙赠门"——"丧纪事要":总序(薨逝),小敛,大敛,成服,服制,斩衰,齐衰,苴状,削状,朝夕奠,朔奠,七七,卒哭,祔、小祥、大祥、禫祭、除服、居丧(桑次、饮食、倚廬……反服其服),忧制(发书、持服……),诸丧,丧父,丧母,丧夫,丧妻,丧子,兄弟,姊妹,通丧(卷笄之戚、为位之戚、承讳、居忧、大故、忧中、制中、寿器……)。附"夫族服图"、"外族服图"、"五服制度内族服图"、"(诸母)服图"。

"艺术事要":琴、棋、字、画工、传神、画佛、鳞毛、山水、花木、樗蒲、投壶、医、说相、占卜、星命、地理、工匠。

"干借事要":干求、求书……。丧事,贫贱,知遇,假借,借马,借篝,借船,歌妓,书吏,借钱,借米,乞米。

---

① 《四库总目提要》卷一三七,《子部·类书类存目一》,中华书局影印本 2003 年版,第 1163 页。

② 李裕民著:《四库提要订误》(增订本),中华书局 2005 年版,第 303—304 页。

"慰父类"：《慰丧父三幅劄子冯姓》，时景换易联（正月、二月、三月、四月、五月、六月、七月、八月、九月、十月、仲冬、十二月），起居，中幅换易氏族联，节哀换易联就事二幅下节，活脱散句，末幅换易联不及临慰，（淮归、浙归、湘归、广归、广西、川蜀、江西、江东、湖北、福建，通用）。《亲家丧父五幅劄子王姓》，时景换易联（正月、二月、三月、四月、五月、六月、七月、八月、九月、十月、仲冬、季冬），第二幅换易联氏族，春闻讣告，夏闻讣告，秋闻讣告，冬闻讣告，溺死，换易联氏族，六经芜殁联，习春秋、习礼记、习周礼、习尚书、习毛诗、习周易、习声律，金判、县尉、知县），长句活脱联，兵官、司法、簿、教、丞、倅、教、教，节哀散联不及临慰，换。

《永乐大典》卷之二萬二千七百六十一　十合　劄　启劄锦语七

"赙赠门"——"丧母类丧父附"：《慰人丧父三幅劄子》；《慰人丧母三幅劄子》，时令换易联（正月、二月、三月、四月、五月、六月、七月、八月、九月、十月、十一月、十二月），起居换易句，第二幅换易套，妇仪，节哀散套不及临慰；《居丧慰人丧母劄子五幅》；《慰人丧母三幅劄子》；《服中慰人丧母劄子》；《慰人丧祖劄子》，时令换易联（正月、二月、三月、四月、五月、六月、七月、八月、九月、十月、仲冬、季冬），起居换易联，不及临慰；《慰人丧祖母劄子》，凶变换易联。

"丧妻类兄弟附"：《慰人丧妻劄子》，时令换易联（正月、二月、三月、四月、五月、六月、七月、八月、九月、十月、仲冬、季冬），凶变换易套，诗联换易；慰兄弟凶变换易，慰丧叔伯凶变换易；慰贤嗣散套；节宣散套亦名开释，慰妻，慰兄弟，慰子姪，不及临慰散套。

"谢慰类"：《谢慰父母劄子》，《谢慰丧父四六劄子》，《谢慰丧母劄子》，《谢慰丧祖劄子》，《谢慰丧祖母劄子》，闰月时令（正月、二月、三月、四月、五月、六月、七月、八月、九月、十月、仲冬、季冬），起居神相换易，叙别散套；谢人临慰，谢人慰父母散套系重长不可用时令叙别，谢慰妻散套，谢慰兄弟散套，谢慰子姪散套（包括"兄弟"、"妻嫂"类），不敢问眷换易套重丧。

"丧纪门"——"吊慰类"：《五提头慰劄》，《慰赵先生书方壶山》。

"艺术门"——"荐托类"，"荐导换易小劄"：荐人抚琴、荐人下棋、荐引书生、荐人传神、荐人烧墨、荐人医药，"回答"（答荐抚琴、答荐下棋、答荐书生、答荐画士、答荐墨士、答荐医士）；"荐导艺术小劄"：荐人地仙、荐人命相、荐引竹匠、荐人木匠、荐人银匠、荐人针匠，"回答"（答荐地理、答荐命相、答荐竹匠、答荐木匠、答荐银匠、答荐针匠）；"呼荐艺术小劄"：託请书生、託请画工、託请医士、託请地仙、託呼银匠，"回答"（答请书生、答请画工、答请医士、答请地仙、答呼银匠）。

　　"干求门"——"谒见类"，"旅次干求劄子新式"：旅中干税官、求书见税官、旅中干雇船、旅中干雇脚、发回脚致谢，换易，"回答"（答旅中干税官、答求书见税官、答旅中干雇船、答旅中干雇脚、答发回脚致谢）；"干浼需求劄子新式"：求书见教授、干人求学职、干人治葬事、干人为贫计，"答式"（答求书见教授、答干人求学职、答干人治葬事、答干人为贫计）。"假借类"，"假借人物劄子"：问人借书吏、问人借歌妓、问人借人力、问人借花园、问人借廨舍、问人借亭船，"答式"（答借书吏、答借歌妓、答借人力、答借花园、答借廨舍、答借亭船）；"假借器用小简新式"：问人借篮乘、问人借骏足、问人借舟船、问人借帐设、问人借雨具，"答借不借附"（答借篮乘、答借骏足、答借舟船、答借帐设、答借雨具）；"假借器用代劄新式"：问人借书籍、问人借琴抚、问人借棋具、问人借酒器、问人借茶器，"答借不借附"（答借书籍、答借琴抚、答借棋具、答借酒器、答借茶器）；"假借钱物小劄新式"：问人借米谷、送米谷还人、问人借钱物、送钱物还人、问取借钱谷、再取借钱谷、取借物通用、还借物通用，"答式"（答借米谷、答还米谷、答借钱物、答还钱物、答还钱谷、答借钱谷、答借杂物、答还借物）。

　　按，上述《永乐大典》保存的 2 卷《启劄锦语》，依次收录"赙赠门"、"丧纪门"、"艺术门"、"干求门" 4 门。"赙赠门"包括"丧纪事要"（附"服图"）、"艺术事要"、"干借事要"、"慰父类"劄子及换易联、"丧母类丧父附"劄子及换易联、"丧妻类兄弟附"劄子及换易联并散套、"谢慰类"劄子及散套，其下均分数类，事类亦是罗列相关语词（大字标识）及文献来源（注文形式，小字标识，或为释义）；"时令/景换易联"大致按照正月至十二月依次列举两句用语；因本门为"赙赠门"，多关涉某姓氏，涉及到姓氏的劄子、换易语句多在文题、语句下注文标识某姓氏，所列语词多四字用语（或"四字典故"），且屡见一四字语下注文标识一姓再下罗列数句对应文句，多显示为一姓一组；换易、散套亦多列四字用语，其下列举相应文句。"艺术门"辖"荐托类"，列往复"荐导换易小劄"、"荐导艺术小劄"、"呼荐艺术小劄"。"干求门"分为"谒见类"（列往复"旅次干求劄子新式"、"干浼需求劄子新式"）和"假借类"（列往复"假借人物劄子"、"假借器用小简新式"、"假借器用代劄新式"、"假借钱物小劄新式"）。"艺术门"和"干求门"分类所列劄子基本往复对应。

又，《四库总目提要》记"《启劄锦语》七卷"曰"《永乐大典》本，不著撰人名氏，亦不详时代。与《启劄云锦裳》并载《永乐大典》中，其体例相同，其猥鄙亦如出一辙。"此处《提要》记《启劄锦语》"七卷"有误，参照《永乐大典目录》，应为"十卷"。

三　《启劄渊海》

《永乐大典》残本抄录《启劄渊海》一书，依次收李邴《贺少师吕相公启》、唐仲友《贺史丞相加少师启》、余日华《贺商总领除户部劄子》、赵彦端《代贺李户部侍启》、熊克《贺赵户侍启》、未署名《贺吴户侍启》、未署名《贺王户侍启》、陈谠《贺李户侍启》、未署名《贺王户侍启》、未署名《贺丁农卿兼户侍启》、未署名《贺韩户侍免兼卿启》、余崇龟《贺叶户侍启》、未署名《贺韩户侍启》、未署名《贺李太府兼权户侍启》、未署名《贺韩运使除太府卿权户侍启》、傅诚《贺张户侍启》、未署名《贺张户侍启》、余日华《贺李户侍启》、熊克《贺王寺丞闽仓》、未署名《贺李朝请闽仓》、未署名《贺郑吏部闽仓》、未署名《贺胡大夫闽仓》、陆游《回江西王仓》、未署名《贺谢仓》、陈琰《通新除宣仓》、潜敷《通新除宣仓》、未署名《福建提幹通刘仓》、余日华《贺浙江西仓陈寺丞》、未署名《谢权漕刘仓监丞》、未署名《通闽仓刘监丞》、未署名《与江西陈仓》、未署名《代贺江西仓陈郎中》、未署名《回新江东仓张郎中》、潜敷《代谢权总幕启》、秦榛《谢除太博启》、曾丰《代但运使到任谢杨检详启》、熊克《谢移浙漕与杨郡王启》、傅自得《谢乡官及士人献拆春楼诗启》、曾从龙状元《谢少傅启》、黄桂榜眼《谢福帅陈丞相启》、探花《谢余察院启》、未署名《谢人贺赐第启》、彭士楚《谢及第启》、郑自成状元《谢余察院启》、孙德舆榜眼《谢余察院启》、周师锐

《登第谢余察院启》、张焕《谢及第启》、罗汇《谢及第》、张希莘《谢赐出身》、赵时近《谢及第启》、周必大《过省谢知举启》、未署名《登第谢万倅启》、王庭珪《谢新第人》、龚茂良《谢欧阳解元》、未署名《州解元》、扬长孺《谢除宗正寺簿启》、陈谠《贺黄寺簿启》、邓友龙《谢除军器监簿启》等文章58篇，及"少师　赋偶"、"警联　发端"、"副介"、"戒帅　警联发端"、"庶人之执匹"、"舒凫翠"等条。

按，《四库总目提要》记"《启劄渊海》二卷"曰"《永乐大典》本，不著撰人名氏。首载四六体式，次曰四六名对，次曰四六警对，次曰全篇式，次曰时令类，又有起居、神祐、申诉、台照、候问、颂德、叙官、自叙诸式。亦俗书也。"从提要可见，此书也是一部宋元民间交际应用类书。

又，上述58篇文章，笔者未作一一考证，但有署名的作者多是南宋人。此外，今人编纂《全宋文》时曾据此《永乐大典》本辑录。

四　《启劄青钱》

《永乐大典》原书曾收录《启劄青钱》一书。据《永乐大典目录》载，《永乐大典》卷二萬二千七百六十四至二萬二千七百八十二共18卷依次为《启劄青钱》之一至十八，其中《永乐大典》中卷二萬二千七百六十五以来的17卷全部为《启劄青钱》，卷二萬二千七百八十二除收录《启劄青钱》之十八外，尚有其它内容。乾隆年间编纂《四库全书》时，曾从主体尚存的《永乐大典》副本辑佚出《启劄青钱》一书，收入"存目"，可惜未刊未抄，后来亡佚。《四库总目提要》记"《启劄青钱》十八卷"曰"《永乐大典》本。不著撰人名氏。所载手书正式，一曰具礼，二曰称呼，三曰叙别，四曰瞻仰，五曰即日，六曰时令，七曰伏惟，八曰燕居，九曰神相，十曰尊候，十一曰托庇，十二曰人事，十三曰未见，十四曰祝颂，十五曰不宣。亦近日书柬、活套之滥觞也。"[1]

据《永乐大典索引》[2]，现在存世可见的《永乐大典》残本尚保存一

① 《四库全书总目提要》卷一三七，《子部·类书类存目一》，中华书局影印本2003年版，第1164页。

② 栾贵明编：《永乐大典索引》，作家出版社1997年版，第532页。

些《启劄青钱》内容，涉及到卷 921、2257、2408、7329、14051、14053、14385、16218、19636、19784、20353 等 11 卷。笔者比对《永乐大典》残本中的《启劄青钱》内容，发现与上述日藏泰定元年建安刘氏日新堂重刻本《新编事文类要启劄青钱》全同，应为同一书系统。惜《永乐大典》卷 22765—22782 曾全部抄录《启劄青钱》多达 17 卷以上现已不见。但前引《四库全书总目提要》所谓"所载手书正式，一曰具礼，二曰称呼，三曰叙别，四曰瞻仰，五曰即日，六曰时令，七曰伏惟，八曰燕居，九曰神相，十曰尊候，十一曰托庇，十二曰人事，十三曰未见，十四曰祝颂，十五曰不宣"，显然并非是对泰定元年建安刘氏日新堂重刻本《新编事文类要启劄青钱》内容的精致概括，亦不知是四库馆臣所撰《永乐大典》辑佚本《启劄青钱》提要不太精确，还是传世的《四库全书总目提要》中对该书的提要不完整。惜四库辑《永乐大典》本《启劄青钱》现已亡佚，但与日藏泰定元年建安刘氏日新堂重刻本《新编事文类要启劄青钱》为同一书应该没问题。

《永乐大典》17 卷全部抄录《启劄青钱》之外，尚有卷 921、2257、2408、7329、14051、14053、14385、16218、19636、19784、20353 等 11 卷抄有《启劄青钱》部分内容，可知《永乐大典》抄录《启劄青钱》既抄成整卷，同时所抄录内容也散布各门类。但究竟《永乐大典》是否将《启劄青钱》全部内容收录，仍不得而知。

五　《启劄渊源》

《永乐大典》残本卷一四六〇八引《启劄会元》，依次收陈讘《贺吴都大监簿启》、未署名《贺胡监簿启》、余崇龟《贺杨监簿启》、未署名《贺吴监簿启》、余日华《贺郑监簿劄》4 篇。

按，《永乐大典索引》误将此 4 篇文章归入《启劄渊海》中，原书朱笔标列书名为《启劄渊源》，尽管存在书手抄错的可能，未有证据，故单独作为一种列出。

六　其它同类或性质接近书籍

1. 《启劄会元》

《永乐大典》残本卷七二一四引《启劄会元》一书，所录内容为启劄用语，大致按照"盖闻"、"恭惟"、"正叙"、"结尾"等类依次罗列相关语句。

　　按，此书从书名及内容可见与宋元民间交际应用类书性质接近。

　　2. 《缙绅渊源》

　　《永乐大典》残本引《缙绅渊源》一书，收录未署名《杨少师见访启》、余日华《贺湖广陈总郎劄》、余日华《回前四川刘总郎》、余日华《贺湖广刘总郎启》、龚茂良《贺陈仓》、未署名《又贺钱仓》、未署名《又贺刘仓》、未署名《又贺刘仓》、未署名《又贺沈仓郎中》、未署名《又贺王仓》、未署名《又通广东仓》、徐湘《贺广东仓岳郎中》、未署名《又贺广东张仓》、未署名《又贺广东叶仓》、未署名《又谢陈仓》、未署名《又贺薛仓》、傅诚《贺广东岳仓》、余日华《贺江西仓卓编修》、未署名《谢浙东陈仓》、未署名《又贺江西仓陈寺丞》、未署名《又贺广东陈仓》、余元一《上汪仓》、未署名《又贺贺江东仓岳郎中》、未署名《又贺湖南汪仓》、未署名《又贺潭仓》、未署名《又贺福建宋仓》、未署名《又贺蔡仓》、余崇龟《贺广东唐仓》、未署名《又贺广东刘仓》、未署名《又贺广东刘仓》、许巽《贺李仓》、陈讜《贺福建姚仓》、未署名《又贺江西陈仓》、未署名《又贺张郎中除福建仓》、未署名《蔡开贺淮东陈仓》、未署名《又贺史仓》、未署名《贺陈仓赴召启》、陈讜《回隆兴府马总管启》、未署名《回陈正将启》、许巽《回赵路分启》、徐湘《贺熊总管启》、未署名《通赵督监启》、未署名《与李督监启》、未署名《代回赵监押启》、徐湘《通吴巡检启》、余日华《代回曹统领启》、未署名《与麻沙魏巡检启》、余崇龟《贺韩书除大尉判隆兴府启》、余日华《回陈宗簿启》、未署名《回陈宗簿入国门启》、未署名《贺胡宗簿启》、未署名《与军器陈监簿启》等文章52篇。

　　按，此书有署名的作者多是南宋人，且多言广东、福建、江西事，大多数文章关乎提举常平茶盐司（"仓司"）任职官员，对研究南宋经济具有一定的资料价值。

　　又，上列最后一篇文章即未署名《与军器陈监簿启》，在《永乐大典》卷14608中，《永乐大典索引》误标为卷14607。

　　3. 《缙绅渊源启劄》

　　《永乐大典》残本卷一〇五四〇引《缙绅渊源启劄》一书，分别收余日华《贺浙漕宝谟陈检详启》、龙茂良《贺李都大提点启》2 篇启劄。

按，《永乐大典》残本原书朱笔标注书名《缙绅渊源启劄》，不知与上列《缙绅渊源》是否为同一书，暂且单独列出。

4.《缙绅渊集》

《永乐大典》残本卷一四六〇七引《缙绅渊集》一书，收许巽《徐司农寺谢宰执启》一篇。

按，《永乐大典》残本原书朱笔标注书名《缙绅渊集》，不知与上列《缙绅渊源》是否为同一书，暂且单独列出。《永乐大典索引》误将此篇文章归入《缙绅渊源》中。

通过以上所述《永乐大典》残本所收的几种宋元民间交际应用类书及同类、性质接近书籍。笔者初步判定《启劄云锦裳》、《启劄锦语》、《启劄渊海》三种应为宋元民间交际应用类书，且成书较早；《启劄渊源》、《启劄会元》也极有可能是宋元民间交际应用类书；而《缙绅渊源》、《缙绅渊源启劄》、《缙绅渊集》三种似乎与《中州启劄》同类，属于文章总集。但上述《启劄云锦裳》、《启劄锦语》、《启劄渊海》、《启劄渊源》、《启劄会元》、《缙绅渊源》、《缙绅渊源启劄》、《缙绅渊集》、《中州启劄》都在南宋元代编纂成书，曾被《永乐大典》抄录收入。

从《永乐大典》朱笔所抄的《启劄青钱》一书全名为《新编事文类要启劄青钱》来看，《永乐大典》朱笔所抄的《启劄云锦裳》、《启劄锦语》、《启劄渊海》、《启劄渊源》、《启劄会元》等书的书名可能使用了简称。

另外，《永乐大典》残本所见抄录的宋元民间交际应用类书及性质接近的其它几部书籍，文字内容均加注句读，为阅读利用及研究提供了帮助和方便，而前述《翰墨全书》等四种宋元民间交际应用类书内容未有句读，想必《永乐大典》抄录时利用的原书也应没有句读。

主要参考文献

一 古籍

1. （宋）熊晦仲编：《新编通用启劄截江网》，中华再造善本影印元刊本，北京图书馆出版社 2006 年版。

2. （元）佚名编：《新编事文类要启劄青钱》，四库全书存目丛书影印元刊本，齐鲁书社 1996 年版。

3. （元）佚名编：《新编事文类要启劄青钱》（后集），中华再造善本影印元刊本，北京图书馆出版社 2006 年版。

4. （元）佚名编：《新编事文类要启劄云锦》，中华再造善本影印元刊本，北京图书馆出版社 2006 年版。

5. （元）刘应李编：《新编事文类聚翰墨大全》，中国科学院国家科学图书馆藏明初覆大德本。

6. （元）刘应李编：《新编事文类聚翰墨全书》，国家图书馆藏明初刻本（编号 2334）。

7. （元）刘应李编：《新编事文类聚翰墨全书》，四库全书存目丛书影印明初本，齐鲁书社 1996 年版。

8. （元）刘应李编：《新编事文类聚翰墨全书》辛集卷十一至十四，国家图书馆藏元刊本（编号 17826）。

9. （元）刘应李编：《新编事文类聚翰墨全书》戊集卷七至十三，国家图书馆藏元刊本（编号 17824）。

10. （元）刘应李原编、詹友谅改编，今人郭声波整理：《大元混一方舆胜览》，四川大学出版社 2003 年版。

11. 商传主编：《明代通俗日用类书集刊》，西南师范大学出版社、东方出版社 2011 年版。

12. （宋）陈元靓编：《事林广记》，中华书局 1999 年版。

13. （元）佚名编：《居家必用事类全集》，北京图书馆古籍珍本丛刊影印明刻本，书目文献出版社 1988 年版。

14. （元）佚名编：《新编排韵增广事类氏族大全》，宋元版汉籍影印丛书影印日本宫内厅书陵部藏元刻本，线装书局 2001 年版。

15. （宋）祝穆等编：《新编古今事文类聚》，中华再造善本影印本，北京图书馆出版社 2006 年版。

16. （宋）祝穆等编：《古今事文类聚》，四库类书丛刊，上海古籍出版社 1992 年版。

17. （宋）佚名编：《新编翰苑新书》，北京图书馆古籍珍本丛刊影印本，书目文献出版社 1988 年版。

18. （宋）佚名编：《翰苑新书》，四库类书丛刊，上海古籍出版社 1991 年版。

19. （宋）魏齐贤等编：《圣宋名贤五百家播芳大全文粹》，中华再造善本影印宋刻本，北京图书馆出版社 2004 年版。

20. （宋）佚名编：《圣宋千家名贤表启翰墨大全》，日本天理图书馆善本丛书影印宋刊本，八木书店 1981 年版。

21. （明）解缙等编纂：《永乐大典》，中华书局影印本 1960 年版。

22. （明）解缙等编纂：《永乐大典》，中华书局影印本 1998 年版。

23. 《海外新发现永乐大典十七卷》，上海辞书出版社影印本 2003 年版。

24. 唐圭璋、王仲闻编：《全宋词》，中华书局 1979 年版。

25. 孔凡礼编：《全宋词补辑》，中华书局 1981 年版。

26. 傅璇琮等主编：《全宋诗》，北京大学出版社 1998 年版。

27. 曾枣庄、刘琳主编：《全宋文》，上海辞书出版社、安徽教育出版社 2006 年版。

28. 李修生主编：《全元文》，江苏古籍出版社、凤凰出版社 1997—2005 年版。

29. （宋）朱熹著：《朱子全书》，上海古籍出版社、安徽教育出版社 2002 年版。

30. （明）宋濂等撰：《元史》，中华书局 1976 年版。

31.（明）叶盛撰：《水东日记》，中华书局 1980 年版。

二　工具书

1. 中华再造善本工程编纂出版委员会编著：《中华再造善本总目提要》（唐宋编、金元编），国家图书馆出版社 2013 年版。

2. 中华书局编辑部：《宋元明清书目题跋丛刊》，中华书局 2006 年版。

3.《中国古籍善本书目》，上海古籍出版社 1994 年版。

4. 北京图书馆编：《北京图书馆古籍善本书目》，书目文献出版社 1987 年版。

5. 中国古籍总目编纂委员会编：《中国古籍总目》（子部），中华书局、上海古籍出版社 2010 年版。

6. 北京大学图书馆编：《北京大学图书馆藏古籍善本书目》，北京大学出版社 1999 年版。

7.（清）永瑢等撰：《四库全书总目》，中华书局影印本 2003 年版。

8. 四库全书研究所整理：《钦定四库全书总目》（整理本），中华书局 1997 年版。

9. 杜泽逊撰：《四库存目标注》，上海古籍出版社 2007 年版。

10. 余嘉锡著：《四库提要辨证》，中华书局 2007 年版。

11. 李裕民著：《四库提要订误》（增订本），中华书局 2005 年版。

12. 复旦大学图书馆古籍部编：《四库系列丛书目录·索引》，上海古籍出版社 2007 年版。

13.（清）莫友芝撰、傅增湘订补、傅熹年整理：《藏园订补郘亭知见传本书目》，中华书局 2009 年版。

14. 傅增湘撰：《藏园群书经眼录》，中华书局 2009 年版。

15. 严绍璗编著：《日藏汉籍善本书录》，中华书局 2007 年版。

16.（清）杨守敬撰：《日本访书志（日本访书志补）》，辽宁教育出版社 2003 年版。

17. 莫伯骥撰：《五十万卷楼藏书目录初编》，海王邨古籍书目题跋丛刊，中国书店 2008 年版。

18. 栾贵明编著：《永乐大典索引》，作家出版社 1997 年版。

19. 祝尚书著：《宋人总集叙录》，中华书局 2004 年版。

三　著作

1. 王仲闻撰、唐圭璋批注：《全宋词审稿笔记》，中华书局 2009 年版。

2. 李治安、薛磊著：《中国行政区划通史》（元代卷），复旦大学出版社 2009 年版。

3. 史广超著：《〈永乐大典〉辑佚述稿》，中州古籍出版社 2009 年版。

4. 张升著：《〈永乐大典〉流传及辑佚研究》，北京师范大学出版社 2010 年版。

5. 黄华珍著：《日藏汉籍研究——以宋元版为中心》，中华书局 2013 年版。

6. 张澜著：《中国古代类书的文学观念：〈事文类聚翰墨全书〉与〈古今图书集成〉》，九州出版社 2013 年版。

7. 仝建平著：《〈新编事文类聚翰墨全书〉研究》，宁夏人民出版社 2011 年版。

8. 施懿超著：《宋四六论稿》，上海古籍出版社 2005 年版。

9. 刘天振著：《明代通俗类书研究》，齐鲁书社 2006 年版。

四　论文

1. 贾慧如：《元代类书考述》，《图书馆理论与实践》，2009 年第 7 期。

2. 贾慧如：《元代类书存佚考》，《图书馆杂志》，2009 年第 9 期。

3. 仝建平：《略谈〈翰墨全书〉利用的几个问题》，《史学集刊》，2014 年第 2 期。

4. 仝建平：《〈翰墨全书〉编纂及其版本考略》，《图书情报工作》，2010 年第 21 期。

5. 仝建平：《宋元民间日用类书文献价值述略》，《山西档案》，2013 年第 1 期。

6. 施懿超：《宋代类书类四六文叙录》，《古籍整理研究学刊》，2007 年第 3 期。

后　记

　　2010 年 6 月，我在陕西师范大学历史文化学院完成博士学位论文《〈新编事文类聚翰墨全书〉研究》答辩，略作修改后，于次年 6 月由宁夏人民出版社同名出版。2010 年 10 月，我申报的教育部人文社科青年项目"宋元民间交际应用类书研究"获得批准。这部书稿《宋元民间交际应用类书探微》就是该项目的结项成果，主要探讨了《新编通用启劄截江网》、《新编事文类聚启劄云锦》、《新编事文类聚翰墨全书》、《新编事文类要启劄青钱》四种宋元民间交际应用类书。2009 年上半年在北京大学历史系访学时，我已经把国家图书馆、中科院图书馆、北京大学图书馆三家馆藏的同类善本古籍进行过初步校勘，博士学位论文的最后一章曾略加探讨过四书的关系。毕业返校工作，我在扩展博士论文研究与开展山西地方史研究中摇摆不定，加上自己有所懈怠，对课题的研究且行且停。2013 年 6 月，我申报的国家社科基金青年项目"宋元日用类书所见民间社会研究"幸获批准，于是下半年，我对上述四书重新进行校勘。2014 年全年写作书稿，同时对《永乐大典》残本中尚存的几种宋元民间交际应用类书进行了初步辑佚研究。这部书稿主要是对上述四书内容及编排的文献梳理，同时考察四书的编纂先后及相互关系，由于国家社科基金项目结项要完成的下一本书主要探讨现存的数种宋元日用类书的社会史研究价值，因此本书未对四书的文献研究价值展开论述，留待下一部书稿集中讨论。

　　我由一个门外汉跻身历史学研究领域，首先要感谢我的硕士导师、著名宋史专家李裕民教授，他引导我走上研究宋史的道路，培养我们时反复强调文献考证的重要性，硕士论文都要训练考据基本功。博士学的是历史文献学，导师贾二强教授引导我系统学习文献学专业知识，并选择专书研究进行古籍整理训练。在北京大学博士生访学时，邓小南教授教导我打开广阔的学术视野和研究空间，鼓励我的研究信心。三位老师是我学术成长最尊敬和感激的人。

我在山西师范大学历史系完成大学学业，留校工作，后来在陕西师范大学历史文化学院先后攻读硕士、博士学位，马上就 20 年了，期间得到许多老师教育，同学、同事、朋友帮助，年届不惑，念念不忘。我的工作单位山西师范大学历史学院、科技处领导对我帮助、鼓励亦大，心存感恩。同时要感谢教育部及国家社科、山西省各级各类基金项目对我学术成长的扶持。

本书写作过程中，国家图书馆的高柯立博士为我提供了大量资料帮助；山西师范大学图书馆古籍部的杨艳燕老师为我查看古籍提供了不少帮助；我曾经的本科学生雷震，现在西北大学读硕士，不遗余力地从网上为我收罗相关电子资源。在写作遇到困惑时，我的硕士同学、宁夏人民出版社的杨海军编辑，鼓励我坚定信念写下去。责任编辑冯春凤老师为本书的付梓付出了辛劳。在此对他/她们的帮助深表感谢。

最后要感谢我的家人对我安心学术的理解和支持。文献研究是基础性的工作，很是辛苦，越研究发现问题越多。希望自己今后仍能勤奋踏实，专心致志，在学术研究道路上且行且远。